O CERCO DE LENINGRADO

Proibida a reprodução total ou parcial em qualquer mídia
sem a autorização escrita da editora.
Os infratores estão sujeitos às penas da lei.

A Editora não é responsável pelo conteúdo da Obra,
com o qual não necessariamente concorda. O Autor conhece os fatos narrados,
pelos quais é responsável, assim como se responsabiliza pelos juízos emitidos.

Consulte nosso catálogo completo e últimos lançamentos em **www.editoracontexto.com.br**.

Pierre Vallaud

O CERCO DE LENINGRADO

JUNHO DE 1941 - JANEIRO DE 1944

Com a colaboração
de Mathilde Aycard

L'Étau de Pierre Vallaud
World *Copyright*© Librairie Arthème Fayard, 2011.

Direitos para publicação no Brasil
adquiridos pela Editora Contexto (Editora Pinsky Ltda.)

Foto de capa
Apesar de exausta pelo bloqueio,
a população de Leningrado continua a resistir

Montagem de capa e diagramação
Gustavo S. Vilas Boas

Preparação de textos
Lilian Aquino

Tradução
Angela M. S. Corrêa

Revisão
Ana Paula Luccisano

Dados Internacionais de Catalogação na Publicação (CIP)
(Câmara Brasileira do Livro, SP, Brasil)

Vallaud, Pierre
O cerco de Leningrado / Pierre Vallaud; tradução Angela M. S.
Corrêa. – 1. ed., 3ª reimpressão. – São Paulo : Contexto, 2018.

Título original: L'étau: le siège de Leningrad
ISBN 978-85-7244-719-5

1. São Petersburgo (Rússia) – História – 1941-1944 (Cerco)
I. Título.

12-04444	CDD-940

Índice para catálogo sistemático:
1. Rússia : São Petersburgo : Cerco : 1941-1944 : História   940

2018

EDITORA CONTEXTO
Diretor editorial: *Jaime Pinsky*

Rua Dr. José Elias, 520 – Alto da Lapa
05083-030 – São Paulo – SP
PABX: (11) 3832 5838
contexto@editoracontexto.com.br
www.editoracontexto.com.br

Tolstoi havia escrito coisas definitivas sobre coragem, sobre pessoas que fazem sua parte ao esforçarem-se na guerra de todo um povo. Ele também falava daqueles que, imersos no turbilhão, continuavam involuntariamente a desempenhar seu papel, buscando ao que parece resolver seus problemas particulares. Na Leningrado sitiada, as pessoas trabalhavam tanto quanto podiam para tentar, juntamente com seus entes queridos, não morrer de fome. No fim das contas, isso foi essencial para o esforço de guerra, pois uma cidade com vida impedia o avanço de um inimigo que queria matá-la.

Lidya Ginzburg,
Diário do cerco de Leningrado

Os pássaros da morte estão no zênite.
Quem virá libertar Leningrado?
Não façam barulho; a cidade respira,
Ela ainda vive, ela tudo ouve:
Como no fundo úmido do Báltico
Seus filhos gemem durante o sono;
Como seu grito: "Queremos pão" vem do abismo,
E vai até o sétimo céu.
Mas o firmamento é impiedoso;
A morte é que espia da janela.

Anna Akhmatova,
O Ciclo de Leningrado, 28 de setembro de 1941

Sumário

Introdução 11

Tânia 17

O que se tramava 18

O mal-entendido finlandês 21

O subtenente Weinrowski 24

A estupefação 27

Naquela manhã 29

Molotov fala 31

Stalin desaparecido? 34

Preparativos de combate! 37

Churchill e a URSS 39

Passar a fronteira 42

Reagir 45

O Duna 47

A primeira batalha de tanques 50

Extermínio ideológico 52

Combater 54

A 5ª coluna 56

A Curlândia sob a bota 58

Jdanov e a falta de preparo 61

Um ressuscitado 66

A aliança "contra a natureza" dos países bálticos 70

Cuidado com o fogo! 73

Evacuar as crianças 75

Salvar os tesouros do Hermitage 77

As sementes de Pavlovsk 79

Corrida para a Linha Stalin 81

A Batalha do rio Luga 83

Blitzkrieg 88

Fortificar a cidade 91

Indo para o lago Ilmen 93

O bem-vindo Pervitin 95

O assalto final de 8 de agosto 97

Sem bocas inúteis 98

O dia em que tudo mudou 101

Não baixar os braços 103

Tallinn, a esquecida 105

A armadilha se fecha 107

Schlüsselburg: "a cidade-chave" 110

Os entrepostos Badaiev e a fábrica de manteiga "Estrela Vermelha" 111

Dimitri Pavlov entra em cena 113

A ducha gelada 116

A pilhagem dos palácios 118

O veneno asiático 120

Com o inimigo às portas 121

Por avião 125

As ilhas do Báltico...126

Hans sozinho contra o Marat 128

Planejar a penúria..130

Um "problema de consciência" 133

Os sovietes sem eletricidade..135

Madeira para se aquecer..137

Sentença de morte...140

Uma noite no inverno..141

Cadáveres na rua 144

Propaganda obrigatória 146

A queda de Tikhvin 148

A retomada de Tikhvin 152

Sempre sobre o gelo 154

A fome 156

O que se come..159

Escambo e mercado negro 161

O NKVD no relatório 164

A partida de Brauchitsch 166

Os judeus...168

Dois martírios de dezembro...172

Janeiro de 1942: a Batalha do Volkhov começa........................173

O chefe do Grupo de Exércitos Norte é destituído 176

Vsvad, pequeno porto de pesca 178

As desgraças da Divisão *Azul*..179

A artéria vital 181

A água 184

Na fábrica Kirov 185

"Distrofia"..187

A revanche de Demiansk 189

Operação Raubtier 192

A primavera 195

Os franco-atiradores 196

Hortas e degelo macabro 198

Sinfonia nº 7 199

O descontentamento...202

Os "trabalhadores intelectuais" 204

Operação "Nordlicht" 209

Feliz natal de 1942! 210

O cerco se eterniza..212

"Kirov Hotel" 214

Operação Iskra 216

O artilheiro francês 219

O começo do fim 221

Janeiro de 1944: a liberação!..225

O fantasma do imperador..228

"Os de Leningrado" 231

Epílogo: o caso de Leningrado 232

Conclusão...235

Cronologia do cerco de Leningrado.................................239

Bibliografia e indicação de fontes...................................253

Introdução

Este livro fala de um "segredo militar": o cerco de Leningrado, revelado oficialmente aos soviéticos pela publicação de um telegrama (!) no jornal *Pravda* de 18 de janeiro de 1943, ou seja, 493 dias após sua efetivação e 571 dias após o início da ofensiva alemã! Isso comprova a importância do cataclismo e a vergonha do Kremlin. Esse silêncio perduraria por um longo tempo, apesar do papel edificante atribuído à cidade, na imagem que a ditadura stalinista quis difundir, *a posteriori*, sobre a "Grande Guerra patriótica".

Por razões que se explicam pela própria história do stalinismo, o cerco a Leningrado (então com 2,5 a 3 milhões de habitantes), que dura aproximadamente 900 dias, de setembro de 1941 a janeiro de 1944, e causa cerca de um milhão de mortes, dentre as quais umas 800 mil pela fome, é frequentemente ignorado, sobretudo pelo destaque dado às batalhas de Moscou, de Stalingrado e de Kursk.

Entretanto, as implicações da Batalha de Leningrado são bastante significativas, seja do ponto de vista humano (pelo número de vítimas e pelas condições de resistência ao cerco), estratégico (Leningrado controla o mar Báltico e sua resistência mantém ocupada uma grande quantidade de divisões alemãs que seriam úteis num outro lugar), simbólico (por ser ao mesmo tempo a capital dos czares e da Revolução) e, ainda, do simples ponto de vista político (a perda da cidade teria constituído um sinal desastroso para o restante da URSS, o que é demonstrado com eloquência pela não difusão de seu cerco durante tanto tempo).

O cerco de Leningrado

Para falar da tragédia de Leningrado, é preciso tentar se colocar, ao mesmo tempo, do lado dos sitiados e do lado dos sitiantes, e lembrar como o cerco propriamente dito se concretiza. Com efeito, recordando essa parte da operação Barbarossa e relacionando Leningrado a sua região e, além disso, às regiões circunvizinhas, compreendem-se quais foram as condições materiais desse combate sem tréguas.

O embate de dois totalitarismos, previsível mas adiado, mobiliza recursos ainda desconhecidos nos confrontos precedentes, principalmente com a França.

De um lado, o regime nazista que promove uma guerra de extermínio, do outro, o Estado stalinista que resiste com todas as suas forças, pronto a sacrificar uma parte de sua população para continuar a existir. Em Leningrado concentram-se, como em nenhum outro lugar, esses dois elementos, o que torna tal embate particularmente violento. Se Hitler, que queria riscar essa cidade do mapa, desiste de apossar-se dela pela via militar, é porque pretende aniquilar sua população pela fome. Dá-se uma "guetoização" de toda a população, para a qual os nazistas preveem um extermínio sem piedade no caso de alguma tentativa de evasão.

Se Stalin decide pela resistência a qualquer custo e não declara, por exemplo, "Leningrado, cidade aberta", como ocorrera com Paris um ano antes, não é por um amor intenso à cidade e a seus habitantes, nem mesmo por orgulho, mas principalmente por motivos estratégicos. As ordens provenientes de Moscou, emitidas em função da "situação geral da frente de batalha", não levam em consideração o destino dos habitantes da cidade. E quando Dimitri Pavlov chega, em setembro de 1941, para organizar o abastecimento, o primeiro resultado de sua ação é a aceleração da morte dos habitantes pela fome.

O aspecto fora das normas do que aconteceu na região de Leningrado deu origem a uma abundante literatura, a exemplo da própria operação Barbarossa.

Alguns grandes livros, que se tornaram clássicos, como o de Salisbury, publicado em 1969, e o de Léon Gouré, em 1962, retratam com profusão de detalhes a ofensiva à cidade, seu cerco e a provação à qual foi submetida. Alexander Werth, também autor de um livro notável intitulado *Russia At War 1941-1945* (*A Rússia na guerra*),* escreveu o interessante *Leningrad*

---

*   N. T.: O livro de Alexander Werth, *Russia At War 1941-1945*, London, Barrie and Rockliff, 1964, foi publicado no Brasil sob o título *A Rússia na guerra*, em 1966, pela Editora Civilização Brasileira.

Pierre Vallaud

1943 (*Leningrado 1943*), relato que constitui uma reportagem detalhada realizada no local, naquela data, para a BBC e o *Sunday Times*. Werth foi um dos raros ocidentais a observar os fatos diretamente, depois que a cidade já estava prestes a ser liberada, embora ainda sob ataque do inimigo. Conhecedor dos locais e de seu assunto, ele traz um dos olhares mais interessantes e mais bem informados a esse respeito. No entanto, sua proximidade (temporal) com o acontecimento tratado causa no leitor de hoje alguns problemas de interpretação. Há ainda a obra de David M. Glantz, *The Siege of Leningrad* (*O cerco de Leningrado*), muito mais recente, publicada em Londres em 2001, que insiste sobre o aspecto "épico" daquele período de terror.

Mais problemáticas, pode-se dizer, são as obras que descrevem a ofensiva do lado alemão. A maioria se baseia nas "fontes" alemãs, cuja natureza convém especificar: o general Franz Halder, feito prisioneiro pelos americanos, foi encarregado por estes últimos, ao final da guerra – juntamente com cerca de cinquenta outros oficiais superiores alemães também aprisionados – de fazer o relato da operação Barbarossa, com objetivo de "limpar" a Wehrmacht* de seus crimes (ou, pelo menos, de suas cumplicidades nos crimes) para que seus quadros se tornassem aceitáveis no seio de um novo Exército alemão a ser construído no contexto da Guerra Fria. Eles o fizeram com todo o zelo que se possa imaginar... Daí provém o mito de um soldado alemão estranho às exações da SS e dos Einsatzgruppen.** O recente museu construído em Berlim ao lado dos vestígios da antiga sede da Gestapo, denominado *Topographie des Terrors* (Topografia do terror) na Niederkirchnerstrasse, expõe, entretanto, documentos contundentes e conhecidos de longa data. Pensamos particularmente na foto que mostra uma multidão de soldados da Wehrmacht, armados com suas pequenas máquinas Leica, fotografando o enforcamento de dois ativistas russos, para compreender sua proximidade com o crime organizado.

A quase totalidade das obras que relatam a ofensiva alemã contra a URSS, observada pelo lado alemão, adota uma visão errônea das coisas, ou mesmo

---

*   N. T.: Esse termo designa o conjunto das forças de guerra da Alemanha a partir de 1935, compreendendo o *Heer* (o Exército), a *Kriegsmarine* (a Marinha) e a *Luftwaffe* (a Aeronáutica).

**   N. T.: Literalmente, "Einsatzgruppen" significa "grupos de mobilização", mas por suas ações durante a Segunda Guerra Mundial, ficaram conhecidos como "grupos de extermínio".

O cerco de Leningrado

voluntariamente parcial. E isso quando não se percebe, ao lê-las, uma fascinação doentia, ou até uma admiração pelo guerreiro germânico. E, quando este último cai na armadilha do "general inverno", as alusões ao Grande Exército de Napoleão não são inocentes. Restam os arquivos menos manipulados (principalmente os da Wilhelmstrasse e do exército), que trazem informações mais confiáveis.

Do lado soviético, as referências são variadas: os inúmeros relatos de testemunhas que viveram o próprio cerco coincidem todos quanto ao essencial, quando se trata de reconstituir a vida cotidiana dos leningradenses. Escritos, porém, num período em que a opinião não era totalmente livre (para usar um eufemismo), mostram-se em geral pouco confiáveis quando retratam a atmosfera política e a eficácia das autoridades e das organizações.

As diferentes versões da História oficial da "Grande Guerra patriótica" – designação da reação soviética à operação Barbarossa – mereceriam por si só um estudo comparativo, que, aliás, já foi parcialmente realizado. Entretanto, as duas versões principais – a do tempo de Stalin e a do tempo de Khrushchev – revelam-se incompletas: a primeira se propondo a valorizar, como se pode imaginar, o papel decisivo do "Guia", a outra denunciando todas as suas deficiências e perversidades. Essas duas versões têm em comum o fato de serem instrumentos de propaganda.

Atores de prestígio no teatro dos acontecimentos – e não somente testemunhas dessa história – deixaram suas memórias, principalmente os marechais, generais e políticos de primeiro plano. Marcados por sua época, permanecem, na maior parte do tempo, como libelos *pro domo*.

Dimitri Pavlov, ao qual aludimos anteriormente, escreveu um livro intitulado *Leningrad v Blokadé* (*O bloqueio de Leningrado*),* com uma introdução assinada, em sua versão ocidental, por Harrison E. Salisbury. Esse livro é a fonte da maioria das publicações sobre o assunto, entretanto, ao mesmo tempo que descreve um verdadeiro desastre devido à falta de preparação para enfrentar o cerco, está cheio de comentários políticos afirmando que o partido sempre manteve as coisas perfeitamente sob controle. O que coloca em dúvida a "objetividade" de todo o resto.

---

* N. T.: Tradução em inglês: PAVLOV, Dimitri. *Leningrad 1941*: The Blockade. Chicago: Univ. of Chicago Press, 1965.

Os arquivos do NKVD* são, certamente, os mais interessantes de ler, porque parecem expor os bastidores dos acontecimentos. E, em particular, o pensamento da opinião pública. Uma visão que estilhaça a pretensa unanimidade do povo de Leningrado em seu combate para defender a cidade. Um povo singular que lidou sucessivamente com três guerras (a Primeira Guerra Mundial, a guerra civil e a Guerra de Inverno**), dois períodos de escassez de alimentos (durante a guerra civil e depois no período de coletivização) e com o terror stalinista, não tendo sido poupado em nenhum momento.

Uma nova geração de russos trabalha sobre esse tema, mas muitos ainda não conseguem se abstrair do contexto pós-soviético e renunciar a clichês persistentes. Principalmente o clichê do "heroísmo" do povo de Leningrado, cujos fundamentos são complexos e cujo caráter sem restrições, duvidoso.

Apesar da natureza particularmente difícil das obras existentes, da qualidade pouco confiável de muitas fontes, é ainda possível fazer o relato e a análise de um dos momentos mais dramáticos da história da Segunda Guerra Mundial.

Existem, de fato, dados que estão presentes nos depoimentos de todas as testemunhas, enquanto outros são contraditórios, quando não inverossímeis, portanto, facilmente elimináveis. Sem falar dos pressupostos ideológicos onipresentes dos quais tentamos nos afastar.

É este o trabalho a que nos entregamos, estando conscientes do caráter de tal aventura, não redutível a uma simples narrativa linear.

---

* N. T.: Sigla que designa o "Comissariado do povo para assuntos internos", Ministério do Interior da URSS, formado para controlar a polícia, os departamentos de investigação criminal, as brigadas dos bombeiros, as tropas internas e os carcereiros.
** N. T.: Designação da guerra russo-finlandesa de 1939-1940.

Tânia

Jenia [Eugenia, sua irmã] morreu em 28 de dezembro, ao meio-dia [1941].
Vovó morreu em 25 de janeiro, às 3 horas da tarde [1942].
Lioka [Leonid, seu irmão] morreu em 17 de março, às 5 horas da manhã [1942].
Tio Vassia morreu em 13 de abril, às 2 horas da manhã [1942].
Tio Liocha, 10 de maio, às 4 horas da tarde [1942].
Mamãe, 13 de maio, às 7h30 da manhã [1942].
Os Savitchev [sua família] morreram.
Todo mundo morreu.
Tânia está sozinha.

A menina de 12 anos, Tatiana Nikolaievna Savitcheva, "Tânia", que escreve esse atroz inventário, simboliza, de algum modo, a cidade de Leningrado sob o cerco. Ela é a caçula de uma família de cinco filhos. Seu pai morreu antes do início da guerra e sua família, os Savitchev, estava na cidade sitiada e sofreu o bloqueio.

Tânia escreve numa caderneta que pertence a sua irmã mais velha, Nina. De suas nove páginas, seis são dedicadas à morte de seus parentes.

Nem todos morreram na família. A irmã de Tânia, Nina, não estava em Leningrado, e por isso escapou da fome. Foi ela que, depois da guerra, voltando para casa, encontrou a caderneta de Tânia em seu apartamento da ilha Vassilevski. Um de seus irmãos, Mikhail, que estava em combate, também sobreviveu.

Tânia foi mandada, durante o verão, para a região de Gorki (Nijni Novgorod), em companhia de 140 crianças de Leningrado, graças à "Estrada da vida". Na descida do trem, os habitantes da pequena localidade de Chatki que lá estavam para acolhê-los pensaram que as crianças estavam mortas, tal a magreza em que se encontravam. Quanto a Tânia, não podia se levantar.

A maior parte dessas crianças, entretanto, sobreviveu. Elas voltaram a andar; algumas chegavam a comer capim, para espanto dos habitantes, mas era impossível impedi-las.

Os médicos não conseguiram salvar Tânia, que morreu em 1º de julho de 1944. Sua sepultura se encontra em Chatki, onde faleceu, a mais de 1.000 km de Leningrado.

A caderneta de Tânia, hoje conservada no Museu de História de Leningrado, foi apresentada no processo de Nuremberg. Com suas palavras simples, lançadas como pequenas pedras de desespero, simboliza a tragédia sofrida por milhões de leningradenses.

O que se tramava

O ataque de Leningrado não passa de uma parte do imenso dispositivo montado contra a URSS. A Wehrmacht alinha, na Frente Soviética, 166 divisões – 120 divisões de infantaria, 9 divisões de infantaria motorizada, 5 divisões de infantaria ligeira, 20 divisões de tanques Panzers, 3 divisões de montanha, 5 divisões de SS e 4 divisões de segurança. Dispõe, além disso, do apoio dos finlandeses, do corpo expedicionário romeno, que compreende dois exércitos e vários outros contingentes, de húngaros, italianos e eslovacos, o equivalente a vinte divisões suplementares.

A ofensiva geral é conduzida por três grupos de exércitos. O Grupo Norte, comandado pelo general von Leeb, tem como objetivo Leningrado; o Grupo Centro, comandado pelo general von Bock, parte da Polônia e marcha em direção a Moscou; o Grupo Sul, comandado pelo general von Runstedt, parte da Boêmia e da Romênia e se dirige para Kiev, a capital da Ucrânia. Generais de alto nível como Erich Hoepner, Ernst Busch, Georg von Küchler, Georg Lindemann, dão-lhes cobertura. Hitler é o comandante em chefe, enquanto Walther von Brauchitsch e Franz Halder não fazem mais do que transmitir suas ordens.

O Grupo de Exércitos Norte (*Heeresgruppe Nord*) é o elemento menos poderoso, com suas 29 divisões repartidas em 3 exércitos, possuindo apenas 3 divisões blindadas e 6 motorizadas. A ponta de lança de Leeb são os tanques, o 4º Grupo de Panzers do general Hoepner, localizado no centro, compreendendo 2 corpos comandados pelos generais von Manstein e Reinhardt. O 18º Exército de Georg von Küchler é encarregado de guardar o flanco esquerdo do Grupo de Panzers e de se apoderar dos Estados bálticos. O 16º Exército de Ernst Busch tem a incumbência de proteger o flanco direito de Hoepner, assegurando a ligação com o Grupo de Exércitos Centro. A 1ª Esquadrilha Aérea, destinada ao suporte a esse grupo de exércitos, é comandada pelo general Keller. Enfim, o Grupo Norte também pode contar – pelo menos, na teoria – com os 2º e 3º Corpos Finlandeses do marechal Carl Gustav Mannerheim, num total de 12 divisões, e também com uma transferência eventual do Grupo de Exércitos Centro, mas nenhum dos dois se mostrará confiável. Para tomar Leningrado, o agressor dispõe de 725 mil homens, 13 mil canhões e 1 mil e quinhentos tanques direcionados para a cidade com o apoio de 760 aviões.

O efeito surpresa deve ser total. Esse imperativo exige a reunião das forças armadas da maneira mais discreta possível, o que é difícil de realizar sem se fazer notar ao longo de uma linha que vai do Báltico ao Cáucaso. Nos dias que precedem ao ataque, 3 milhões de soldados do Reich e seu equipamento convergem para os 2 mil e 500 km de fronteiras soviéticas. A concentração das forças na Polônia, a presença de 1 milhão de soldados nazistas nos Bálcãs, as conquistas da Iugoslávia e da Grécia, a ocupação da Romênia, da Hungria, da Bulgária e, enfim, as manobras de reconhecimento concorrem para a montagem do dispositivo. A ordem é avançar camuflando-se na Prússia Oriental, na Polônia, na Eslováquia e na Moldávia.

Com a proximidade do Dia D, de toda parte, das frentes mais distantes, novas tropas são trazidas em trens, tudo no maior segredo. O soldado Wilhelm, de 21 anos, conta que tomou o trem na Bélgica, em Verviers, com "destino desconhecido". Ninguém sabia de nada, nem ele nem os outros, e du-

O cerco de Leningrado

rante o trajeto os rumores que circulam de vagão em vagão falam da Suécia ou da Finlândia. Esse filho de camponês de Püggen, um povoado de Saxe, acha-se assim lançado, mais do que conduzido, para a Frente do Leste ao final de uma viagem de trinta horas. Descendo na parada final em Elbing, na Prússia Oriental, ele marcha dia e noite para alcançar Heiligenbeil, depois Labiau, não longe de Königsberg, e enfim, um pouco ao norte de Tilsit, Heydekrug, o ponto de partida de sua ofensiva.

Em outro lugar, os alemães se escondem num trem de carga na véspera do fim de semana, adivinhando que este não será descarregado ao chegar. Com a estação de trem soviética deserta, eles descem dos vagões e se instalam em seus postos de combate.

Os preparativos em terra, nem sempre muito discretos, são ainda menos discretos no mar, onde os alemães ocupam o terreno de maneira bem visível desde que a Finlândia autorizou um almirante da Kriegsmarine a comandar as forças navais alemãs a partir de Helsinque. Apesar das recomendações de Stalin para evitar qualquer provocação, os primeiros tiros do conflito germano-soviético foram disparados no Báltico alguns dias antes do ataque terrestre, e o que é mais espantoso, não por alemães, mas por soviéticos. Incomodados com a arrogância dos marinheiros finlandeses e alemães, os pilotos não resistem, durante um voo sobre Hiiumaa, uma ilha da Estônia, a soltar algumas salvas de canhão sobre a frota que os ameaça ao largo, formada pelos navios Cobra, Kaiser, Königin Luise, Brummer, que soltam minas, e pelas unidades Tannenberg e Hansastadt.

Foi mais um susto do que um verdadeiro ataque para os marinheiros da Kriegsmarine. Apenas arranhados, o Brummer, uma embarcação de 1.435 toneladas utilizada como navio-escola canhoneiro em tempo de paz, e o R-35 equipado com uma draga, continuam em bom estado de navegação e a cumprir suas missões mortais. Depois desse incidente, os soviéticos fecham o mar Báltico à navegação dos navios mercantes, embora quarenta navios russos estejam ancorados, aparentemente sem maiores problemas, em portos alemães.

Enquanto toneladas de materiais e milhões de soldados são encaminhados para a fronteira e muitos sinais indicam que os alemães se preparam para entrar em ação, na URSS, os soviéticos que dão sinal de alerta ou dão crédito aos sinais de ameaça, pretendendo preparar o país, são severamente repreendidos e penalizados.

O mesmo acontece com os alertas das embaixadas, os avisos dos Aliados, e mesmo os de Churchill, que não produziram efeito, pois foram interpretados como provocações. A propaganda soviética continua, até o último segundo, a atacar as democracias, louvando o pacto entre Alemanha e URSS e desmentindo todos os rumores sobre um eventual ataque nazista.

O mal-entendido finlandês

Nenhum país foi tão desprezado durante a campanha alemã no leste da Europa quanto a Finlândia. O primeiro erro de Hitler foi tirar conclusões falsas sobre a espantosa resistência da Finlândia diante do Exército Vermelho durante o inverno de 1939-1940. Ele conclui, precipitadamente, que os 125 mil cadáveres de soldados soviéticos (contra "somente" 48 mil homens do exército finlandês) eram uma garantia de sucesso para sua própria ofensiva, omitindo a valentia heroica dos finlandeses. Seu segundo erro foi pensar que essa guerra alimentava ódios inextinguíveis, que apelavam para uma vingança mais do que para uma revanche. É certo que, em 1941, os dois povos, russo e finlandês, não se amam; a Finlândia foi invadida e depois ocupada pelos soviéticos em 1939. Além das mortes, tiveram de aceitar a tutela de um governo comunista fantoche e a assinatura de um tratado de paz humilhante, o Tratado de Moscou de 7 de março de 1940, que os privava de 10% de seu território e de 20% de seu potencial industrial.

A guerra que travam a partir de 1941, que, aliás, é chamada de "Guerra de Continuação" (*Jatkosota*), inscreve-se no prolongamento da Guerra de Inverno (dezembro de 1939-março de 1940). Eles querem recuperar seus territórios e, em particular, o famoso istmo de Carélia, que fica ao norte de Leningrado.

Os soviéticos, principalmente os da região militar de Leningrado situada na primeira linha, não apreciaram as humilhações da Guerra de Inverno, que revelou suas fraquezas. Mesmo na cidade de Leningrado, essa guerra persiste nas memórias como um pesadelo, num momento em que seus habitantes ignoram que ela deu início, apesar das divergências dos interesses, a nada menos que "seis invernos consecutivos de guerra"! Também entre eles, a Segunda Guerra Mundial prolonga as hostilidades precedentes e os mesmos homens continuam a dirigir os mesmos combates com a mesma incompetência, à imagem de Kliment Vorochilov. Para os historiadores que defendem a tese de um Stalin "previdente", a Guerra de Inverno constitui provavelmente uma das primeiras medidas defensivas de proteção do território, tendo em vista a guerra germano-soviética que viria dois anos depois. O ataque alemão reaviva a ferida daquele fracasso, a dificuldade da Rússia em constituir uma barreira estratégica para defender a antiga capital.

Recusar qualquer possibilidade de reconciliação, só considerar a vingança possível, como Hitler, é subestimar o peso do passado entre os dois povos e os vínculos que podem se estabelecer com um vizinho que compartilha 1.300 km de fronteiras. Mannerheim, o comandante em chefe finlandês, é o símbolo dessa situação. Embora formado na escola dos cadetes do grão-ducado da Finlândia, gravitou por muito tempo em torno do czar, inicialmente como pajem, depois como oficial da guarda de São Petersburgo. Sua família, de uma velha linhagem de aristocratas, instalou-se na Finlândia, mas é de origem sueca. Sua língua materna, portanto, é o sueco, mas em casa só fala francês. Essa formação poliglota explica, então, por que ele se expressa tão bem em russo quanto em suas línguas usuais. Por si só, Mannerheim é a prova de que a Finlândia, por mais "russofóbica" que seja, não pode se abstrair a uma certa comunhão de interesses com a Rússia.

Hitler considera o apoio da Finlândia como certo, quando a aliança que o comandante em chefe finlandês estabelece não tem nenhuma razão para ser incondicional. Ele sabe que Hitler entregou, no momento do pacto germano-soviético de 1939, a Finlândia para Stalin. Como esse fato ocorrera havia menos de dois anos, ele não confia na Alemanha. É somente por estar muito isolado – desde que a Suécia, fechada em sua neutralidade, abandonou seu país – que ele aceita essa aliança circunstancial. Desde o início de sua aproximação com a Alemanha ele explicita a natureza de seu compromisso: travar uma guerra de reconquista e não de conquista.

Hitler precisa de Mannerheim para manter sua ofensiva ao norte, avançando sobre o istmo de Carélia e atacando, ao mesmo tempo, a leste do lago Ladoga para prender Leningrado num movimento em pinça. A cidade de Beloostrov está a apenas 57 km da antiga capital russa, e a Finlândia, com sua proximidade, beneficia a Alemanha. Nas primeiras horas da operação Barbarossa, tudo acontece como previsto por Hitler. A Finlândia serve de trampolim para a Alemanha. Os Junker, que são os primeiros a sobrevoar Leningrado, ficam estacionados em Malmi, aeródromo da capital finlandesa. Os navios estão ancorados em Helsinque e os homens ficam junto à fronteira. Desde 17 de junho, a Finlândia é mobilizada e, em 26 de junho de 1941, declara guerra à União Soviética. Os dois exércitos fino-germânicos do marechal Mannerheim (Carélia e Sudeste), assim como o Exército Norwegen do general Falkenhorst, movimentam-se pelo norte em direção a Leningrado. Graças aos 16º e 18º Exércitos, do Exército Norwegen, os alemães puderam dispor de 350 mil homens suplementares. Logo depois, em setembro-outubro, a Kriegsmarine, em apoio ao 17º Corpo do Exército do general Kuntz, desembarca e toma as ilhas do golfo da Finlândia (Moon, Dago e Oesel). Assim, no Báltico, o mar do Leste (Ostsee, como é chamado pelos alemães), Hitler, a partir de então, controla quase todos os territórios, da Dinamarca ao golfo da Finlândia.

Entretanto, ao mesmo tempo, os finlandeses mostram que sabem que arriscam muito com essa guerra e mantêm certa concepção de segurança. Helsinque aposta numa defesa territorial autônoma e não é uma aliada como a Hungria, a Bulgária ou a Romênia. Suas tropas são comandadas pelo próprio Mannerheim, e não pelo OKW (Oberkommando der Wehrmacht/Alto-Comando das Forças Armadas). Elas avançam passo a passo, atacando na Carélia somente em 10 de julho e chegando ao istmo propriamente dito em 15 de agosto. Se o comandante em chefe finlandês consente eventualmente em atacar além do rio Svir, a leste do lago Ladoga, em hipótese alguma pretende atacar Leningrado. Para ele, atacar a antiga capital é romper para sempre com os soviéticos e expor-se a represálias dolorosas em caso de derrota alemã – eventualidade que Mannerheim não descarta, pois é um dos raros dirigentes da época, com de Gaulle e Churchill, a prever a derrota da Alemanha. O que pode fazer a pequena Finlândia e seu exército de 400 mil homens, mal equipado e praticamente sem artilharia pesada e bombardeiros, diante do gigante que a cobiça?

Desde 2 de setembro, os finlandeses se mantêm junto à antiga fronteira fino-soviética, alcançando seu objetivo, e a partir de então praticamente não se mexem mais, esperando de arma em punho no istmo de Carélia, por um momento em que Leningrado esteja vulnerável. Só resta um corredor estreito junto à margem ocidental do lago Ladoga. Os finlandeses chegam ainda a Maselskaia, depois cessam praticamente sua ofensiva, mesmo tomando Medvejiegorsk em 6 de dezembro.

Alguns dias depois, a entrada dos Estados Unidos na guerra confirma as apreensões de Mannerheim quanto ao futuro. Ele retém suas tropas mais do que nunca, apesar dos numerosos gestos de apoio de Hitler.

O subtenente Weinrowski

Durante a campanha da França, ele explodiu pontes, dinamitou abrigos, destruiu povoados a ferro e fogo, marcando o horizonte com colunas de fumaça negra. Raramente teve medo: com menos de 25 anos, quando começa a luta pelo Reich, já é destemido. Suas mãos não tremem ao segurar a pesada torquês de ferro (espécie de alicate). Ele se inclina e aperta, aperta. Um estalido seco é o resultado de seu gesto. Sente-se todo-poderoso, representante de uma nação que se acredita dona do mundo. As bandeiras com a suástica flutuam em toda a Europa. Hitler, depois de desfilar na avenida Champs Élysées, em Paris, visitou o túmulo de Napoleão no Palácio dos Inválidos. Ele avança de vitória em vitória. Num mês, vence a Iugoslávia e a Grécia, inclusive Creta, último bastião rochoso antes da África.

Numa mudança histórica, já havia algumas semanas que o Führer havia desistido de vencer a Grã-Bretanha antes de atacar o Leste, antes de ir aos confins da Europa até a Ásia. O poder das armas com que Hitler pretende se impor nos territórios da União Soviética já transpassa a Ucrânia e o Cáucaso, ameaça Moscou e se prepara para sangrar Leningrado. Sob o fogo de suas armas, ele quer deslocar a fronteira soviética para uma linha que ligue o mar Báltico ao mar Negro e depois o mar Branco ao mar Cáspio, da glacial Arkhangelsk à oriental Astrakhan.

O subtenente Weinrowski abre novamente a torquês, sua mandíbula de ferro se fecha com dificuldade, emite um rangido sinistro. Na França, já assistiu ao espetáculo do desespero das populações amedrontadas jogadas nas estradas, as colunas de prisioneiros e as casas em chamas após os bombardeios. Desde então, houve o turbilhão das últimas horas, o apelo, a mobilização, a partida. O trem especial para a Prússia Oriental, essa província que evoca para cada um dos alemães os cavaleiros teutônicos: a encarnação eterna do conquistador germânico, a capa branca com a cruz negra recobrindo uma pesada armadura de aço, o semblante marcial mascarado pelo elmo.

Ponto final: Memel (Klapeida), cidade anexada pelo Reich nazista desde 22 de março de 1939, sem que nem a França nem a Grã-Bretanha se manifestassem – numa omissão a mais por parte das democracias.

E ali, um passeio, ou antes, uma marcha com os novos recrutas da companhia, pela cidade dos cavaleiros da Ordem da Livônia. Em meio a uma multidão de soldados, o subtenente percebeu um castelo e as duas fortalezas da cidade e da *Kurische Nehrung*, o istmo da Curlândia.

No dia seguinte, partiram para o norte, os caminhões rodando com os faróis apagados, com as rodas envoltas em cobertores. *Ruhe!* ("Silêncio!") era a palavra de ordem. Depois, passaram quatro longos dias emboscados numa floresta. Impossível esquecer-se do odor das ervas do bosque, do musgo dos troncos, da folhagem impenetrável, do sussurro imposto pelo capitão deixando a todos com a garganta seca. Proeza do Exército alemão, centenas de tanques e milhões de homens espalhados avançaram durante dias e foram reabastecidos com combustível e mantimentos sem se fazer notar. Ou então, aqueles que os viram não deram a essa concentração de homens sua verdadeira significação.

Ao longe, todos tiveram tempo de observar minúsculas silhuetas que iam e vinham, algumas raras sentinelas soviéticas que patrulhavam, sem jamais suspeitar da ameaça mortal planando sobre elas. Em 21 de junho de 1941, foi em surdina que escutaram o discurso de Hitler pelo rádio:

> Soldados da Frente do Leste [...] é chegada a hora, é chegado o momento em que vamos iniciar uma operação que, por suas dimensões territoriais e pelas forças em jogo, é a mais grandiosa que o mundo jamais conheceu. [...] Que Deus os assista a todos nesse combate.

Há uma tensão inefável nas vigílias armadas.

Depois, veio o sinal fatal: *Vorwärts!* ("Avançar!"). Mesmo tendo ouvido essa ordem cem vezes, ninguém se habitua a esse grito. O suor escorre pelas costas,

O cerco de Leningrado

o coração bate acelerado. Com as botas nos pés, o cinturão afivelado, a mão crispada na Mauser, o dedo no gatilho, uma bala no cano, em 22 de junho de 1941, ao amanhecer, eles se lançaram para fora do casulo protetor da floresta.

Na Frente Norte, a preparação da artilharia é rápida, quase inexistente, os tanques Panzers rugem numa nuvem de fumaça expelindo o cheiro ácido dos gases de escapamento; os homens surgem de toda parte. Atordoadas e isoladas, as sentinelas soviéticas, em seus postos, levantam as mãos para cima e se rendem. Algumas atiram antes de ser abatidas, sem entender o que está acontecendo.

Finalmente, os únicos verdadeiros combates são os travados por homens como Weinrowski, que enfrentam os emaranhados de arames farpados que materializam a fronteira. Por toda parte, o assobio de arames esticados, puxados bruscamente por alicates e enrolados em volta das estacas, corta o ar.

Numa curva – seria porque já estão habituados a entrar na casa dos vencidos como se fosse sua? –, foi sem apreensão, quase com indolência, que Weinrowski dirigiu-se a uma "isba", cabana de camponeses russos. O telhado é de sapê, a pintura fresca das portas e das janelas não lhe servem de alerta. Ele gira a maçaneta.

Não teve sorte, a vistosa cabana não é o lar de uma laboriosa família de mujiques, mas a eficaz camuflagem de uma casamata. Os tiros ribombam. Atingido em sua escapada, Weinrowski vacila. As balas atravessaram seu pulmão. O sangue jorra, a respiração se torna sibilante. Ele fica ofegante, suspira, geme e, enfim, expira. O subtenente Weinrowski da 7ª Companhia do 501º Regimento de Infantaria acaba de entrar para a história como o primeiro morto da guerra no Leste.

Por outro lado, ninguém nunca saberá o nome do primeiro morto do Exército Vermelho! Houve tantos e no mesmo instante!

É um símbolo que permite medir o fosso que separa o supertreinado exército alemão de uniformes impecáveis e o exército dos soviéticos, imensa massa anônima, sem dúvida mais temível por sua quantidade que por sua qualidade, apesar do que afirma a propaganda stalinista.

Pierre Vallaud

A estupefação

Sem descanso há muitos meses, o Exército Vermelho é elogiado, sua potência exaltada, a coragem de seus soldados, a determinação de seus quadros e a qualidade de seu armamento são elevadas ao mais alto grau. A força do partido sendo, com certeza, a base indestrutível.

Aliás, até então, os soviéticos só tiveram motivos para se felicitar com o acordo Molotov-Ribbentrop: a paz, novos territórios e o colapso de democracias nas quais não se podia confiar. Que estrategista genial, esse Stalin!

Ora, naquela manhã de 22 de junho, o que fica patente é que, depois da Polônia, cujos despojos foram partilhados com os nazistas, depois da Dinamarca esmagada sob a bota, a Noruega, os Países Baixos, a Bélgica e a França agredidos e ocupados, chega a vez da URSS de se render às ambições hitleristas.

Está longe a época em que Molotov declarava ao Soviete Supremo, como sendo uma verdade evidente:

> Pode-se reconhecer ou negar a ideologia do hitlerismo, como qualquer outro sistema ideológico, isso depende dos pontos de vista políticos. Mas cada um compreenderá que é impossível destruir a ideologia pela força e eliminá-la pela guerra. É por isso que não somente é insensato, mas também criminoso fazer uma guerra "para a destruição do hitlerismo" dissimulada sob o falso pretexto de lutar pela "democracia".

Mas quem ousaria se lembrar disso nessas horas tumultuadas?

É certo que ninguém sabe ainda qual é a amplidão da ofensiva, e menos ainda o povo. As notícias, mesmo no mais alto nível, chegam fragmentadas. Quando, às 5h30 da manhã, em 22 de junho, o embaixador alemão em Moscou, Friedrich Werner von der Schulenburg, comparece ao Kremlin para anunciar a guerra a Molotov, a estupefação atinge o ponto máximo, e as tropas alemãs já pressionam há muitas horas os guardas das fronteiras soviéticas e os soldados do Exército Vermelho, deixados sem ordens e muitas vezes sem armas diante delas.

Enquanto isso, os soviéticos obedecem às ordens de Stalin e deixam violar o espaço aéreo, permitindo a penetração das tropas alemãs. Recusam-se a

O cerco de Leningrado

compreender, pelo menos aparentemente, o que está acontecendo, e os que querem reagir são impedidos, ou, quando tomam a iniciativa de se defender, são logo punidos.

Um desertor alemão, Alfred Liskov, que passou para o lado soviético no setor do 5º Exército na noite de 21 de junho, não deixou de prevenir que uma ofensiva se preparava e chegou mesmo a dizer a hora. (Uma semana depois, quando a informação já teria sido "verificada" pelo sangue derramado, o retrato do fugitivo ilustrava cartazes nos muros de Leningrado, noticiando o pretenso "desânimo das tropas alemãs", demonstrado justamente pela deserção de Liskov!). Os oficiais que o interrogaram custaram a acreditar na informação, visto que as mais altas autoridades do Estado faziam tudo para desmentir tal eventualidade e temiam uma provocação. A informação é transmitida ao próprio Stalin... sem efeito. A ordem continua rígida: não se deve dar "nenhum pretexto" a Hitler para desencadear um conflito. Mantém-se, portanto, com as armas em descanso, ou quase.

O Exército Vermelho, então, acha-se em plena reorganização; suas defesas nos territórios ocupados e nas fronteiras estão desmanteladas e muitas vezes desarmadas. O armamento de que os militares devem ser dotados ainda não está pronto, os soldados não estão agrupados, estando bastante disseminados ao longo de uma frente eventual. A logística, quando existe, está dispersa e sem coordenação. Os quadros, em sua maioria, ainda não receberam a formação que lhes permita substituir seus predecessores eliminados ou aprisionados após os expurgos dos anos 1930. Alguns oficiais foram libertados das prisões do regime para finalidades úteis, mas nada está ainda funcionando seriamente.

Stalin quer, de qualquer maneira, evitar um confronto imediato, ele não está pronto e sabe disso, e quando acontecer - pois não dúvida desse fato -, pretende tomar a iniciativa. As declarações ruidosas não passam de fanfarronadas e de propaganda, mas em Moscou ou em Leningrado, poucos o sabem e o esperto georgiano acredita ser mais hábil que o adversário. Em todo caso, ele tenta ganhar tempo.

Pierre Vallaud

Naquela manhã

Em Leningrado, ao longo dos canais cercados de palácios construídos sob comando de Pedro, o Grande, os habitantes se comprazem em redescobrir sua cidade durante o curto período em que as fachadas e as cúpulas ficam douradas pelo sol, habitualmente parcimonioso. O Hermitage recebe novamente as multidões que o visitam, o Jardim Botânico ressoa com os gritos das crianças, a fortaleza Pedro e Paulo recorta sua silhueta contra o azul do céu, no jardim zoológico famílias inteiras se reúnem e na praça Pushkinskaia, na ponta da Ilha Vassilevski, os jovens recém-casados tiram fotografias tendo como cenário as águas do rio Neva. O encouraçado Aurora, herói da tomada do Palácio de Inverno em outubro de 1917, ancorado, atrai os curiosos vindos de outras cidades da URSS e o centro da cidade se prepara para viver suas "noites brancas". Seus habitantes gostam de passear sob a luz mortiça até o momento em que as pontes levantadas os impedem de voltar para casa.

No domingo, a cidade leva tempo para acordar, pois a noite de sábado é reservada à diversão, e os teatros, os cinemas, as salas de concerto ou de espetáculos, a ópera, funcionam sempre com os lugares esgotados. Na avenida Nevski, a Grande Livraria só abre à tarde, a mercearia Eliseev, "Gastronom nº 1", como se diz a partir da Revolução, permanece fechada, como as lojas do Gostiny Dvor, a "praça dos comerciantes".

Apenas o Instituto Smolny, antes uma instituição para moças do antigo regime – e agora sede do Partido –, parece nunca interromper sua atividade. Homens e mulheres vêm e vão, atarefados, de um escritório a outro. A sombra de Lênin, que, dali, comandou a Revolução, paira ainda por lá. Protegido por suas janelas duplas, o edifício nunca se desfez do odor de papel velho e de madeira bruta, conservados, provavelmente, desde o século passado. Nos muros, cartazes ainda celebram os grandes momentos da Revolução e ladeiam os retratos de Marx, Engels, Lênin e Stalin.

Aqui, como no Almirantado ou no Estado-Maior, no outro lado da cidade, os secretários, homens e mulheres, trabalham dia e noite, instalados diante de suas *Ianalif*, pesadas máquinas de escrever, e, sobre as mesas dos comissários políticos, imponentes telefones de galalite negro tocam sem parar.

O cerco de Leningrado

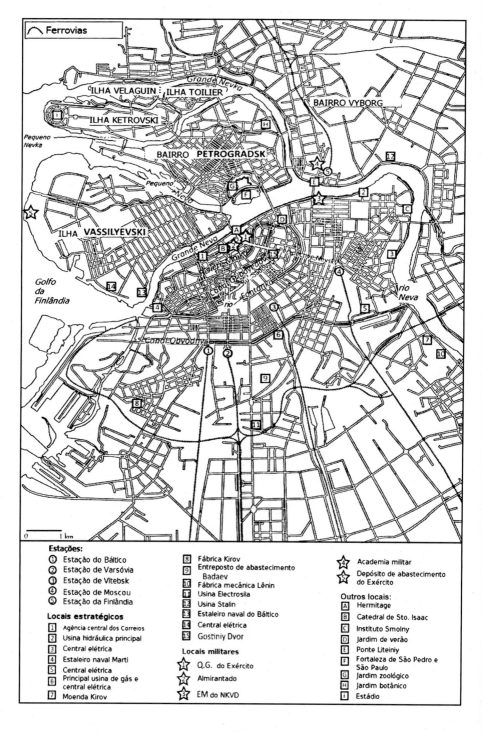

Estão em paz, mas preparam a guerra.

É de Leningrado que partem as ordens para as zonas ocupadas da Carélia, para a frota do Báltico e para os países bálticos então anexados. Quanto à defesa da região, cabe também à cidade. O *oblast* ("distrito") da antiga capital imperial é vasto e particularmente estratégico – com a Guerra de Inverno contra a Finlândia, por exemplo, a cidade havia ficado praticamente na linha de frente. Cada um, aqui, se lembra disso, pois as filas se alongavam diante das lojas de mantimentos. Os habitantes da cidade, mais ainda que os outros soviéticos, bendizem a paz que reina no país. No resto do continente, todo mundo tem consciência disso, os combates são encarniçados, quando a dominação nazista não está instalada com seu cortejo de humilhações e sofrimentos.

Naquele domingo, 22 de junho de 1941, o dia está bonito depois de meses de céu nublado; e a cidade acorda lentamente.

Ainda é cedo, entretanto, são muitos os que, nas estações, compram uma passagem de trem para passar o dia no campo.

De repente, dos alto-falantes instalados na cidade e do rádio se eleva, depois de um anúncio do locutor, uma voz que todos reconhecem: a voz de Molotov.

Molotov fala

Na URSS, ninguém desconfiava de nada quando, de repente, uma voz anasalada, às vezes hesitante, inesperada em todo caso naquele dia e naquela hora, dá uma notícia impensável: a Alemanha acaba de entrar em guerra contra a União Soviética:

> Homens e mulheres, cidadãos da União Soviética, o governo da União Soviética e seu chefe, o camarada Stalin, me encarregaram de fazer a declaração seguinte: na manhã de hoje, às quatro horas, sem declaração de guerra, e sem que nenhuma exigência tenha sido apresentada à União Soviética, as tropas alemãs atacaram nosso país e fizeram bombardeios aéreos sobre

O cerco de Leningrado

Jitomir, Kiev, Sebastopol, Kaunas e outras cidades. Há mais de duzentos mortos e feridos. Ataques aéreos semelhantes a esses e ataques de artilharia foram lançados da Romênia e do território finlandês. Esse ataque contra nosso país é um ato de deslealdade sem precedente na história das nações civilizadas. Esse ataque foi lançado apesar da existência de um pacto de não agressão entre a União Soviética e a Alemanha, pacto cujas cláusulas respeitamos com o maior escrúpulo. Fomos atacados, embora os alemães não tenham tido, desde a assinatura desse pacto, o menor motivo de queixa contra a URSS, que nunca falhou em cumprir suas obrigações. Assim, inteira responsabilidade desse ato de pirataria deve recair sobre os governantes nazistas...

Molotov prossegue – descrevendo as condições em que soube da notícia – desmentindo as pretensas ameaças soviéticas sobre a Alemanha que teriam desencadeado as hostilidades. Enfim, o apelo solene:

O governo da União Soviética tem a convicção profunda de que todo o povo de nosso país cumprirá seu dever e trabalhará duro e conscienciosamente. Nosso povo deve estar mais unido do que nunca. A maior disciplina, o maior sentido de organização e de solidariedade devem ser exigidos dos patriotas soviéticos, a fim de satisfazer as necessidades do exército, da marinha e da aviação, e de assegurar a vitória.
O governo faz um apelo a vocês, homens, mulheres, cidadãos da União Soviética para unir-se em fileiras ainda mais cerradas ao glorioso partido bolchevique, ao governo soviético e ao nosso grande chefe, o camarada Stalin.

Embora Molotov termine seu discurso com um refrão marcial – "Nossa causa é justa. O inimigo será destruído. Nós venceremos!" – em todos aqueles que ouviram a notícia é a estupefação e a inquietação que dominam.

A poetisa Lidya Ginzburg, grande especialista de Pushkin, escreve em seu *Diário do bloqueio*:

Voltei para casa por ruas que, aparentemente, ainda eram aquelas de antes da guerra, mas que já tinham mudado de sentido. Não havia ainda nem sofrimento nem angústia mortal, nem terror. Ao contrário, experimentava-se uma espécie de superexcitação, quase uma exaltação diante da ideia que essa forma de existência ia terminar.

Naquele momento, a população não se perguntava ainda por que tal anúncio foi confiado a alguém de segundo plano. Entretanto, Molotov foi presidente do Conselho dos Comissários do Povo, o *Sovnarkom*, ou seja, o presidente do governo da União Soviética até 6 de maio de 1941, posto que cedeu ao próprio Stalin. O fundador do *Pravda*, órgão do partido, cognominado Molotov (que quer dizer "martelo"), tem sua importância na "Pátria dos operários e dos camponeses", cujos símbolos são a foice e o martelo. E Molotov nunca havia fraquejado durante os anos difíceis que o país acabava de atravessar, tendo sido um dos artífices mais firmes da repressão que derramou tanto sangue.

Sobretudo, foi ele o artífice do pacto germano-soviético em 1939 e quem o assinou. Em novembro de 1940, encontrou Ribbentrop, o ministro das Relações Exteriores alemão, em Berlim, para estreitar a cooperação com o Reich. Pelo que parece, em vão. Molotov lhe propôs, no entanto, um novo plano de cooperação, "pronto para usar". De todo modo, ele não foi um dos "alarmistas" ou dos "provocadores" que a imprensa denunciava a cada dia e que "felizmente" o governo punia de maneira severa. Fazia alguns meses, de fato, que Stalin e seus próximos proclamaram alto e forte que os acordos que ligavam a Alemanha e a União Soviética eram sólidos e que a cooperação entre os dois Estados ia muito bem. A cada dia, a propaganda oficial denunciava sem cessar as baixezas dos britânicos e dos americanos erigidos em promotores de guerras e afirmava que se a guerra a Leste tivesse de acontecer, ela teria lugar em "território inimigo", e, de maneira alguma, no território "sagrado, da mãe pátria".

É certo que, em 5 de maio de 1941, Stalin, num discurso diante dos laureados da Academia Militar, havia declarado formalmente:

> O Exército Vermelho deve se conformar com a ideia de que a paz está terminada e que a era de expansão violenta da frente socialista começou. Aquele que não reconhece a necessidade de passar à ofensiva ou é um pequeno burguês ou um idiota.

Claramente, é preciso preparar a guerra e prosseguir, provavelmente no embalo de 1939-1940, na Europa Central, Oriental e nos Bálcãs. Mas isso, dito num círculo fechado, não tem por função principal, antes de mais nada, mobilizar as consciências e os corações desses futuros combatentes para o que der e vier?

Ao meio-dia, após o discurso de Molotov no rádio, o qual é imediatamente reproduzido numa edição especial do *Leningradskaia Pravda* vendido por toda a cidade, a região militar do Báltico é reorganizada e transforma-se na

Frente Noroeste, numa conscientização tardia da realidade geoestratégica da região desde o início da ofensiva alemã.

Às 7h15 da manhã, a "diretriz nº 1" do marechal Semion Timochenko, comissário do povo na Defesa desde maio de 1940, e do general Jukov, enviada quatro horas depois do início das hostilidades, ordenou "atacar e liquidar as forças inimigas" que penetraram no território soviético, mas mantém a proibição de atravessar as fronteiras.

Em Moscou, o almirante A. Kuznetsov, secretário do Estado na Marinha, permanece sem ordens por toda a manhã e sem informações, principalmente quanto à situação em Libau, Tallinn e Hanko, base naval soviética desde 1940 após a Guerra de Inverno contra a Finlândia. Às 8h da manhã, o Rukhno, cargueiro misto estoniano, tem o triste privilégio de ser o primeiro navio afundado no porto de Leningrado. Às 14h, os guardas das fronteiras soviéticas, surpreendidos e incapazes de resistir a um dilúvio de fogo, recuam para Skaudvile. E, 26 km adiante, em Taurage, é somente às 16h que o Exército Vermelho recebe as primeiras instruções.

Stalin desaparecido?

Após ouvir Molotov, os leningradenses esperam que seja a vez de Stalin de tomar a palavra. Mas, o "Guia" se cala. O "paizinho dos povos" adotou a fórmula de Pushkin em Boris Godunov: "Guarda o silêncio; a voz do czar não deve ressoar por futilidades; como o som sagrado dos sinos, deve anunciar apenas uma grande tristeza ou uma grande festa." Não é esse o caso? – Pouco importa.

Nas chancelarias, são muitos os que questionam os acontecimentos. De fato, depois de rejeitar tantas vezes a hipótese de uma ofensiva alemã, o próprio Stalin precisa se acostumar com a ideia, por um lado, de que a ofensiva é real, e por outro, que deverá ter outro discurso com relação a seus concidadãos e ao mundo. Enquanto isso, ele improvisa.

No meio da noite de 21 a 22 de junho, Stalin fala ao telefone com Jukov, chefe da Stavka, o Grande Quartel-General do Exército soviético, que lhe anuncia o ataque alemão, quando se encontra em sua datcha* de Volynskoe. Ele ordena a Alexander N. Poskrebyshev, seu secretário, que convoque o Politburo ao Kremlin. Às 5h45, Jukov, Mekhlis, responsável pelos comissários políticos no âmbito do Exército Vermelho, Timochenko, comissário do povo na Defesa, Beria, chefe do NKVD, e Molotov, ainda recentemente chefe do governo e comissário do povo para as Relações Exteriores, encontram-se com seu chefe. Os presentes, na falta de informações precisas sobre o estado da Frente (a maioria dos regimentos não dispõem de rádio), contentam-se com um comunicado que fica em cima do muro: reagir sem atravessar a fronteira. Com uma exceção notável figurando no comunicado: "[...] Ataques aéreos serão efetuados a uma profundidade de 100 a 150 km em território alemão. Königsberg e Memel serão bombardeadas [...]." Rara iniciativa do Exército Vermelho, o ataque em questão é feito por bombardeiros num longo raio de ação do 1º Corpo de Aviação da reserva do alto-comando, e isso sem cobertura dos caças. Ao voltarem, são interceptados pela Luftwaffe e quatro deles são abatidos.

Às 7h, outros membros do Politburo comparecem à reunião, assim como os representantes da Internacional Dimitri Z. Manuilski - o famoso "especialista" do "social fascismo" proibindo toda frente comum entre comunistas e socialistas - e o búlgaro Georgi Dimitrov, que, preso em Berlim em 1933, acusado de participar do incêndio do Reichstag, escapou por pouco de ser executado. Este último considera um caso pessoal a guerra contra a Alemanha e escreve em seu *Diário*:

22 de junho de 1941
Domingo.
- Às 7 horas da manhã, sou convocado com urgência ao Kremlin.
- A Alemanha atacou a URSS. A guerra acaba de começar.
- Na antessala, estão Poskrebyshev, Timochenko, N. Kuznetsov [comissário do povo na Marinha], Mekhlis, novamente de uniforme, Beria (que, por diversas vezes, dá ordens por telefone).
- No escritório de Stalin, estão presentes Molotov, Voroshilov [comissário do povo para o Exército e a Marinha], Kaganovitch [subsecretário do conselho dos comissários do povo] e Malenkov [membro do Conselho da Defesa].
- Stalin, dirigindo-se a mim:

---

* N. T.: Palavra transliterada da língua russa, que significa "casa de veraneio".

O cerco de Leningrado

"Eles nos atacaram, sem colocar a menor condição, sem a menor negociação, eles nos atacaram covardemente, como piratas. Depois do ataque, depois do bombardeio de Kiev, Sebastopol, Jitomir e outras cidades, Schulenburg [embaixador alemão em Moscou] veio explicar que a Alemanha se sentia ameaçada pela concentração de tropas soviéticas em sua fronteira oriental e que havia tomado medidas. Os finlandeses e os romenos apoiam os alemães. Desde então, a Bulgária representa os interesses da Alemanha na URSS."

– Somente os comunistas podem derrotar os fascistas. O que surpreende, é a calma, a determinação e a grande confiança em si mesmo de Stalin e de todos os outros. Redige-se a declaração governamental que Molotov vai ler no rádio. Distribuem-se ordens ao Exército e à Marinha. Tomam-se medidas referentes à mobilização e à situação de guerra. Prepara-se uma estada secreta para o Comitê central e os estados-maiores. – "Os diplomatas, diz Stalin, devem deixar Moscou e ser transferidos para outro lugar, em Kazan, por exemplo. Aqui, eles podem espionar."

Discute-se sobre nosso trabalho. No início, o Komintern não intervirá abertamente. Os partidos locais elaboram um movimento a fim de apoiar a URSS. A questão da revolução socialista não está na ordem do dia. O povo soviético trava uma guerra patriótica contra a Alemanha fascista. Trata-se de vencer o fascismo que mantém como escravos uma série de povos e que pretende ainda submeter outros povos.

No Komintern, os secretários e membros responsáveis são convocados para uma reunião. Expomos nosso ponto de vista e as tarefas que se impõem de ora em diante. Enviam-se instruções aos partidos comunistas na América, na Inglaterra, na Suécia, na Bélgica e na França, nos Países Baixos, na Bulgária, na Iugoslávia e na China. Decide-se uma série de medidas organizacionais. Declaramos que vamos mobilizar todas as nossas forças.

A *priori*, pois, não havia vácuo de poder, principalmente não de Stalin. E se este último não toma a palavra, é oficialmente por ordem de seu médico: Stalin, que foi examinado na noite anterior, está com febre e um abscesso na garganta. Ele não pode, de maneira alguma, pronunciar um discurso no rádio...

Essa afecção bem oportuna prolonga-se até 3 de julho.

Pierre Vallaud

Preparativos de combate!

O silêncio de Stalin contrasta com o alarido do canto cadenciado dos hinos revolucionários que cada um conhece e não tarda em entoar. Quando, para o 10º aniversário da criação do Komintern, Hanns Eisler compõe sua suíte para orquestra nº 5 op. 34 e Franz Jahnke escreve a letra, eles, os comunistas alemães, não desconfiam que, dez anos depois, seu canto corresponderá a uma realidade tangível, no momento em que a "pátria do socialismo" é atacada pela Alemanha de Hitler. "Larguem as máquinas,/ Para fora, proletários,/ Marchem e marchem,/ Entrem em forma para a luta!/ Bandeira desfraldada/ E as armas carregadas,/ Ao passo cadenciado,/ Para o assalto, avancem!/ É preciso ganhar o mundo, / Proletário, de pé!"

E duas estrofes depois: "Os melhores dentre nós/ Morreram na luta/ Atingidos, atacados/ Acorrentados nas prisões./ Nós não tememos/ As torturas e a morte,/ Avante, proletários,/ Estejamos prontos, sejamos fortes."

Deixar as máquinas, sim, é isso o que se pede imediatamente a milhares de homens e mulheres, mas também deixar os escritórios e também muitos outros lugares, para, num grande levante de massa, conforme a mitologia revolucionária, postar-se diante do inimigo, detê-lo e vencê-lo. Nas horas que transcorrem após o anúncio da ofensiva alemã e no momento em que o Exército Vermelho tenta enfrentar o invasor de algum modo, muitas vezes sem ordens coerentes e quase sempre com um armamento parcimonioso e obsoleto, quando os comunicados, por sua imprecisão, levam a temer o pior, as decisões caem por terra.

Dez dias antes do início de Barbarossa, em 13 de junho, um comunicado da agência Tass ainda desmente os rumores de um conflito iminente entre a Alemanha e a URSS:

> Aos olhos dos dirigentes soviéticos, os rumores que atribuem à Alemanha a intenção de rasgar o pacto de não agressão e de atacar a Rússia não são totalmente desprovidos de fundamentos. Os recentes movimentos de tropas alemãs que, depois de terminarem as operações nos Bálcãs, foram transferidas para o Leste e para o Norte do território alemão explicam-se por considerações sem nenhuma conexão com as relações germano-soviéticas. [...] Por conseguinte, todos os rumores segundo os quais a URSS se prepararia para a guerra contra a Alemanha são falsos, difundidos unicamente com um objetivo de provocação.

O cerco de Leningrado

No entanto, dois dias depois, aparentemente pouco convencido, F. Kusnetsov, general comandante da região militar especial do Báltico, pede com urgência a entrega de 40 mil toneladas de explosivos, de 100 mil minas antitanques e de 45 mil toneladas de arames farpados encomendados há meses. E em 18 de junho, quando aconteceu, na véspera, a mobilização do exército finlandês, o mesmo Kusnetsov decide o *blackout* das cidades e dos objetivos militares, mas a ordem é transmitida por Jukov, que se encontra em Moscou.

Depois, nada ou quase. Em 22 de junho, despachos de Timochenko, comissário do povo na Defesa, e de Jukov, chefe de Estado-Maior do Exército Vermelho, partem do ministério da Defesa em Moscou à 0h30. Eles informam as autoridades do distrito sobre a "eventualidade" de um ataque surpresa alemão. Instruções, dirigidas às forças aéreas e terrestres, estipulam que se ocupem "discretamente" os locais fortificados nas zonas de fronteira na noite de 21 de junho; que se dispersem os aviões militares e os civis e que sejam camuflados; que se coloquem as unidades de DCA* em alerta e as demais em "alerta reforçado", que seja preparado o *blackout*, mas que não se tome nenhuma outra medida sem ordem. (O QG do 4º Exército de Kobrine só os recebe por volta das 5h30 da manhã.)

Às 2h da manhã, o coronel Golovskin, responsável por Taurage (Tauroggen), no centro da Frente Norte, ordena a seus homens que assumam seus postos de combate e Leningrado recebe o despacho do ministério.

Às 2h30, F. Kuznetsov dá suas instruções: ocupação das posições avançadas, distribuição das munições, preparação de campos de minas e de fossos antitanques. Mas com proibição de abrir fogo.

Às 3h, em Leningrado, o general Nikichev lê o despacho do ministério para o conjunto dos secretários do partido: "Ataque provável em 22 ou 23 de junho." Ora, a essa hora, os alemães já atacavam as unidades de cobertura dos 8º e 11º Exércitos. Segundo o plano inicial, o general von Leeb deve apoderar-se de Leningrado em quatro semanas (ou seja, em 21 de julho). As unidades de primeira linha já estão sob o fogo quando recebem suas ordens.

Às 4h, o PC de Taurage recebe os primeiros obuses.

Às 4h30, o general Sobennikov, encarregado da defesa do litoral da Prússia Oriental, envia algumas unidades para a fronteira.

---

* N. T.: A sigla DCA remete a "Defesa contra aeronaves".

Às 5h, A. Kuznetsov é informado por Moscou sobre o bombardeio de Minsk, Kiev, Murmansk e Sebastopol. Na mesma hora, o general Nikichev, voltando do Instituto Smolny onde ficaram os responsáveis pelo partido - sem Jdanov, que está de férias - reúne seus chefes de unidade e lhes ordena que executem as ordens de mobilização, cujas modalidades são ignoradas por todos.

Churchill e a URSS

A primeira falha vem dos homens, dos chefes cujo quadro não é nada brilhante. Como ficará demonstrado no futuro, muitos vão rapidamente provar sua incompetência. Na realidade, o Exército Vermelho não tem consistência.

E também a região de Leningrado e a Frente Norte não escapam à regra.

Em teoria, a URSS é capaz de opor imediatamente, à onda alemã, 119 divisões e 5 mil aviões; e ainda 67 outras divisões estarão à disposição. Essas forças representam teoricamente 54% dos combatentes do Exército soviético.

O apoio das democracias, e singularmente da Grã-Bretanha num primeiro momento, não será um luxo. Churchill, que não poupou esforços para prevenir Stalin do que estava sendo preparado, toma então a palavra já na noite do dia 22 de junho na BBC e mostra que não tem papas na língua:

> O regime nazista é a réplica exata do que há de pior no comunismo. Ele é desprovido de qualquer princípio e de qualquer sentido moral além da satisfação de seus apetites e de seus instintos de dominação racial. Por sua crueldade ao agir e pela ferocidade de suas agressões, o nazismo ultrapassa todas as formas de malignidade humana. Ninguém foi adversário mais encarniçado do comunismo do que eu nos últimos vinte e cinco anos. E não voltarei atrás de uma única palavra que tenha pronunciado contra esse movimento. Mas tudo isso se apaga diante do espetáculo para o qual se levanta a cortina nesse momento. O passado, com seus crimes, suas loucuras, suas tragédias, está eclipsado. Eu vejo os soldados russos de pé na soleira de sua pátria, protegendo os campos que seus pais cultivaram desde tempos imemoriais. Eu os vejo guardando suas residências onde suas mães e suas esposas estão em prece - sim, certamente, há dias em que todo mundo reza - pela segurança

O cerco de Leningrado

dos entes queridos, pelo retorno daquele que ganha o pão de cada dia, que defende a causa sagrada, que protege o lar. Eu vejo os 100 mil povoados da Rússia onde os meios de subsistência são tão penosamente arrancados à terra, mas onde se encontram ainda as alegrias humanas essenciais, onde as jovens riem e onde as crianças brincam. Eu vejo a hedionda máquina de guerra nazista avançando sobre tudo isso sob o comando de oficiais prussianos empertigados em seus uniformes, com o tinir de suas espadas e o estalido de seus calcanhares, arrastando atrás de si agentes especializados em deslealdade, que se destacaram por humilhar e escravizar doze países. Eu vejo também as massas mornas, disciplinadas, disciplinadas e brutais da soldadesca germânica, que avançam pesadamente como um enxame grudento de gafanhotos. Eu vejo no céu caças e bombardeiros alemães, ainda abalados por mais uma correção infligida pelos britânicos, contentes em descobrir o que lhes parece ser uma presa menos indigesta e mais certa.

Por trás de todo esse afogueamento, por trás de todo esse alarido, eu vejo um pequeno grupo de celerados que combina, organiza e despeja essa avalanche de horrores sobre a humanidade...

Venho anunciar-lhes a decisão do governo de Sua Majestade – e estou convencido de que é uma decisão à qual os grandes países da Commonwealth se aliarão em tempo útil –, pois é necessário que nos expliquemos imediatamente, sem um dia de demora. Venho anunciar-lhes essa decisão, mas vocês podem imaginar qual será nossa linha de conduta? Temos um único objetivo, um único e irrevogável desígnio. Estamos resolutos em destruir Hitler e todos os vestígios do regime nazista. Disso nada nos desviará, absolutamente nada. Jamais conferenciaremos, jamais negociaremos com Hitler, nem com ninguém de sua corja. Nós o combateremos em terra, o combateremos no mar, o combateremos nos ares até que, com a ajuda de Deus, tenhamos livrado o mundo de sua sombra e libertado os povos de seu jugo. Todo homem, toda nação que marchar com Hitler será nossa inimiga... Tal é nossa linha de conduta e nossa decisão. Disso decorre que levaremos toda a ajuda possível à Rússia e ao povo russo. Apelaremos a todos os nossos amigos e aliados em todas as partes do mundo para escolher essa mesma via e segui-la, como o faremos nós mesmos leal e resolutamente até o fim...

Não se trata de uma guerra de classes, mas de uma guerra na qual o Império Britânico e a Commonwealth das nações acham-se totalmente engajados, sem distinção de raça, de crença ou de partido. Não cabe a mim falar da ação dos Estados Unidos, mas faço questão de dizer o seguinte: se Hitler pensa que sua agressão contra a Rússia soviética causará alguma divergência de princípios ou algum recuo no esforço das grandes democracias que decidiram por seu aniquilamento, está redondamente enganado. Pelo contrário, estaremos fortalecidos e encorajados em nossos esforços para libertar o gênero humano de sua tirania. Longe de estarmos enfraquecidos, nossa decisão e nossos meios acham-se reforçados.

Não é hora de dar lições de moral sobre a loucura das nações e dos governos que se deixaram abater uns após outros, quando, unidos, poderiam ter-se salvado a si próprios e poupado o mundo dessa catástrofe. Entretanto, quando, há pouco, eu falava da sede de sangue e dos horríveis apetites que impulsionaram Hitler em sua aventura russa, disse que havia por trás desse atentado um motivo profundo. Ele quer destruir a potência russa porque espera, se tiver êxito, poder trazer do Leste o grosso de seus exércitos e de suas forças aéreas e precipitá-los sobre nossa ilha; pois ele sabe que deve vencer ou sofrer o castigo de seus crimes. Sua invasão da Rússia nada mais é do que um prelúdio a uma tentativa de invasão das ilhas Britânicas. Ele espera, provavelmente, que toda essa campanha possa estar concluída antes do inverno, e que ele possa esmagar a Grã-Bretanha antes da intervenção da frota e da potência aérea dos Estados Unidos. Ele espera poder reeditar uma vez mais, numa escala maior do que nunca, a tática com que obteve êxito durante muito tempo, e que, enfim, a cena estará livre para o último ato, sem o qual todas as suas conquistas seriam vãs – a saber, a submissão do hemisfério ocidental à sua vontade e ao seu regime.

Assim sendo, a ameaça à Rússia e a ameaça aos Estados Unidos, do mesmo modo que a causa de cada russo que combate por seu lar, é a causa dos homens livres e dos povos livres em todas as partes do mundo. Aproveitemos as lições que uma experiência tão cruel nos tem ensinado. Multipliquemos nossos esforços e reunamos nossas forças para atacar, enquanto estamos ainda de pé e fortes.

Esse discurso foi trabalhado e aperfeiçoado pelo primeiro-ministro britânico durante todo o dia 22. Cada palavra foi escolhida de propósito, e ele resume bem o espírito do que vai ser "a grande aliança" contra o hitlerismo. Ele pega de surpresa os senhores do Kremlin e alguns soviéticos que conseguem escutá-lo, de modo que não obtém quase nenhuma repercussão imediata. Os inimigos da véspera, os "plutocratas" anglo-saxões e "seus lacaios gaullistas", transformam-se em aliados declarados e preciosos...

Uma parte da imprensa soviética retoma de maneira suavizada a mensagem de Churchill, notadamente o *Pravda* de 23 de junho, que expõe laconicamente a manchete: "O fascismo será destruído". Há alguns meses, o próprio termo "fascismo" havia desaparecido das colunas de imprensa soviética e do vocabulário político, e em poucas horas tudo mudou. Na véspera, o mesmo jornal consagrava seu editorial à "Preocupação do povo com a escola", e Irakli

Andronikov publicava um artigo sobre o centenário da morte de Mikhail Lermontov, autor do inesquecível *Um herói de nosso tempo*.

Do outro lado do planeta, antes mesmo que Molotov pronuncie seu discurso, o ataque alemão contra a URSS ganha as manchetes dos jornais... da Alemanha. Ao amanhecer de 22 de junho, na rádio de Berlim, Goebbels, o ministro da Propaganda do Reich, faz uma leitura da proclamação do Führer, na qual estigmatiza a ação do bolchevismo russo, que, "havia mais de vinte anos, esforçava-se num jogo duplo em sua ação diplomática para incendiar toda a Europa". E às 6h da manhã, Ribbentrop, o ministro das Relações Exteriores, anuncia à imprensa alemã e internacional a nota endereçada pelo governo do Reich ao governo soviético.

No dia seguinte, o *Völkischer Beobachter*, órgão do partido nazista, destaca em manchete: "A Wehrmacht da Grande Alemanha está em marcha para o Leste. Moscou reconhece abertamente o complô tramado com Londres. Os dois cúmplices mostram a mesma vontade de destruir a Alemanha e a Europa."

Passar a fronteira

"Em 22 de junho, abrimos a porta sem saber o que havia atrás": essa declaração, bastante inesperada por parte de Hitler, não reflete a realidade. A Alemanha, com efeito, preparou seu ataque com cuidado. Mapeou as estradas, escolheu escrupulosamente generais experientes, localizou os lugares sensíveis e, com alguns erros de julgamento – o futuro dirá – o terreno. Isso não impede que, no dia D, o soldado se pergunte o que o espera lá atrás e se, além disso, alguém o espera...

Ao lançar a operação Barbarossa, a Alemanha transpõe, *a priori*, uma fronteira bem guardada, pois, desde 1935, a URSS e seus anexos (os países bálticos, a Ucrânia...) já constituem uma imensa prisão. Ser pego em flagrante delito de sair ilegalmente do país é correr risco de morte. Naquele domingo, entretanto, não seriam alguns "decepcionados com o stalinismo" que tivessem "escolhido a liberdade" que suscitariam inquietação. As verdadeiras incertezas são outras. Plantadas diante de suas guaritas, com o nariz empinado, as sentinelas mais atentas surpreendem um ronco estranho e apertam os olhos para olhar o voo dos pássaros que, estranhamente, dirigem-se todos para a mesma direção, como espantados por algum intruso.

Logo, não são mais os pássaros, mas os aviões que causam inquietações. Uma gigantesca esquadrilha se lança sobre a URSS sem aviso, precedida somente pela sirene dos bombardeiros Stukas. Surgem como nuvens, mas há também aviões Heinkel e Junker, que riscam o céu e bombardeiam aeródromos, estações, cidades... As primeiras colunas de civis fugindo dos bombardeios se estendem pelas estradas. Os alemães atiram em todas as direções, ainda mais facilmente por não correrem nenhum risco de reação. Tomados de surpresa, os aviões soviéticos, alinhados como para uma inspeção de rotina, são destruídos antes mesmo de poder decolar. Os alemães estão exultantes. Efeito surpresa, coordenação: desde a primeira noite, as perdas são pesadas para os soviéticos, com 1.489 aparelhos destruídos, dos quais 1.100 no solo. A Luftwaffe de Kesselring, que dispõe de 2.770 aviões, só perdeu 63. Se as tripulações alemãs bem treinadas fazem estragos, as soviéticas, quando chegam a decolar, são muito menos ameaçadoras. A maioria só havia recebido, até 22 de junho, 15 horas de instrução de voo, contra as 150 necessárias a um piloto de guerra. No primeiro dia, ao alvorecer, o tenente soviético Kokorev lança seu aparelho contra um Messerschmitt Bf-110 alemão. É a primeira ação do gênero executada durante a Segunda Guerra Mundial.

O que há atrás da fronteira? Se todos fazem a mesma pergunta, todos encontrarão praticamente uma resposta idêntica, apesar de alguns embates fatais. Atrás, na maior parte das vezes, não há ninguém. Nem os alemães que se deslocam ao longo do Jura – rio cujo nome lituano significa "mar" – nem os que passam por Pajuralis e Kvedama encontram soviéticos prontos para partir para o ataque. Na pior das hipóteses, eles se deparam com guardas de fronteiras que só têm o tempo de se render ou de fugir.

Na costa báltica, a constatação não é diferente. Em Palanga, os alemães atravessam sem obstáculos a antiga fronteira russo-prussiana, marcham através de dunas, pinheiros e bétulas, e descobrem, quase como turistas, a basílica, a casa das termas medicinais, o cassino, mas também a espantosa réplica da gruta de Lourdes. Apreciada pelos lituanos e pelos russos, essa estação balneária tem, em seu centro, pequenas casas de pescadores. Uma impressionante residência pertencente ao conde Tysckewicz atrai os olhares. De frente para o mar, belas casas trazem nomes de mulheres, como "Olga", ou de apaixonados, à imagem dos pares de bandeiras iguais batizadas de "Romeu" e "Julieta". Na praia, a estupefação não tem limites, homens e mulheres, embora estejam de roupas de banho discretas, sentem-se subitamente desnudados quando se acham diante de um soldado de capacete, de arma em punho. Os banhistas procuram vestir-se às pressas nas belas cabines rolantes que bordam a praia e que são deslocadas ao sabor das estações. Os que passeavam sobre o píer de madeira voltam a passos largos para a terra firme. Longe de estarem recebendo uma instrução militar como suspeitam os serviços de informação alemães, os veranistas dedicam-se a atividades pacatas.

Aqui como em outros lugares, ninguém avisou os postos de segurança sobre a iminência da guerra e a mensagem de alerta do estado-maior do Exército Vermelho, se algum dia existiu, perdeu-se no caminho. Os generais em vilegiatura, as unidades blindadas em reparos para mudar os motores, as unidades de artilharia sem munições e os aviões sem combustível descritos por Vassili Grossman em seu *Um escritor na guerra* são uma realidade pungente.

Isso não impede que alguns, embora tomados de surpresa tanto quanto os outros, oponham uma resistência heroica. Os guardas das fronteiras são tropas do NKVD (a polícia política), nomeadas para essa zona sensível com a ordem de evitar a qualquer preço as provocações. Sua resistência feroz se mostra muitas vezes desesperada por falta de recursos. Como prova, oito horas após o ataque, os defensores de Palanga esperam ainda os reforços do exército regular sem, no entanto, nada conseguir, e o que é pior, sem nenhuma notícia.

Quase em toda parte, no primeiro dia, a estupefação domina. No entanto, alemães e soviéticos se aplicaram, depois do término do conflito, em fazer de Barbarossa uma guerra anunciada, e de Stalin, um estrategista experiente que sabia que depois da luta entre capitalistas e fascistas seria a sua vez.

Os primeiros se empenhavam em minimizar sua imagem de guerreiros irascíveis e em reintegrar o mais rápido possível o clube dos "povos civilizados", os segundos queriam lavar Stalin do pecado de negligência e de falta de preparação para a guerra:

> Em 22 de junho de 1941, as forças soviéticas estavam distribuídas numa tal extensão que, sem dúvida alguma, somente podia ser atribuído a elas um papel defensivo. Entretanto, seu posicionamento poderia ter sido modificado

rapidamente para responder a uma mudança da situação militar ou política da Alemanha. Num prazo mínimo, o Exército Vermelho [...] poderia reunir seu dispositivo e passar ao ataque. [...] A partir do momento em que a URSS percebesse uma ocasião favorável - militar ou política -, seu exército poderia colocar o Reich em perigo. [...] Sua disposição defensiva temporária poderia rapidamente tomar um caráter ofensivo.

É o que estima Erich von Manstein, um dos atores centrais do drama, em suas *Memórias*, mas não seria uma justificativa *a posteriori*?

Reagir

A ordem dada na madrugada de 21 e 22 de junho pôs em estado de alerta as tropas nas fronteiras, os navios do Báltico, a defesa aérea e fez dispersar os aviões presentes nos aeroportos da região. O enérgico general da aviação Alexander Alexandrovitch Novikov, um sobrevivente dos expurgos de 1937, condecorado com a ordem de Lênin durante a guerra contra a Finlândia, convocado à casa de seu chefe de estado-maior, prepara uma esquadrilha de caça e bombardeiros para atacar eventualmente as colunas inimigas.

Às 3h da manhã, aviões caças, comandados pelo tenente Mikhaïl Gneuchev, ganham o ar e interceptam 12 Junker 88 (Ju 88) da Luftwaffe que atacavam o porto de Cronstadt; o vapor Luga é atingido enquanto a DCA da fortaleza abre fogo em todas as suas unidades. Os alemães recuam, sem que os soviéticos tenham verdadeiramente conseguido estabelecer um combate. Naquele momento, nada mais acontece. Mas não há mais lugar para dúvidas.

Entretanto, até o final da manhã de 23 de junho de 1941, os soviéticos têm ordem apenas para reagir a ataques e é somente ao final do dia que Stalin autoriza as ações em zona alemã, mas no limite de 450 km.

O céu de Leningrado, exceto por algumas incursões de aviões de reconhecimento, continua vazio de voos da Luftwaffe tão temida.

Na noite de 23 de junho, à 1h45, as sirenes soam pela primeira vez sobre a cidade: um grupo de bombardeiros inimigos é assinalado em área próxima.

O cerco de Leningrado

São aeronaves encarregadas de soltar minas no canal Belomor-Baltiysk, que liga o Báltico ao mar Branco. É noite de lua cheia, os aviões são perfeitamente visíveis. A DCA do 194º Regimento entra em ação e abate o Ju 88 do tenente Sartorius, cujo avião destruído é logo exibido numa praça de Leningrado.

A reação ao alerta não se faz esperar: o comitê executivo e o escritório do partido da cidade dão a ordem de formar 10 mil equipes de luta contra incêndios e, no dia seguinte, a de organizar batalhões de extermínio contra eventuais paraquedistas, pelos comitês do partido da cidade e do *oblast*.

O Soviete Supremo ordenou a mobilização geral e proclamou a lei marcial desde o primeiro dia da ofensiva, e o tenente-general M. M. Popov, comandante militar da Frente Norte, se tornou o principal responsável. De fato, ele compartilha seu poder com o presidente do Soviete da cidade, P. Popkov, e o secretário do comitê do partido Andrei Alexandrovitch Jdanov. Três homens para uma mesma tarefa com visões divergentes já é difícil de lidar. O que torna impossível é quando se tem de enfrentar os burocratas empedernidos e assumir as diretrizes contraditórias vindas do Kremlin – principalmente as do chefe supremo, que não têm relação com nada do que acontece no local, pretensamente levando em conta os "grandes equilíbrios" das zonas de combate.

Em 26 de junho, o Presidium do Soviete Supremo anula todas as folgas e autoriza três horas de trabalho cotidianas suplementares. No dia seguinte, são instaurados o trabalho obrigatório para todos e a jornada de 11 horas.

No dia 27, é tomada a decisão de criar a Opolchenie, uma milícia armada constituída de 200 mil "voluntários" civis, formados de imediato para o combate. O Soviete de Leningrado requisita "a população inteira" para executar trabalhos de defesa então inexistentes, em contradição total com a mobilização dos mesmos homens para a constituição desse exército popular. O apelo a numerosos habitantes para participar da construção de defesas fora da cidade, o recurso a civis, a requisição de dezenas de milhares de cidadãos para assegurar, entre outras ações, a defesa civil e a defesa militar, trazem o problema de organização do trabalho – a cidade deve continuar a funcionar, apesar da ameaça e do bloqueio, em benefício de sua própria defesa.

As mobilizações, feitas muitas vezes em desordem, atribuem a cada um várias tarefas, e muitos são obrigados a elas, mesmo que sua forma física – sem falar de seu estado moral – esteja em franco declínio.

Mulheres, adolescentes e idosos armados de pás e picaretas para cavar fossos antitanques e construir casamatas, combatentes sem formação e muitas vezes sem armas para se deslocar para a frente de batalha. Eis o que a União Soviética prepara para opor ao Grupo de Exércitos do Norte do general von Leeb. E alguns dias depois, são 15 mil milicianos que devem ir combater nas retaguardas do inimigo e 14 mil "voluntários" para reforçar a defesa civil da cidade. E isso é tudo.

É nesse momento que começa o heroísmo ou o trabalho de martírio dos habitantes da capital dos czares e da Revolução bolchevique, chamados a substituir uma organização deficiente e também a falta de meios, ofertando sua coragem, sua abnegação e até mesmo o sacrifício de suas vidas.

Isso porque *in loco*, nas fronteiras, as tropas de primeira linha estão espalhadas ao longo de uma profundidade de 50 km, e as tropas de cobertura de 50 a 100 km, o que significa que, apesar dos combates de retardamento travados pelos guardas das fronteiras, nada ou quase nada pode deter o inimigo.

No Instituto Smolny e nos bairros, os membros do partido se agitam, organizam assembleias e encontros de mobilização, os Komsomols (juventudes comunistas) mobilizam-se e colocam-se, muitas vezes, na linha de frente. Eles não duvidam da vitória, das virtudes do regime e de seu potente Exército Vermelho: 370 mil homens na Frente Norte e, teoricamente, um material praticamente igual ao dos alemães. Eles também não duvidam do "Guia", o camarada Stalin, que, no entanto, se mantém absolutamente mudo desde o começo da ofensiva.

Na cúpula, as instruções são tão inconsistentes que Popov não consegue fazer executar a lei marcial. É só em 29 de junho que ela toma realmente forma, nos moldes da executada em Moscou. Toque de recolher de meia-noite às 4 horas da manhã, limitação das horas de abertura dos locais públicos e dos restaurantes. Apesar da desordem, a ação do partido permite mobilizar os habitantes da cidade; as fábricas continuam a produzir. Mas por quanto tempo e com qual eficiência?

O Duna

Uma distância de cerca de 800 km separa os alemães reunidos na Prússia Oriental de seu objetivo: Leningrado. Dois obstáculos se apresentam em sua rota: a 300 km de Memel (Klaipeda) há uma barreira natural, o rio Duna

O cerco de Leningrado

(Zapadnaya Dvina), e a 500 km, uma construção, a Linha Stalin, apoiada sobre outro rio, o Luga. Aqui, mais do que em outro lugar, essa característica torna crucial o controle das pontes em tempos de guerra. Assim, o general encarregado de tomá-las, pô-las em segurança e conservá-las não foi escolhido ao acaso. Trata-se do famoso Erich von Manstein, herói do regime, genial inventor do "golpe de foice" que pôs a França de joelhos. O estrategista preferido de Hitler não esconde de suas tropas os objetivos tanto ideológicos quanto estratégicos da guerra no Leste, a julgar pela proclamação feita na véspera da ofensiva:

> O sistema judeu-bolchevique deve ser exterminado. O soldado alemão que entra na Rússia deve conhecer a necessidade e o valor do severo castigo que será infligido à judeuzada. [...] A situação alimentar da Alemanha exige que as tropas sejam abastecidas no território inimigo e que elas coloquem à disposição da pátria o mais vasto estoque de víveres que puderem. Nas cidades inimigas, uma grande parte da população deverá ficar com fome. Nenhuma demonstração equivocada de humanidade deverá ser dada aos prisioneiros de guerra nem à população, a menos que estejam a serviço do Exército alemão.

Em 22 de junho, ao alvorecer, bloqueado numa floresta, Manstein não se move com facilidade. Pinheiros, abetos e bétulas formam uma malha cerrada, e os tanques e batalhões só podem sair dos bosques a conta-gotas no momento certo. Essa desvantagem inicial não o impede de jogar-se com bravura ao assalto da fronteira, e depois desafiar os dois exércitos soviéticos que o afrontam esgueirando-se na brecha que os separa. O 56º Corpo Blindado avança na Lituânia sem temer ser abordado pelo flanco, de um lado e de outro. Ao final da manhã, uma posição fortificada diminui sua progressão, mas ele toma sem dar um tiro a ponte que atravessa o Mituva, avança 80 km e ataca o primeiro verdadeiro obstáculo, o viaduto de Ariogala. Essa alta edificação que recorta o horizonte é a única via para transpor o Dubysa, um riacho de margens escarpadas que Manstein conhece bem, por ter visto o esgotamento das forças do Corpo de Engenharia ao querer montar uma ponte de madeira entre suas margens durante a Primeira Guerra Mundial. Constatando que o viaduto Ariogala está mal defendido, ele decide não perder nem um minuto e passar ao ataque. Os tanques da 8ª Divisão Blindada do general Brandenberger, que já foram bastante solicitados nesse primeiro dia de Barbarossa, voltam à ativa às 20h. Resultado: alguns tiros mais tarde, os alemães estão esgotados, mas senhores dos locais.

48

No dia seguinte, a marcha forçada é retomada. Campos de centeio, colinas, florestas, pântanos desfilam a toda velocidade e, em 24 de junho, o 6º Corpo Blindado, num avanço relâmpago, assume o controle das pontes de Ukmergé, que atravessam o riacho Sventoji a 170 km da fronteira germano-soviética.

Um pouco mais ao sul, as tropas passam por Kaunas (Kovno), cidade situada sobre o Niemen, que nesse lugar tem a largura de cerca de 300 metros. As tropas pertencem ao 16º Exército, comandado pelo general Ernst Busch, proveniente de Verdun, corajoso, condecorado com a cruz ao Mérito desde a Primeira Guerra Mundial e partidário convicto da ofensiva. Ele incentivou Hitler a atacar a Checoslováquia, participou da campanha da Polônia, depois da França e foi recompensado com a cruz de cavaleiro. Para o início dessa campanha, supervisionou a tomada da capital da Lituânia independente, confiada ao coronel Holm, missão terminada, após alguns combates, em 24 de junho.

De ambos os lados, o choque dos dois exércitos em Dünaburg (Dvinsk) é inevitável. Do lado alemão, a progressão é pontuada de embates, mais ou menos intensos, mas nada de grave. Os condutores de tanques pegam a estrada, negligentemente acotovelados na cúpula de suas máquinas. Os homens se encontram diante do Duna na altura de Dünaburg em menos de cinco dias depois da partida. Do lado soviético, longe de imaginar que colunas de soldados estão a caminho, a cidade vive seu ritmo habitual. Trens e caminhões circulam como de hábito e os soldados do Exército Vermelho se contentam em tomar a precaução de minar a ponte com dinamite "para o caso de...". A própria tomada se faz praticamente sem violência. Chegando às portas de Dünaburg, com efeito, os alemães optam pela astúcia mais do que pela força e trazem como reforço um especialista em estratagemas, o almirante Wilhelm Canaris, chefe da Abwehr. Ele idealiza um subterfúgio inspirado no cavalo de Troia. Alemães, disfarçados de soldados do Exército Vermelho, entram na cidade em caminhões cobertos de lona. Os infiltrados se misturam, assim, ao tráfego, aproximam-se da ponte e, uma vez na praça, descendo do caminhão, atiram-se sobre os soldados soviéticos. Enganados pela aparição desses homens que usam o mesmo uniforme que eles, os guardas não chegam a perceber o que acontece, e são apunhalados, desarmados ou abatidos. Alguns tiros de metralhadora ricocheteiam em volta dos alemães, que desatam os explosivos dos pilares e os desarmam – o caso está resolvido.

"Cidades e pontes de Dünaburg ocupadas. Ponte rodoviária intacta. Ponte da estrada de ferro danificada, mas praticável", anuncia triunfalmente uma

O cerco de Leningrado

mensagem de rádio de 26 de junho. O general von Manstein está satisfeito; abastecimento e reforços podem ser trazidos. A 8ª Divisão Blindada entra na cidade, onde os soviéticos mal têm tempo de causar alguns incêndios antes de fugir e desencadear uma reação aérea, que é detida pela FLAK, a DCA alemã. A 3ª Divisão de Infantaria Motorizada une-se a ela.

A tomada rápida das pontes nas primeiras semanas – Brandenberger tomou 24 delas intactas e os engenheiros alemães reconstruíram num piscar de olhos muitas outras afetadas ou destruídas – abriu a estrada para Leningrado. Todos estavam conscientes disso e prontos para fazer um último esforço.

Foi então que aconteceu algo decisivo. Hoepner, o general comandante do 4º Grupo de Panzers, ao chegar ao local, ordena a Manstein que espere pelos outros. Impedido de continuar, ele sofre uma penalidade dupla – a de ver desperdiçado seu avanço excepcional e a de sofrer assaltos furiosos da contraofensiva soviética, bombardeios, ataques terrestres, largadas de paraquedistas... A decisão de deter voluntariamente a progressão do Grupo de Exércitos Norte é incompreensível tanto para o soldado alemão quanto para os soviéticos, que a constatam sem entendê-la.

A primeira batalha de tanques

O Corpo Blindado atrasa os demais – o 41º Corpo Blindado fica na ala esquerda do 4º Grupo de Panzers e depende do general Reinhardt (41º Corpo Motorizado), um dos melhores chefes de corpo blindado. Esse general da velha escola, que combateu na Primeira Guerra Mundial, já se tornara ilustre desde o início do segundo conflito mundial na campanha da Polônia, e depois, na ocupação da França, ao percorrer, em tempo recorde, a distância que separa as Ardenas do canal da Mancha, e por fim na Iugoslávia.

Partindo de Tilsit (Sovetsk) com a 21ª Divisão de Infantaria, reforçada por um grupo de artilharia motorizada, além de um grupo de canhões de assalto, um grupo de FLAK e pela 1ª Divisão Blindada, Reinhardt toma Taurage, antiga cidade prussiana abandonada à Rússia no século XVIII e posição-chave no escudo soviético de Leningrado. As defesas da cidade foram reforçadas e a ponte que atravessa o Jura, parcialmente destruída. Entretanto, no dia do ataque, a guarnição presente no local só conta com os destacamentos especiais da polícia das fronteiras, tão pouco conscientes do que está acontecendo que pensam, de início, estar envolvidos num simples incidente, como aqueles que ocorrem de vez em quando nessa zona sensível. Isso não os impede de lutar com valentia antes de queimar alguns documentos e acabar fugindo.

Teoricamente, nada deve entravar a marcha de Reinhardt até o rio Duna. Entretanto, na proximidade da vila de Rossieny, a progressão da 6ª Divisão Blindada tropeça no contra-ataque soviético do 12º Corpo Mecanizado e da 2ª Divisão Blindada do 3º Corpo Mecanizado. Este último traz preocupações aos alemães graças a seus tanques gigantes, um deles de 43 toneladas, o Kliment Vorochilov, KV-1, o outro de 52 toneladas, o KV-2. Diante desses tanques de gabarito fora do comum, os alemães são tomados de surpresa e entram em pânico. Eles jamais imaginaram que o inimigo pudesse pôr em ação monstros de blindagem tão espessa. Com placas de 100 mm de espessura, a armadura dos KV resiste aos projéteis de 37. Ao assumir na última hora o posto de comando da 1ª Divisão Blindada ao sudoeste de Saukotas, Reinhardt manda que os tanques do general Kirchner sigam para a região de Vosiliskis-Grinkiskis, a fim de apoiarem a 6ª Divisão Blindada. Durante três dias, os mastodontes soviéticos se impõem, depois recuam por falta de munições e de combustível. Tendo-os metralhado de todos os lados, os alemães acabaram por encontrar seu calcanhar de Aquiles: os tiros horizontais de algumas peças de artilharia (os famosos 88 mm da defesa antiaérea) perfuram a espessura da blindagem.

Ao final de dois dias de combates, a primeira batalha de tanques da Frente Norte termina com uma vitória alemã. Os alemães destruíram 186 tanques, dentre os quais 29 KV dos dois tipos, 1 e 2. Depois, o 16º Corpo Blindado parte em direção ao Duna, que deve ser atravessado em Jekabpils (em alemão Jakobstadt). A 1ª Divisão Blindada penetra nessa cidade em 28 de junho. A ponte está destruída, mas os pioneiros trabalham com afinco e reconstroem uma ponte nova de 20 toneladas e 166 metros de comprimento em nove horas e meia. Em 30 de junho, um destacamento avançado da 6ª Divisão Blindada estabelece uma segunda cabeça de ponte perto de Livani (Lievenhof)...

Assim, uma vez atravessada a fronteira, os alemães se lançam numa marcha em que bosques, planícies, campos de cereais e florestas desfilam a toda velocidade... Excepcionalmente rápida nas duas primeiras semanas, essa progressão, ao contrário do discurso propagandista da Blitzkrieg, está longe de ser um passeio "jovial e alegre", e os alemães são detidos com frequência pelo encontro de grupos de combatentes soviéticos.

Extermínio ideológico

Inicialmente, então, é uma luta de morte que se desenrola. De resto, desde 31 de março de 1941, Hitler não fazia mais mistério de seus objetivos a seus generais: "O comunismo nunca foi e jamais será para nós um camarada. A luta que vai ser travada é uma luta de extermínio." O adversário não é um inimigo como os outros e está fora de questão tratá-lo como um igual. Trata-se de uma guerra ideológica, do combate entre dois sistemas políticos radicalmente opostos. A guerra é total, ela mobiliza todas as forças da Alemanha e atinge o país inimigo em seu todo.

Por mais brutal que seja, a situação não é totalmente nova. Aos 65 anos, Leeb, o comandante do Grupo de Exércitos Norte, é um velho militar que já lidou em campanhas em que operações militares e matanças de civis pouco diferem na maior parte das vezes. Na China, por exemplo, com 30 anos de idade, ele participou da repressão à revolta dos Boxers – a insurreição chinesa contra a tutela dos ocidentais –, que provocou a cólera de sete outras nações, exceto a da Alemanha (Áustria-Hungria, Estados Unidos, França, Itália, Japão, Reino Unido e Rússia). Nessa época, Leeb – para permitir, entre outras coisas, que empresas como a fábrica de cerveja Tsingtao, "confiada" à Alemanha pela Manchúria em 1898, prosperassem – deu cobertura às expedições punitivas que assolaram o país e atingiram todos os chineses sem distinção: assassinatos, violações, pilhagens, destruições.

O que muda o jogo a Leste é a série de decretos que especificam a jurisdição militar de Barbarossa. Assim, fica decidido em 13 de maio de 1941 suprimir conselhos de guerra e cortes marciais, substituindo-os por julgamentos e execuções sumários. Algumas categorias são particularmente vulneráveis: os comissários políticos que, após a "ordem sobre os comissários" de 8 de junho

Pierre Vallaud

de 1941, serão imediatamente executados e atentamente buscados entre os prisioneiros e as mulheres (800 mil mulheres jovens serviram no Exército Vermelho). Alguns generais são motivados por essa luta ideológica. É o caso de Georg von Küchler, que mostra um zelo sem igual em aplicar o decreto sobre os comissários políticos soviéticos. Com ele, realmente, não há procedimento supérfluo: uma vez localizado o comissário político – nem todos conseguem destruir seus insignes distintivos no momento em que são capturados –, um breve interrogatório, muitas vezes *pro forma*, uma condenação rapidamente formulada e, a alguns passos, uma bala na nuca.

Quanto aos prisioneiros, que são uma categoria importante, pois os alemães os fazem em número considerável com sua técnica de captura, estão muito distantes da convenção de Genebra. Sua sorte é abominável. As provisões alemãs foram calculadas para as necessidades precisas do exército e da população. Não há, pois, a possibilidade material de alimentar tal massa de pessoas, mesmo que isso tivesse sido cogitado. Os alemães maltratam ainda mais os prisioneiros porque o alongamento das linhas de combate torna difícil o abastecimento, inclusive para eles, e os prisioneiros os atrapalham, os prejudicam em seus deslocamentos. Subalimentação, execuções sumárias, marchas extenuantes, ausência de higiene, confisco de roupas mesmo sob frio rigoroso, condenando à morte a maior parte deles (quase dois terços). Alguns prisioneiros soviéticos que os alemães deixam de alimentar apelam para o canibalismo.

Essa visão depreciativa da União Soviética, dos russos, dos *Untermenschen* ("sub-homens") bolcheviques etc. traduz não somente a visão dos nacional-socialistas a respeito do berço da Revolução de Outubro, mas da quase totalidade do corpo de oficiais e dos cidadãos alemães. Eles consideram que a Revolução Russa e suas consequências são um dos fatores da queda do Reich precedente, do Império Alemão. Para esses oficiais, a guerra contra a União Soviética é, ao mesmo tempo, uma guerra contra o inimigo hereditário e uma oportunidade de revanche. Eles não se esquecem da "punhalada nas costas". Continuam convictos de que se os políticos, os dirigentes da República de Weimar não tivessem terminado a guerra, seu exército poderia tê-la ganhado em 1914-1918. E consideram que a pressão dos espartaquistas (o equivalente dos bolcheviques na Alemanha) acelerou a proclamação da República de Weimar e resultou na assinatura daquele tratado de paz "iníquo" que fez tanto mal a eles: o Tratado de Versalhes de 28 de junho de 1919. Em resumo, eles viviam ainda de velhos rancores de mais de vinte anos.

O cerco de Leningrado

Combater

Apelar para formações civis a fim de compensar as carências de um Exército Vermelho deficiente e já bastante incapaz de enfrentar a clássica "ofensiva alemã" parece perfeitamente natural a todas as autoridades de Leningrado. Aliás, por que seria diferente quando a URSS apela para seus "filhos" defenderem não somente o "solo da pátria" considerado até então inviolável, mas também as "conquistas da Revolução"?

A maior parte dos leningradenses, então, não se surpreende quando, dia após dia, são tomadas medidas de mobilização de todos os tipos, por vezes contraditórias, mas atingindo praticamente o conjunto da população. Em 29 de junho, acontece a criação de um conselho militar e de um estado-maior da Opolchenie. Diante da urgência, em 4 de julho, o plano de formação de recrutas para 15 divisões é abandonado e são organizadas, de maneira imediata, 3 divisões de 100 mil homens cada uma, compreendendo teoricamente 3 regimentos de infantaria, 1 regimento de artilharia, 1 batalhão de tanques. No dia seguinte, é decidida a criação de 79 batalhões, ou seja, 17 mil homens suplementares. E no dia 6, são 100 mil homens que já estão em serviço. Nos dias e semanas subsequentes são formadas, uma por uma, as diferentes divisões. Os comunicados oficiais saúdam em uníssono "o magnífico movimento da heroica população de Leningrado".

Enfim chega a ordem de organizar concretamente "unidades de milicianos". No dia 20 o estado-maior da Opolchenie ordena a formação militar de todos os homens que restam ainda em Leningrado e que não façam parte de nenhuma unidade já constituída. A "formação" é breve, pois não dura mais do que 16 horas. Entre 24 de julho e 8 de setembro são organizadas as 3 primeiras "Divisões da Guarda". Já em 1º de setembro, 3 batalhões da Opolchenie constituídos a partir de batalhões operários foram enviados para a frente de batalha.

A partir de 20 de julho, os batalhões operários de Leningrado estão sob o "regime de caserna", o que significa que devem permanecer mobilizados em suas fábricas dia e noite. No dia 21, o conselho militar da Frente Noroeste, o comitê do partido da cidade e o comitê executivo do Soviete municipal lançam um apelo à população: "Ajudemos o Exército Vermelho, que combate diante de Leningrado constituindo novas unidades da Opolchenie..."

Na semana seguinte, os batalhões operários contam oficialmente com mais de 36 mil membros.

A sucessão ininterrupta de criações de formações militares e paramilitares é uma demonstração do espanto dos responsáveis políticos e militares da cidade e de seus arredores. As ordens e contraordens – principalmente no domínio do treinamento, reduzido à sua expressão mais simples – e o envio para a frente de batalha de formações quase desarmadas, sem experiência e cujo comando é tão necessitado quanto a tropa, marcam a desorganização da defesa de Leningrado e, através dela (pois os mesmos fenômenos são observados de ponta a ponta no país), o estado real da URSS.

Não cabem mais as fanfarronadas que proclamavam que, se houvesse guerra, ela aconteceria no terreno do inimigo, e seria travada por um Exército Vermelho que se tornara invencível graças aos cuidados do genial camarada Stalin.

Determinados ou não, voluntários ou não, milhares de homens são assim transformados de um dia para outro em soldados improvisados. Em sua maioria, são colocados na frente de batalha sem saber exatamente onde está o inimigo. Apesar de estarem mal armados ou sem armas, sem apoio aéreo ou de artilharia, não são somente figurantes, pois, segundo os testemunhos dos sobreviventes, e também de seus adversários alemães, alguns deles se deixaram literalmente triturar no local por recusarem-se a recuar, tornando ainda mais patética a reflexão de um dos oficiais responsáveis pela Opolchenie: "Que soldados eles teriam sido, se fossem preparados e armados!"

Mas a coragem não pode, de maneira alguma, suprir todas as carências que atingem essas tropas, e os mortos são numerosos, tanto quanto os prisioneiros maltrapilhos, abobalhados, que os filmes rodados pelas Propaganda Abteilungen, as seções de propaganda da Wehrmacht, passam sem parar nos cinemas da Alemanha e dos países ocupados. Naquele momento, são poucos no mundo os que apostam na sobrevivência da URSS...

O cerco de Leningrado

A 5ª coluna

Perfeitamente informados quanto à topografia da metrópole desde a tomada das primeiras cidades soviéticas, os alemães atiram com precisão sobre os objetivos mais vulneráveis: locais do poder, edifícios públicos, mas também em fábricas de todo tipo e em estoques, principalmente de alimentos.

Por conseguinte, desde o começo da ofensiva, reina em Leningrado e nos arredores uma verdadeira psicose, a dos inimigos que poderiam infiltrar-se, se é que já não estavam lá. O rumor de que os alemães dispõem de cúmplices dentro da própria cidade se baseia, em grande parte, na precisão dos tiros, quando na realidade só fazem explorar as milhares de fotos aéreas e aquelas tiradas com teleobjetiva para informar seus artilheiros que atacam como se fossem um pelotão de fuzilamento. Principalmente porque nenhuma camuflagem protege de maneira eficaz um lugar marcado com antecedência, como prova a quase destruição do imóvel da NKVD, perto da ponte Liteini.

As narrativas são abundantes e o *Leningradskaia Pravda* não deixa de reportar fatos que se mostram suficientemente convincentes para alertar os mais desatentos. Em toda parte, pretendem encontrar indivíduos disfarçados de refugiados, presos ao tentarem transmitir informações sobre os preparativos de defesa. Suspeita-se de pretensos leningradenses – verdadeiros espiões –, alguns lançados de paraquedas pela aviação inimiga, sem falar de residentes de longa data da cidade, sendo que muitos evidentemente têm nome de assonância germânica, e conspiram contra a "pátria do socialismo". Alguns subiriam nos telhados dos imóveis há tempos escolhidos para comunicar posições estratégicas aos aviões da Luftwaffe com a ajuda de meios mais ou menos elaborados: lanternas, espelhos, caixas metálicas... Assim, muito rapidamente, a suspeita se instala. Apagam-se os nomes das placas de sinalização. Confiscam-se os mapas rodoviários, os guias de viagem, os aparelhos fotográficos, as bicicletas, os aparelhos de rádio. Após alguns dias, institui-se um passaporte interno que deve ser apresentado à menor requisição e, desde então, fica proibido entrar na cidade sem salvo-conduto. Essa medida draconiana penaliza os camponeses que não possuem esse documento e que, após terem consumido o gado que conduziam, morriam nas portas da cidade. Na verdade, para uma tal perseguição, os leningradenses estão psicologicamente prontos há muito tempo, quer sejam caçadores ou presas. Durante os expurgos dos anos 1930, e particularmente nas regiões a oeste da URSS, a começar por Leningrado, assistiu-se à caça aos pretensos traidores e sabotadores a serviço do "inimigo fascista". Aos milhares, particularmente soviéticos de origem alemã ou polonesa, estrangeiros de todas as nacionalidades, inclusive refugiados políticos que escaparam às garras dos nazistas, foram pegos ao amanhecer, em suas casas, por homens do NKVD vestidos de casacões de couro e de arma em punho. Foram arrastados diante de "comissões" *ad hoc*, acusados de traição, de sabotagem, de espionagem, e executados ou deportados para os campos do *gulag*. Se então houvesse alguns que tivessem escapado ao grande sacrifício, quase ninguém se surpreenderia se fossem presos. Enfim, uma diretriz secreta estipula que as pessoas "suspeitas" de origem alemã, báltica ou finlandesa não devem ser libertadas mesmo após o fim de sua pena.

E depois, então, não existem apenas os que estariam infiltrados, mas também os "paraquedistas". No país em que se atribui o mérito de ter criado as primeiras unidades militares nesse domínio, leva-se muito a sério esse risco, ainda mais que a aviação alemã se desloca mais ou menos à vontade, pois a hecatombe sofrida pelo Exército Vermelho desde o primeiro dia deixa bastante livre o espaço aéreo. Nos telhados, onde foram instaladas baterias de DCA,* vigias, muitos dos quais membros das juventudes comunistas (os Komsomols), munidos de binóculos, espiam as eventuais corolas largadas pelo inimigo. Em 24 de junho, são organizados "batalhões de aniquilamento", em particular contra eventuais paraquedistas, pelos comitês do partido da cidade e do *oblast*.

Na realidade, apesar do destaque dado a essa temível ameaça, os arquivos quase não registram vestígios desse tipo de intrusão, a não ser de aviadores cujos aviões foram abatidos em operações e que saltaram de paraquedas após abandonar seu aparelho em chamas.

De tempos em tempos, aliás, alguns deles são exibidos, ladeados de homens carregando baionetas pelas ruas de Leningrado. São fotografados, filmados, aparecem nas primeiras páginas da imprensa e dos jornais cinematográficos. Mas não se trata de espiões.

---

* N. T.: As baterias de DCA são construções antiaéreas. Em Leningrado, elas foram construídas no alto dos prédios, para a defesa antiaérea.

O cerco de Leningrado

Entretanto, em 28 de junho, o *Leningradskaia Pravda* dá o alerta contra os agentes inimigos e o falatório prejudicial considerados "crimes contra a pátria". E no dia 30 é reforçado o controle dos residentes dos imóveis, que devem imperativamente se registrar. A tensão é de tal ordem na cidade, o pessimismo é tão grande e o temor aos inimigos de toda espécie tão palpável que, em 6 de julho, o Soviete Supremo declara as pessoas culpadas de propagação de "falsos rumores" passíveis dos tribunais militares. A partir de então, ao medo dos efeitos da guerra acrescenta-se um medo ao qual os soviéticos estão acostumados há muito tempo, o medo das autoridades, não refreadas pela incapacidade evidente em preparar a defesa da cidade, que se improvisa a cada dia em detrimento de seus próprios habitantes.

Nessa atmosfera abusiva, os prisioneiros já detidos em Leningrado são transferidos pelo NKVD para campos de trabalho no interior do cerco alemão, último deslocamento antes de uma morte certa.

Paralelamente são instauradas restrições de todos os tipos, em particular no domínio do abastecimento alimentar. Assim, em 18 de julho, o controle se torna mais restritivo: sem existência legal não se tem o cartão de racionamento, logo fica-se na impossibilidade de subsistir por muito tempo na cidade. Isso, evidentemente, não contando com os tráficos de todos os tipos nesse domínio nem com a capacidade real do inimigo em fabricar, se necessário, documentos falsos, mais convincentes que os verdadeiros. Sem esquecer que a isso se soma o desligamento dos telefones particulares em 11 de julho, medida suplementar para lutar contra o inimigo, mas sinal de desconfiança real com relação à população da cidade. A partir de então, uma voz juvenil anuncia: as ligações estão interrompidas "até o fim da guerra".

A Curlândia sob a bota

Os veteranos da Primeira Guerra Mundial desfrutam de um privilégio. Mergulhados no turbilhão da guerra, eles podem contar com suas lembranças da juventude para guiar-se e ter pelo menos uma ideia relativamente precisa do local em que se encontram. Quanto aos outros, acotovelados num campo, mastigando um capim, decifram imensos mapas rodoviários desdobrados diante de si e estão perdidos, pois muitos mapas do estado-maior de que dispõem são imprecisos, indicam estradas que não existem ou que não existem mais, e não indicam as que poderiam tomar. São muitos os soldados alemães que voltarão da campanha a Leste sem ter jamais visto uma estrada asfaltada.

Por vezes, apenas os vestígios do passado os ligam um pouco a um universo mais familiar. Na Curlândia, província perdida no meio do nada, esses vestígios são abundantes. Entre colinas suaves e riachos sinuosos, ruínas de castelos medievais lembram aos soldados os tempos gloriosos da conquista do Leste por seus antepassados, os cavaleiros teutônicos. Libau (Liepaja), Jakobstadt (Jekabpils), Dünaburg (Daugavpils), têm nomes alemães por terem sido fundadas, todas, por ordens de cavalaria germânicas. É sob sua égide que se constituiu o grupo fundiário alemão dos "barões bálticos", que reduziu as populações locais à servidão e logrou se manter até o começo do século XX, sobrevivendo às diferentes dominações – polonesa, sueca e russa. Na maior parte das vezes, os lugares praticamente não mudaram desde a ocupação alemã de 1915. Lá tudo concorre para fazer crer ao soldado alemão que não se trata de invadir um país com o qual nada tenha a ver, mas que se trata de recuperar o que é seu, e as promessas da propaganda soam como uma verdade a seus ouvidos: "Uma vez conquistada a URSS, os colonos alemães viverão ali em fazendas belas e espaçosas... Esses territórios do Leste serão, para nós, o que a Índia é para a Inglaterra."

A ala esquerda do dispositivo é colocada sob o comando de Georg von Küchler, indivíduo pouco atento ao direito da guerra, que cooperou tão bem em março de 1939 com Heinrich Himmler na ocupação do porto lituano de Memel.

Às margens do Báltico, os alemães marcham com os pés na água, ao longo da costa de âmbar. Depois de ocupar Palanga, a 291ª Divisão de Infantaria, conduzida pelo general Herzog, apodera-se de Kretinga, enquanto o coronel Lohmeyer, comandando o 505º Regimento de Infantaria, ocupa Skuodas. Em 24 de junho de 1941, avançando em pistas arenosas, este último se acha a 15 km de Libau. A cidade é, há séculos, um dos portos mais importantes não somente da Curlândia, mas também da Rússia, pois nunca é paralisado pelo gelo. No dia seguinte, ao alvorecer, o 505º Regimento de Infantaria, acompanhado por um destacamento da marinha, parte para o ataque.

O cerco de Leningrado

Na baía, no horizonte, o mar está calmo, sem nenhum navio. Prudente, o vice-almirante soviético Tributs ordenou à sua frota que se refugiasse em Tallinn (Reval) e em Cronstadt. Em Libau, que foi fortificada por Alexandre III (1845-1894), os soldados soviéticos tomam posição. Apoderar-se de uma praça forte nunca é simples, principalmente quando seus defensores opõem uma resistência feroz. Os soviéticos combatem até a morte, sacrificando-se para que seus companheiros se retirem e organizem um contra-ataque. Em 27 de junho, eles tentam uma saída, que por pouco não tem sucesso. É preciso lançar mão da artilharia pesada. Após quatro dias, entretanto, os alemães acabam por vencer, e o silêncio recai sobre a fortaleza. Os vencedores podem andar nos caminhos palmilhados por Blaise Cendrars e percorrer o cais varrido pelos ventos, de onde, como tantos outros, o escritor embarcou para Nova York. Mas é preciso partir logo depois.

A incursão é retomada. A bandeira branca não tarda a flutuar sobre Ventspils, cidade construída em torno do castelo dos cavaleiros da Ordem da Livônia a 160 km de Riga e cujas águas, tal como as de Libau, estão sempre livres de gelo. Apesar de seu avanço, os alemães descobrem um inimigo menos fraco do que o anunciado.

Sempre na ala esquerda, mas mais ao centro, os homens progridem no interior das terras da Curlândia. O coronel Lasch conduz um Kampfgruppe ("grupo de combate") que reúne homens da 1ª Divisão de Infantaria, outro batalhão de infantaria, um destacamento de artilharia pesada e um grupo de assalto. Em 27 de junho, ele deixa Siaulai, cidade célebre por sua colina inteiramente coberta por milhares de cruzes de madeira e de ferro de todos os tamanhos, as primeiras, instaladas no pico da colina para homenagear os que se revoltaram contra o regime czarista nos anos 1830, e as outras, depois da revolta dos anos 1860. Os soldados alemães olham com curiosidade essa colina onde cada cruz representa uma ação de graças. Depois, chegam a Bausk cujo castelo, também construído pelos cavaleiros da Livônia, foi, no final do século XVI, a residência principal dos duques de Curlândia. A etapa seguinte, Jelgava, nome dado a Mitau, a antiga capital da Curlândia, também possui um castelo. Este deve sua notoriedade ao fato de que serviu de refúgio a um dos mais célebres emigrantes da Revolução Francesa: o conde de Provença, irmão do rei Luís XVI e futuro Luís XVIII.

Enfim, prosseguindo em sua subida para o norte, Lasch chega a Riga, junto ao Báltico, cujo ataque começa em 30 de junho. Vindos de todos os lados, os alemães cercam milhares de inimigos e o bolsão se transforma em prisão para os russos e os letões de Curlândia, que por isso não conseguem mais se retirar, abandonando atrás de si, espalhados na beira das estradas, 478 tanques e 190 canhões. É nesse momento que, em Moscou, nasce o Comitê de Defesa do Estado presidido por Stalin, incluindo, além dele mesmo, Molotov, Vorochilov, Malenkov e Beria. Esse Comitê dispõe de todos os poderes e em todos os domínios. O objetivo é realmente o de coordenar o conjunto das forças e, no devido momento, a reação ao ataque. Mas essa louvável decisão é por demais centralizada e as ordens do Comitê não levam em conta a realidade do terreno. Muitas vezes são inócuas ou contradizem aquelas dadas pelos atores reais da guerra que se acham diante do inimigo e às voltas com problemas materiais urgentes, dificilmente perceptíveis por um Kremlin excessivamente voluntarista.

Jdanov e a falta de preparo

Jdanov, confiando numa situação que, a seus olhos, não apresentava nenhuma ameaça, havia saído para passar férias em Sotchi, às margens do mar Negro, um local de diversão e descanso para os militantes do regime. No dia 27, consciente do perigo, ele consegue voltar para Leningrado: cinco dias depois do início da ofensiva alemã. Felizmente, ninguém o esperou para tomar as primeiras medidas de proteção e Alexei Kuznetsov, secretário do partido interinamente, já havia ordenado algumas medidas de urgência.

Com Jdanov, o chefe político da cidade, os leningradenses veem-se sob o comando de um stalinista convicto, que também é um especialista da propaganda. Em 1941, com 45 anos de idade, já é uma velha raposa do bolchevismo, membro do Comitê Central desde 1930, do Politburo desde 1939, e chefe do PC de Leningrado desde o assassinato de Kirov em 1934, cujo escritório ele ocupa. Ele se destacou por sua ação em favor do pacto Molotov-Ribbentrop, o que deveria tê-lo desestabilizado, mas isso não aconteceu, e está convencido de que esse período de paz permitiu que a União Soviética se preparasse melhor.

O cerco de Leningrado

Jdanov não é homem de dúvidas. Partidário do "realismo socialista", não há quem não se lembre de seu discurso por ocasião do primeiro congresso da União dos Escritores, em 17 de agosto de 1934, em Moscou. Ele dizia:

> Em nosso país, os principais heróis das obras literárias são os construtores ativos da nova vida: operários e operárias, kolkhozianos e kolkhozianas, membros do Partido, administradores, engenheiros, jovens comunistas, pioneiros. São esses os tipos fundamentais e os heróis essenciais de nossa literatura soviética.

É para esses heróis que ele apela. E que vão pagar caro pela falta de preparo para o combate.

Porém, existe algo sobre o qual o tenente-general Popov tem conhecimento; o estado lamentável da defesa em torno de Leningrado e seus arredores. Tem de tudo, menos uma organização confiável.

Em teoria, os russos dispõem de forças consideráveis, mas o apelo aos "voluntários" para construir linhas de defesa e mantê-los diante do adversário é um sinal indisfarçável.

É verdade que, entre os dirigentes, só tardiamente se deram conta de que a ameaça não viria somente da Finlândia e do norte, e que as barreiras formadas pelas novas conquistas não eram inexpugnáveis. Assim sendo, parte-se para o improviso.

Não se pode dizer que a URSS não tenha agido para constituir uma indústria de guerra. Aliás, desde que se executaram os planos quinquenais em 1928, a economia soviética era alguma outra coisa além de uma economia de guerra? Coletivização forçada dos meios de produção, prioridade da indústria pesada, grandes canteiros de obras utilizando o trabalho forçado, exploração da energia e fábricas em toda parte, altos-fornos, minas e complexos industriais, eliminação dos "sabotadores e dos traidores a serviço do inimigo", e isso tudo elevado ao máximo.

A busca por poder e autossuficiência, em detrimento da vida cotidiana, está no posto de comando. "Construir o socialismo num só país", como quer Stalin, é antes um combate contra o capitalismo e o fascismo considerados ameaças à URSS. A escolha do isolamento com relação à "revolução permanente", almejada por Trotski.

No momento do conflito real, quando a Alemanha agride o mundo inteiro, com exceção de seus cúmplices e da URSS, protegida pelo pacto firmado entre as duas, é preciso agir rápido.

Por ocasião do primeiro plano quinquenal, segundo os números divulgados pelos soviéticos, o orçamento da Defesa Nacional representa 5,4% do orçamento total no segundo plano; passa a 12,6%, no terceiro, depois a 26,4% e, em 1941, deve chegar a 43,4%, tendo em vista as ameaças do conflito. Quase metade das despesas do Estado está oficialmente a serviço do esforço de guerra! É considerável, apesar das interferências políticas que muitas vezes diminuem a pertinência das soluções propostas pelos engenheiros.

Os soviéticos observaram com atenção os alemães em guerra, em particular suas armas, mas fica evidente que nada compreenderam sobre a maneira de combiná-las em ação. Quanto a isso, é sabido que não são os únicos a ignorá-la...

Começam, então, a se dotar de novos materiais para fazer a guerra: tanques, aviões e artilharia. Primeiro os tanques, como já foi dito, dois "carros-chefes", o tanque pesado KV e o tanque médio T34. O Kliment Vorochilov (que recebe o nome do comissário do povo para os negócios militares e navais, que fracassa na Finlândia, o que o leva a deixar suas funções), aquele famoso mastodonte de blindagem quase invulnerável, é armado com 4 metralhadoras e 1 canhão de 152 mm. O T34 tem um pouco mais de 30 toneladas, possui uma blindagem mais leve que o precedente, mas inclinado, com uma autonomia de 250 km e uma potência de fogo impressionante. Eis que, em 1940, para o conjunto da frente de batalha, existem ao todo 243 KV-1 e KV-2 e 115 T34; no primeiro semestre, foram construídos mais 396 KV e 1.110 T34. Mal repartidos sobre o território soviético, servidos por tripulantes a quem faltava treinamento, a arma blindada não é suficiente e se apoia numa logística deficiente.

Quanto à aviação, beneficiou-se de um esforço real e do trabalho de engenheiros brilhantes. Ninguém ignora os nomes de Yakovlev ou de Tupolev, por exemplo. O PE-2 (Peltyakov), um bombardeiro de mergulho que não deve nada ao Ju (Junker) 88 alemão; o Mig-3 (Mikoyan-Gurevitch), um caça; o Yak-1 (Yakovlev), outro caça; o Il-2 (Iliuchin), avião de ataque no solo, devem equipar a aviação soviética. Mas também, nesse caso, a produção é muito fraca e tardia, e muitas vezes faltam tripulantes. E, principalmente, os aparelhos que integram em maior número o Exército Vermelho são modelos ultrapassados... o que finalmente não terá muita importância, pois são destruídos no solo nas primeiras horas de ataque.

Em matéria de artilharia, o canhão de 85 mm utilizado tanto contra os tanques quanto na defesa antiaérea, os morteiros de 82 mm e os de 120, embora produzidos de maneira mais satisfatória, continuam em número insuficiente, e o abandono do canhão ZIS de 76 mm substituído pelo de 107 mm, sob a intervenção de Stalin, enfraquece a artilharia soviética.

Restam outras armas, individuais e leves, sobre as quais haveria muito a dizer, e para começar, que não há o suficiente para todos os combatentes, ao menos no começo. A Degtyarev DP 1928, metralhadora leve, já é bem antiga. A PPSH-41 (pistola Pulemjot Shpagina – metralhadora Shpagin), derivada da Schmeisser 2.811 alemã do período entreguerras, é pesada, incômoda e tem uma tendência lamentável de atirar sozinha quando cai no chão... A Goryunov SG 43 é uma metralhadora precisa e de boa qualidade, mas pesada e incômoda. Quanto ao fuzil Mosin-Nagant M 1891/1938, não deixa de despertar interesse, embora pesado e de manejo difícil – suas datas de criação e modificação já dizem tudo sobre sua modernidade...

A relação das armas poderia assim continuar durante várias páginas. A impressão de atraso, de obsolescência do material disponível e sua repartição desigual dizem o que é, de fato, o Exército Vermelho no momento da invasão e nos meses seguintes.

Com Jdanov, as coisas se aceleram em Leningrado, ainda mais que as notícias não são boas. Ao contrário da propaganda do partido, não somente o inimigo marcha sobre o território sagrado da "pátria do socialismo", mas também marcha a largos passos. E a ameaça torna-se mais nítida.

Pelo que se vê, mas ninguém veio prevenir os soviéticos sobre isso, a antiga capital dos czares, a cidade de Lênin, é um dos objetivos dos nazistas. As novidades da frente de batalha não deixam nenhuma dúvida e todas as rotas seguidas pela Wehrmacht ao norte convergem para o mesmo objetivo: Leningrado. Ora, Jdanov sabe disso e os oficiais presentes em toda a cidade, assim como o estado-maior em Moscou confirmaram: o Exército Vermelho está mais do que "abalado", derrotado praticamente em toda parte. Aqui e ali, as pontes caem, as cidades são tomadas, as estradas de ferro explodem e os refugiados – que começam a afluir aterrorizados para a cidade, fazendo relatos apocalípticos do avanço alemão – o confirmam.

Jdanov tem em mente as multidões de civis nas estradas como aconteceu com a Polônia, depois com a Bélgica e enfim com a França. Ele sabe o que isso representa e, apesar de suas convicções, não tem dúvidas sobre as consequências desastrosas se não houver uma reação imediata. É preciso, pois, opor o maior número possível de obstáculos ao avanço dos "fascistas".

Na falta das construções programadas – na URSS programa-se tudo –, para compensar o desarmamento da Linha Stalin, que não servia para nada já que os Estados bálticos, a Ucrânia e a Bielorrússia eram as barreiras, e uma vez que os simulacros de defesas colocados ao longo da nova fronteira já haviam sido transpostos pelo atacante, o que devia ser protegido eram as zonas mais próximas da cidade.

Em Smolny, rodeado de oficiais e de comissários, Jdanov se improvisa em estrategista e engenheiro. Diante deles, desdobra um vasto mapa da região. No centro, o *oblast* de Leningrado. Decidem construir, às pressas, várias linhas de defesa. A primeira vai da foz do Luga ao Neva passando por Tchudovo, Gatchina, Uritsk e Pulkovo. A segunda vai de Peterhof a Gatchina, Pulkovo, Kolpino e Koltuchy. Ao norte, contentam-se, contra os finlandeses, em fortificar os subúrbios da cidade. Ao todo, uma preparação que se estende por 190 km, composta por trincheiras, casamatas, fossos antitanques, obstáculos e cavalos de frisa.

Por si só, o traçado dessas defesas é suficiente para causar apreensão: as autoridades, e, no caso, a mais alta delas, pretendem que se lute de costas para o muro ou quase, pois na realidade não há muro. No calor da defesa, e provavelmente também por hábito, ninguém ousará fazer essa observação evidente.

Uma coisa é decidir construir fortificações, ainda que provisórias, outra é realizar isso concretamente. Naquele mesmo dia e no dia seguinte, milhares de homens e mulheres foram mobilizados. Após uma breve seleção para eliminar os menos aptos, reúnem-se em algumas praças da cidade e nas grandes fábricas. Distribuem-se pás e picaretas. Não há em número suficiente para todos. Não importa, as pessoas vão se arranjar e a logística virá. De trem, de caminhão quando é possível, a pé, na maior parte das vezes, os trabalhadores comparecem, em sua maior parte sem reclamar, aos locais que lhes são atribuídos. E o trabalho começa.

Para quem nunca se ocupou com esse tipo de trabalho, a tarefa é extenuante, mais ainda porque faltam carrinhos de mão e porque a evacuação da terra, assim como a colocação de estacas nas trincheiras, se fazem exclusivamente, ou quase, com a força de homens (ou de mulheres). O rendimento é baixo, mas a massa de trabalhadores "voluntários", de várias centenas de milhares, compensa tanto a força quanto a habilidade. Como formigas, os russos cavam buracos, limpam o terreno, sob o olhar de suspeita – mas a isso eles estão habituados há muito tempo – de agentes do NKVD encarregados de certificar-se se o trabalho avança. Muitos vão até o limite de suas forças. Não se deve, de maneira alguma, passar por um "sabotador" ou um "traidor". Já há muitos anos que no país esses qualificativos são rapidamente atribuídos e muitas vezes fatais. As fileiras, que diminuem de tanto que a tarefa é rude e precipitada, são reforçadas por participantes mais jovens, pois a segunda leva é formada pelos Komsomols. Eles são motivados, sabem que devem dar o exemplo, e o fazem frequentemente com entusiasmo. Assim sendo, em alguns dias as defesas ficam quase prontas. Mas logo depois, é sob o fogo inimigo e sob as balas que será preciso prosseguir na tarefa. A falta de preparação custa caro. São muitos os que perecem.

Um ressuscitado

De repente, em 3 de julho, quando ninguém esperava, ecoa no rádio e nos alto-falantes espalhados pelas ruas a voz de Stalin, uma voz inesperada porque, dessa vez, parece emocionada. Dez dias depois da ofensiva alemã, o ditador desaparecido se dirige enfim aos seus. Ele começa por uma fórmula inusitada ("irmãos, irmãs": fórmula utilizada pelo czar!) e prossegue dizendo: "Eu me dirijo a vocês, meus amigos!" Os soviéticos estão habituados a um tratamento mais distante por parte do "Guia"! É sinal de que a hora é grave! E Stalin começa a descrever o que cada um já sabe de um lado a outro da URSS, mas que a partir de então se torna mais do que oficial:

> A pérfida agressão militar da Alemanha hitlerista, iniciada em 22 de junho, prossegue contra nossa Pátria.
> Apesar da resistência heroica do Exército Vermelho e do fato de que as melhores divisões do inimigo e as melhores unidades de sua aviação já tenham sido derrotadas e tenham encontrado a morte nos campos de batalha, o inimigo continua a avançar, pondo novas forças em ação. As tropas de Hitler lograram apoderar-se da Lituânia, de uma grande parte da Letônia, da parte oeste da Bielorrússia, de uma parte da Ucrânia ocidental. A aviação fascista estende a ação de seus bombardeiros, atacando Murmansk, Orcha, Moguilev, Smolensk, Kiev, Odessa, Sebastopol. Um grave perigo pesa sobre nossa Pátria.

Quanto a isso, nenhuma dúvida! E Stalin se põe a lembrar que nenhum exército é invencível e que Napoleão I e Guilherme II pagaram por sua audácia em querer desafiar a Rússia.

[...] O mesmo deve ser dito do atual exército alemão fascista de Hitler. Ele ainda não havia encontrado uma resistência eficaz no continente europeu. É somente em nosso território que ele encontrou uma verdadeira resistência. [...]

E ele prossegue:

Apesar de uma parte de nosso território ter sido invadida pelas tropas fascistas alemãs, isso se explica principalmente pelo fato de que a guerra da Alemanha fascista contra a URSS tenha sido desencadeada em condições vantajosas para as tropas alemãs e desvantajosas para as tropas soviéticas. [...]

Ele acrescenta:

Uma coisa muito importante, ainda, é que a Alemanha fascista violou pérfida e inopinadamente o pacto de não agressão estabelecido, em 1939, entre ela e a URSS, sem levar em conta que seria vista pelo mundo inteiro como o agressor.

Ele explica o que a URSS ganhou, segundo ele, em assinar o pacto de não agressão e faz a pergunta:

O que é necessário para suprimir o perigo que pesa sobre nossa Pátria e quais medidas devem ser tomadas para esmagar o inimigo?
É preciso, antes de tudo, que nossos homens, os homens soviéticos, compreendam toda a gravidade do perigo que ameaça nosso país e renunciem à calma e à despreocupação [sic].

Pois o que quer o inimigo?

Ele tem como objetivo restabelecer o poder dos grandes latifundiários, restaurar o czarismo, aniquilar a cultura e a independência nacionais dos russos e dos ucranianos, bielorrussos, lituanos, letões, estonianos, usbeques, tártaros, moldávios, georgianos, armênios, azerbaijanos e outros povos livres da União Soviética, germanizá-los, fazer deles escravos dos príncipes e dos barões alemães. Trata-se, assim, da vida ou da morte do Estado soviético, da vida ou da morte dos povos da URSS; trata-se da liberdade ou da servidão dos povos da União Soviética. É necessário que os homens soviéticos compreendam isso e

O cerco de Leningrado

deixem de ser indolentes; que eles se mobilizem e reorganizem todo o seu trabalho segundo um modo novo, o modo militar, que não dê guarida ao inimigo.

A alma do "grande Lênin" é evidentemente chamada em seu socorro:

> O grande Lênin, que criou nosso Estado, disse que a qualidade essencial dos homens soviéticos deve ser a coragem, a valentia, a intrepidez na luta, a vontade de lutar ao lado do povo contra os inimigos de nossa Pátria. É preciso que essa excelente qualidade bolchevique se estenda aos milhões e milhões de homens do Exército Vermelho, de nossa Frota Vermelha e de todos os povos da União Soviética. É preciso reorganizar imediatamente todo o nosso trabalho em função da guerra. [...] Os povos da União Soviética devem levantar-se em defesa de seus direitos, de sua terra, contra o inimigo. O Exército e a Frota Vermelhos, assim como todos os cidadãos da União Soviética, devem defender cada polegada da terra soviética, lutar até a última gota de sangue para nossas cidades e povoados, mostrar coragem, iniciativa e presença de espírito – todas elas qualidades próprias de nosso povo.
>
> É preciso organizar uma ajuda múltipla ao Exército Vermelho [...], subordinando todo o nosso trabalho a essa obra; assegurar o intenso funcionamento de todas as empresas; fabricar, cada vez em maior quantidade, fuzis, metralhadoras, canhões, cartuchos, obuses, aviões; organizar a proteção das fábricas e das centrais elétricas, das comunicações telefônicas e telegráficas; organizar no local a defesa antiaérea.
>
> É preciso organizar uma luta implacável contra os desordeiros da retaguarda, os desertores, os semeadores de pânico, os propagadores de rumores de todos os tipos, aniquilar os espiões, os agentes de despistamento, os paraquedistas inimigos, trazendo assim uma contribuição rápida a nossos batalhões de caça. Não se deve esquecer que o inimigo é pérfido, ardiloso, especialista na arte de enganar e de espalhar falsos boatos. Tudo isso é preciso considerar e não se deixar levar pela provocação. É preciso imediatamente levar ao Tribunal Militar, independentemente das personalidades, todos aqueles que, semeando o pânico e mostrando-se poltrões, prejudicam a obra da defesa.

Stalin não esquece de nada, mesmo que a ordem seja um pouco tardia e pareça evidente:

> Em caso de retirada forçada das unidades do Exército Vermelho, é preciso levar todo o material móvel das estradas de ferro. Não deixar para o inimigo nenhuma locomotiva por menor que seja, nem um único vagão; não deixar ao inimigo um único quilograma de trigo, nem um litro de combustível.

Os kolkhozianos* devem levar todo o seu rebanho, entregar seu trigo para ser armazenado pelos organismos de Estado que o encaminharão para as regiões da retaguarda. Todos os materiais de valor, inclusive os metais não ferrosos, o trigo e o combustível que não puderem ser evacuados, devem ser totalmente destruídos.

Em seguida, vem o apelo às novas formas de luta:

Nas regiões ocupadas pelo inimigo, é preciso formar destacamentos de milicianos a cavalo e a pé, grupos de destruição para lutar contra as unidades do exército inimigo, para atiçar a guerrilha em toda parte, para destruir as pontes e as estradas, deteriorar as comunicações telefônicas e telegráficas, incendiar as florestas, os depósitos, os comboios.

Nas regiões invadidas, é preciso criar condições insuportáveis para o inimigo e todos os seus auxiliares, persegui-los e destruí-los a cada passo, sabotar todas as medidas tomadas pelo inimigo.

Depois, Stalin situa a guerra em seu novo contexto. Em algumas semanas a argumentação mudou bastante:

Não se pode considerar a guerra contra a Alemanha fascista uma guerra comum. Não é somente uma guerra que opõe os dois exércitos. É também a grande guerra de todo o povo soviético contra as tropas fascistas alemãs. Essa guerra do povo pela salvação da Pátria, contra os opressores fascistas, não tem somente como objeto suprimir o perigo que pesa sobre nosso país, mas também ajudar todos os povos da Europa que gemem sob o jugo do fascismo alemão. Não estaremos sós nessa guerra libertadora. Nossos fiéis aliados nessa grande guerra são os povos da Europa e da América, inclusive o próprio povo alemão que está submetido aos executores de Hitler. Nossa guerra pela liberdade de nossa Pátria se confundirá com a luta dos povos da Europa e da América por sua independência, pelas liberdades democráticas. [...] O discurso histórico pronunciado pelo primeiro-ministro da Grã-Bretanha, Sr. Churchill, sobre a ajuda a prestar à União Soviética, e a declaração do governo dos Estados Unidos, dizendo-se prontos a prestar toda a assistência a nosso país, só podem suscitar um sentimento de reconhecimento no coração dos povos da União Soviética; esse discurso e essa declaração são perfeitamente compreensíveis e significativos.

---

* N. T.: Os kolkhozianos são os camponeses cooperativados da URSS.

Nas ruas, durante os longos minutos de duração do discurso, homens e mulheres estão atentos e silenciosos. A voz de Stalin tranquiliza até os mais descrentes e reconfortam aquelas e aqueles que o cultuam e que não veem salvação fora da palavra e da ação do "Guia". No Instituto Smolny tanto quanto no estado-maior, cada um fica vigilante e retém os termos do que aparece verdadeiramente uma "ordem de serviço". Ninguém se espanta com a ausência absoluta de autocrítica. Alguns temem o trecho sobre os "desordeiros" e "os semeadores de pânico", pois, na Rússia stalinista, de longa data, isso significa que logo serão escolhidos bodes expiatórios, se já não foram, para expiar os erros cometidos desde o começo da agressão hitlerista e que deram uma tal vantagem ao adversário.

Nas raras conversas que se seguem ao discurso transmitido pelo rádio, muitos concordam, visivelmente e com constrangimento, que o camarada Stalin está certo: a URSS nada fez para provocar essa guerra e os alemães mostram sua deslealdade. É preciso, pois, lutar, custe o que custar. Mesmo que – e cada um tem consciência disso – na Rússia, mais do que em outros lugares, a palavra guerra seja não apenas sinônimo de morte e de luto, mas também de sofrimento e de fome.

A aliança "contra a natureza" dos países bálticos

"A cada dia eles ficam mais audaciosos, mais insolentes, mais arrogantes": não é dos alemães que o jovem correspondente de guerra Mikhaïlovsky – vindo de Moscou e cobrindo desde o primeiro dia da operação Barbarossa – fala com um desprezo não dissimulado. Ele se refere aos estonianos e, mais precisamente, aos burgueses de Tallinn que não estão descontentes em ver derrubada a dominação soviética, mesmo que seja à custa de um pacto com os alemães.

Sucessivamente vermelho, marrom, vermelho... há muitos anos, poucos Estados alternaram tanto com relação ao pêndulo da história quanto os países bálticos. Para compreender por que, em seu conjunto, os três Estados não veem obrigatoriamente com maus olhos a chegada dos alemães, é preciso remontar à Primeira Guerra Mundial.

Quando, em 1914, a Alemanha declara guerra à Rússia, os povos bálticos escolhem a causa russa. Eles esperam aproveitar a guerra para ganhar sua autonomia. Por outro lado, temem fortemente o perigo alemão e a doutrina pangermanista suscetível de fazer desaparecer, a curto ou longo prazo, as nações bálticas pela chegada de colonos alemães e pela germanização das povoações. É um prognóstico pertinente, pois, durante a guerra, os alemães se apoderam sucessivamente da Curlândia em 1915, de Riga em 1917 e da Livônia em 1918. São os anos cinza.

Em novembro de 1918, a Revolução Russa tem grande repercussão nos países bálticos por causa da ocupação alemã, principalmente na Lituânia, pela vontade dos soldados alemães em voltar mais rápido para casa, e por uma propaganda bolchevique habilmente orquestrada junto às populações bálticas (o avanço bolchevique é apresentado como uma guerra de "liberação nacional").

Em seguida, os países bálticos conseguem a independência. Durante vinte anos, o partido comunista é proibido, Memel (Klaipeda) retorna ao regaço da Lituânia e uma reforma agrária acaba com o domínio dos barões bálticos. No período entre as duas guerras, a Alemanha continua, entretanto, a ser o destino mais próximo e de melhor reputação para todos os que querem fazer carreira. Nesses anos de independência, a Estônia é certamente o país em que o "socialismo" teve menos penetração. Uma história, que é falsa, circula então e expõe uma imagem negativa da URSS, vista como um país na penúria. Diz-se que, em novembro, na tradicional parada da Praça Vermelha, assim que uma unidade do Exército Vermelho acaba de desfilar, seus homens tiram as botas e as passam para as tropas que ainda não desfilaram.

Em março de 1939, a Alemanha, rasgando o pacto de não agressão que a liga à Lituânia, anexa o território de Memel (Klaipeda), região povoada majoritariamente por alemães, e depois assina o pacto germano-soviético que põe os países bálticos sob a bota russa. Anexados pela URSS em agosto de 1940, a Lituânia, a Letônia e depois a Estônia tornam-se repúblicas socialistas soviéticas. De toda parte, os germano-bálticos fazem as malas e partem para se instalar no país que nunca viram: a Alemanha. Quer se chamem Becker, Schmidt, Schumacher, Müller..., eles deixam atrás de si nomes gravados em túmulos, pois em cada povoado o cemitério possui o seu "quadrado alemão". Lituanos, letões e estonianos guardam a bandeira nacional e sofrem com desaparecimen-

O cerco de Leningrado

tos e deportações na Sibéria. Muitas crianças não verão voltar, à noite, seus pais que partiram para trabalhar nos campos, e nunca mais ouvirão falar deles. Homens do NKVD assumem o controle das prefeituras, fazem interrogatórios violentos e, em cada povoado, elaboram listas de nomes que logo serão nada mais do que números. As listas atingem, na maioria das vezes, prioritariamente, as elites políticas e culturais da Estônia, pois Moscou as considera uma "ameaça potencial para a ocupação soviética". Em uma resolução do Politburo de maio de 1941 sobre as nove categorias de pessoas a deportar prioritariamente constam: membros dos partidos contrarrevolucionários, ex-oficiais de polícia, altos funcionários, juízes e procuradores, proprietários de terras, industriais, comerciantes atacadistas, ex-oficiais, elementos criminosos, prostitutas e membros das famílias das categorias 2 a 4, membros das famílias da categoria 1.

"Meu coração chora cada vez que penso em minha mãe. Ela tinha 31 anos quando foi presa naquela noite, com 4 filhos, de 2, 5, 6 e 9 anos – eu era a mais nova – levada para a estação, empurrada num vagão para animais cheio de pessoas também desesperadas, e deportada para a Sibéria", testemunha, 60 anos depois, a estoniana Tiiu Teesalu. Em 14 de junho de 1941, 10 mil estonianos, mais de 15 mil letões e 16 mil a 18 mil lituanos são assim deportados. Uma simples queixa caluniosa é suficiente para a partida, e, muitas vezes, nem mesmo isso é necessário. Ao mesmo tempo, um fluxo ininterrupto de russos chega de trem e toma posse das casas, das terras e dos postos nas fábricas liberados pelos deportados. Dessa vez, a ruptura entre bálticos e russos está consumada. São os anos vermelhos.

Quando em junho de 1941 o Reich ocupou os países bálticos, as populações lituana, estoniana e letona esperaram uma libertação, por parte dos alemães, da tutela russa difícil de suportar, e o ataque da Wehrmacht alimentou as esperanças de verem o renascer de suas pátrias. É por isso que, no começo de julho, quando os alemães entram em Riga, a capital da Lituânia e porta da Europa para a Rússia – na qual os monumentos, os entrepostos comerciais renovados, as casas burguesas pintadas e decoradas, testemunham séculos de comércio abundante –, a população os acolheu com o grito de "Viva os libertadores", atirando-lhes flores e oferecendo iguarias. É por isso, igualmente, que os melhores índices de recrutamento da Waffen SS são aqueles dos países bálticos, com 20 mil alistados estonianos (para uma população de menos de um milhão de almas) e 30 mil letões.

A rigidez do domínio soviético explica em parte a acolhida favorável reservada aos alemães. Diferentemente dos soviéticos, eles não deixaram obri-

72

gatoriamente uma lembrança ruim e desde que se mostrem relativamente corteses, os autóctones os convidam a entrar em sua casa e jogar cartas, depois de deixar suas armas no vestíbulo. Em toda parte, os peixes defumados ou marinados, as batatas recheadas, o pão preto e as especialidades com beterraba selam amizades. Na Letônia, o *Balzam*, aguardente local, jorra feito água.

Naturalmente, essa acolhida conforta os soldados alemães não por serem considerados libertadores, mas por se sentirem em casa. Há mais do que um "mal-entendido" sistemático quando os alemães tomam cidades conquistadas pelos cavaleiros e ocupadas durante a Primeira Guerra Mundial.

Isso acontece em Riga, que foi comandada pela ordem dos cavaleiros teutônicos até a metade do século XVI, depois pela Ordem da Livônia e que foi germanófona até as vésperas da Primeira Guerra Mundial. Em 4 de julho de 1941, uma vez assegurado o controle da cidade, os alemães aplicaram imediatamente o que eles chamam de política de "restituição" dos bens. "Não é somente o dever de proteger preciosos bens culturais que levou as autoridades militares alemãs, após sua entrada em Riga, a concentrar as coleções, é a preocupação de preservar velhas coleções alemãs", como se lê na *Frankfurter Zeitung*, enquanto quadros, esculturas e outras obras de arte do museu partem em massa para a Alemanha. Na Lituânia, na Letônia, na Estônia, a comissão alemã que lutava para obter a "restituição" dos bens culturais dos alemães expulsos dos países bálticos pela anexação da URSS só precisa se servir e expedir seu butim para Dantzig. A população logo descobre que a pilhagem alemã não é em nada diferente daquela feita pela URSS e que sua integração ao comissariado do Reich para as regiões do Leste (Reichskommissariat Ostland), administração civil alemã que também inclui a Bielorrússia ocidental, está cheia de maus presságios.

Cuidado com o fogo!

É uma cidade quase sem defesa civil essa que a ameaça alemã desperta. Uma cidade sem abrigos para a população, sem avisos precisos para se abrigar de eventuais bombardeios, sem nenhum outro equipamento além daquele do tempo de paz, e num Estado em que muitas coisas essenciais já

O cerco de Leningrado

estão habitualmente em falta. É, pois, na base do improviso e da precipitação – apelando mais uma vez para a população realizar o trabalho dos poderes públicos deficientes embora onipresentes – que a defesa se organiza. População impressionada pelas imagens das cidades bombardeadas no restante da Europa, pelos prédios em ruínas, pelas pessoas desnorteadas. Pelas imagens, por exemplo, do ataque a Londres, mostradas em profusão no cinema para explicar ao soviético de nível mediano do que o genial camarada Stalin o livrou, graças a sua não menos genial diplomacia. As autoridades políticas e administrativas da cidade tomam medidas de urgência que têm todas as características de um pânico. Improvisa-se então o que poderia ter sido organizado meses antes.

A ausência de instruções é tal que, no começo, quando tocam as sirenes de um lado a outro da cidade, ninguém sabe, de fato, como deve reagir. Como acontece nesses casos, o primeiro reflexo, sem dúvida inconsciente, é de espiar pela janela a chegada dos aviões inimigos. Uma bela maneira de perder a vida. Na mesma época, o comitê executivo e o escritório do partido da cidade promulgam a ordem de formar 10 mil "equipes de luta contra incêndio". É através de alto-falantes (da estação de rádio), de cartazes e do *Leningradskaia Pravda* que o decreto é difundido. Os recrutas, mais ou menos voluntários, reúnem-se junto às casernas dos bombeiros da cidade para serem organizados e sumariamente formados.

Na França da "drôle de guerre"* não foram nem os abrigos, nem os planos de evacuação, nem as máscaras contra gases, nem os conselhos de todo tipo que faltaram; em Leningrado, nada disso existia. São nomeados, então, os responsáveis pelos imóveis (que, na realidade, atuavam até então como zeladores e informantes para o NKVD), cujos poderes vão estender-se ao longo dos meses, ao mesmo tempo que se tornarão cada vez menos eficazes. Decide-se colocar vigias nos telhados dos prédios, aí espalhando areia para jogar sobre as chamas em caso de incêndio, e muitos porões são transformados em abrigos. Descobre-se, nessa ocasião, que um abrigo deve comportar um mínimo de conforto, uma acessibilidade que seja a melhor

---

* N. T.: Esta expressão refere-se à primeira fase (1939-1940) da Segunda Guerra Mundial, assim chamada por causa da ausência total de operações militares no *front*; foi considerada uma "guerra bizarra", por afetar mais a vida dos civis do que a dos militares.

possível, uma reserva de água, uma segunda saída em caso de desabamento da entrada principal. Mas é tarde demais, é preciso contentar-se com o que existe. Cada um se torna bombeiro à sua maneira e a foto do compositor Shostakovitch, com capacete e uniforme de bombeiro, percorre toda a URSS e o resto do mundo, mostrando que cada um tem seu lugar no grande exército do povo que o "Guia" e os seus estão formando para fazer comer poeira ao inimigo "fascista".

Em 27 de junho, na ordem do dia nº 1, determinada por Jdanov, está prevista a luta contra incêndios. Infelizmente, e apesar do heroísmo de todos os que têm a rude tarefa de lutar contra esses flagelos, os mortos são muitos, pois tanto a aviação quanto a artilharia alemãs, ao bombardearem a cidade, utilizam não apenas bombas explosivas, mas também, e em sua maioria, bombas de fósforo. Ora, o fósforo resiste aos meios de que dispõem os bombeiros improvisados. Os projéteis são, na maioria das vezes, de um calibre enorme e seriam necessárias quantidades astronômicas de areia, ou mais ainda, de água, para conseguir eliminar o fogo. Em 30 de junho medidas complementares são tomadas para lutar contra o fogo, mas os meios faltam de maneira cruel e vão continuar faltando durante todo o cerco.

O sistema funciona como pode e salva muitas vidas humanas. Cada um sabe que sua própria vida está em jogo. E quando o vigia de serviço falha, sem se mexer na maior parte das vezes, outros moradores do imóvel assumem seu lugar. Balde de água ou de areia pronto para ser usado.

Evacuar as crianças

As autoridades têm por hábito, há muitos anos, enviar as crianças da cidade para passar férias em Krasnogvardelsk ou Luga. A primeira, situada na linha da ferrovia Pskov-Leningrado – o que apresenta uma vantagem inegável para organizar os transportes –, está a menos de uma hora da cidade. Célebre por seu palácio, ela se chamava Gatchina, e depois, a partir de 1923, Trotsk, nome que perde em 1929, por ocasião da desgraça de Trotski. A se-

O cerco de Leningrado

gunda, localizada junto ao rio de mesmo nome, está a 145 km de Leningrado, sendo um refúgio de paz. Essas duas cidades dispõem de equipamentos para acolher, alternadamente, as crianças durante as férias ou em outras ocasiões. Poucas crianças da grande cidade escaparam a esses períodos de férias em grupo que têm por função fazer respirar o "ar puro", para os mais jovens, mas também, continuando as aulas, na maior parte do tempo, submetê-los a uma formação ideológica que é parte integrante da educação na União Soviética.

Só depois de muitos dias após o início da operação Barbarossa é que as autoridades tomam consciência do perigo que as crianças correm desde o começo do mês, por estarem passando suas habituais férias de verão em Krasnogvardelsk e em Luga. A partida para o campo se transformou em partida para a frente de batalha. É numa verdadeira debandada que as crianças tomam então os trens na direção oposta, enquanto os aviões alemães já metralham os civis que se precipitam nas estradas e também, evidentemente, nos trens tomados de assalto por um número espantoso de refugiados que querem escapar dos combates.

Em 26 de junho, é dada a ordem de evacuar todas as crianças de Leningrado. Os destinos escolhidos são Bologoye e Staraia Russa. As mães, é claro, não têm o direito de acompanhá-las, o que leva algumas delas a sofrer com a incerteza: não seria melhor desobedecer às ordens do que se separar de seu filho?

Em 27 de junho, quando Jdanov retorna a Leningrado, as autoridades preveem a partida de 400 mil crianças. Uma tarefa impossível, na realidade, principalmente nas circunstâncias de pânico geral no mais alto grau. Segundo os números oficiais, 15.192 crianças são evacuadas em 10 trens, algumas para Yaroslavsk, a noroeste de Moscou, mas, em grande parte, para Pskov e Novgorod, o que significa, a curto prazo, ir diretamente para os braços dos alemães, se é que se pode dizer assim. Como a imprensa soviética, ao que se sabe, dissimulou a perda das cidades, crianças ainda partem para esses lugares, apenas dez ou doze dias antes de sua tomada pelos alemães! Isso mostra a inconsciência das autoridades, que, quase até o último momento, "evacuam" as crianças na direção do inimigo!

Para aqueles que conseguem voltar a Leningrado, após terem chegado muito perto dos alemães, há novas partidas sob o olhar de pais e mães apavorados. E os pais não sabem que, muitas vezes, os trens imobilizados nas vias para deixar passar os comboios prioritários vindos em sentido contrário levam um tempo infinito antes de chegar a seu destino. Dessa vez, os trens deveriam se dirigir para Kirovsk, uma pequena cidade mineira recém-criada, do *oblast* de Murmansk, às margens de um lago, e para Sverdlovsk, a antiga Iekaterinburg, uma cidade situada no lado asiático do Ural, na famosa linha do Transiberiano.

Em 19 de julho de 1941, diante da amplidão da tarefa, o comitê executivo do Soviete de Leningrado decide cobrar aos pais pela evacuação das crianças. Essa medida – sem precedente histórico em tempos de guerra – tem como consequência imediata reduzir de maneira drástica o número de partidas. Os que ficam serão as primeiras vítimas do bloqueio, de tal modo que se torna necessário abrir necrotérios improvisados para acolher pilhas de cadáveres enrolados em panos delgados. Também de imediato, os orfanatos da cidade, já lotados em época normal, são invadidos por seres frágeis carentes de tudo e sem proteção. Enfim, mas na Rússia é tradicional há muito tempo que ninguém, na realidade, preste atenção, formam-se bandos que tentam sobreviver. É claro que a propaganda oficial mascara a realidade das coisas e afirma que as crianças que ficam na cidade são assumidas pelo governo, que os pais são ajudados e principalmente que o perigo não é iminente. Para os outros, os que puderam fugir da cidade, o discurso oficial dizia que se encontravam em excelentes condições de conforto e alimentação...

Para muitos, a alternativa é morrer de fome ou ser órfão, mas os mais sortudos reencontrarão seus pais três anos depois, sem que, na maior parte das vezes, nenhuma notícia tanto de um lado quanto de outro tenha chegado.

Salvar os tesouros do Hermitage

Leningrado é, em si mesma, uma cidade-museu e encerra um número considerável de lugares dotados de magníficas obras de arte, sem falar daquelas que ornamentam suas praças, seus palácios, suas ruas, seus parques e canais. Mas o Hermitage é seu carro-chefe. A diversidade e a riqueza de suas coleções fazem com que ele seja um dos museus de maior prestígio do planeta. Não há nenhum habitante da cidade que duvide por um instante dos tesouros que esse museu contém e que não tenha orgulho disso.

O cerco de Leningrado

Durante alguns meses, seu diretor, Iosif Orbeli, refletiu sobre o meio de preservar, em caso de conflito, as obras-primas pelas quais era responsável. Oriundo de uma velha família armênia, ele fez todos os seus estudos em Leningrado e foi professor antes de ocupar o posto de diretor do museu a partir de 1934. Autoridade científica inconteste no domínio da arte, ele também foi um verdadeiro administrador. As coleções estavam perfeitamente repertoriadas e ele já havia mandado preparar embalagens para as obras em caso de necessidade. Mas evacuar mais de dois milhões e meio de objetos preciosos de todos os tipos (quadros, estátuas, porcelanas, cristais, móveis, joias...) é uma tarefa quase impossível.

A partir de 23 de junho, ele mandou colocar nos porões as quarenta obras que considerava os principais tesouros do museu. E, paralelamente, começou um trabalho alucinante: todo o pessoal, ajudado pelos estudantes da Escola de Belas-Artes chamados como reforços, quaisquer que sejam suas responsabilidades hierárquicas e sua função, começa a embalar o acervo. Embrulham, protegem, condicionam 24 horas por dia. Tiram as molduras e os caixilhos das pinturas, que são enroladas às dezenas, separadas por papel de seda, introduzidas em cilindros impermeabilizados por estojos de lona encerada e guardadas enfim em longos caixotes de madeira. Alguns quadros, por causa de suas dimensões, fragilidade ou pelo fato de que são pinturas sobre madeira, permanecem emoldurados e são colocados em uma espécie de contêiner. Apenas *A volta do filho pródigo*, um dos últimos quadros de Rembrandt, inspirado no capítulo 15 do Evangelho de Lucas, e pintado por volta de 1667, que só mede 2,62m por 2,05m, gozou do privilégio de uma embalagem individual. Para os outros objetos, foram utilizados caixotes, nos quais todos os objetos a serem preservados eram colocados, com muito cuidado, sob a orientação dos especialistas em conservação. Para os vasos, as porcelanas, os *biscuits* e as cerâmicas, atuam os *experts* da fábrica de Lomonossov, vedando tudo com cortiça e serragem.

Marinheiros da frota do Báltico, sob o olhar atento do próprio diretor do museu, transportaram esses tesouros. Iosif Orbeli tem lágrimas nos olhos quando os 22 primeiros vagões, em meio às plataformas equipadas com DCAs, partiram com destino a Sverdlovsk. A cada parada (e serão muitas), uma dupla guarda entrava em ação: a dos soldados, para que não houvesse roubos, e a dos especialistas que acompanhavam a carga preciosa. Cinco dias depois, o conteúdo dos vagões foi descarregado com as mesmas precauções tomadas no momento da partida, e repartido entre o museu de belas-artes local, logo saturado, o museu do ateísmo e... uma igreja desativada.

Em 20 de julho, um segundo carregamento se afastou de Leningrado; ele contava com cerca de 700 mil peças. Mas o museu só foi desocupado pela metade. Prepara-se, então, uma terceira partida que não acontecerá. Isso porque, por um lado, faltam embalagens, por outro, os alemães cortam as ligações ferroviárias.

Na cidade, os bombardeios começaram. Nos tetos do museu equipes se revezam para intervir em caso de incêndio e para tampar os buracos, se necessário.

Orbeli decide proteger os objetos que não podem ser retirados, como as urnas e as colunas verdes de malaquita, monumentais e frágeis, os lambris e os mosaicos.

De resto, existem imensos porões que podem servir de abrigo. E o pessoal do museu prossegue em sua gigantesca mudança. A partir de então, é no subsolo que as coisas acontecem. Um subsolo sem eletricidade, pois resta apenas um cômodo que ainda dispõe de energia graças ao gerador do navio Estrela Polar, ancorado diante do museu. Dezenas de pessoas estão em atividade nesse espaço, e depois, pouco a pouco, acampam ali. Aos especialistas em conservação do Hermitage uniram-se os que vieram de outros museus para armazenar seus tesouros. Mais tarde, vieram ainda mais outros, que é preciso abrigar e alimentar. Alexandre Nikolski, um arquiteto, discípulo de Malevitch, mantém uma crônica ilustrada dessa vida subterrânea, na qual humanos e objetos de arte ficam juntos durante meses. A energia ainda é suficiente para organizar um colóquio celebrando o 500º aniversário do grande poeta usbeque Alicher Navoi.

Nas salas, uma parte das *babushkas* encarregadas da vigilância quando o museu estava aberto continuam no local e vigiam espaços vazios, pouco a pouco glaciais, prontas para dar o alarme em caso de incêndio. A vida do museu, abalada pelos ataques da artilharia, se passa assim durante todo o inverno de 1941-1942; na primavera, os encanamentos, que se romperam sob o efeito do gelo, começam a vazar e põem em perigo as obras de arte, em particular nos porões. É preciso tirá-las para apanhar sol ou afastá-las do chão.

As sementes de Pavlovsk

Segunda joia (desconhecida) da cidade depois do Hermitage, o Instituto Russo de Horticultura, juntamente com o seu anexo, a estação experimental

O cerco de Leningrado

de Pavlovsk (a 30 km de Leningrado), opõe uma resistência silenciosa e heroica. Instalado num palácio do czar na praça Santo Isaac, onde a silhueta da estátua do czar Nicolau I emerge de um amontoado de sacos de areia, o Instituto abriga fileiras de caixas numeradas e saquinhos que abrigam sementes, replantadas regularmente, para manter as espécies intactas, que são muito raras ou mesmo únicas. Durante todo o período do cerco, o pessoal do banco de genes do Instituto preferiu passar fome a utilizar as sementes para se alimentar – por exemplo, as sementes de batatas – e esconde dia e noite esses tesouros, preciosos objetos de tanta cobiça. Sinal da riqueza desse lugar: o próprio Hitler ordenou a criação de um comando especial da SS para se apoderar das sementes dessa coleção única no mundo e que constitui um verdadeiro tesouro genético organizado por um gênio da ciência, Nicolaï Vavilov.

Dele restaram algumas fotos, tiradas por ocasião de suas expedições botânicas, com o chapéu caído para trás, a camisa de colarinho engomado, o casaco no braço, percorrendo uma trilha de montanha à procura de suas eternas sementes... milhões de sementes que permitiriam ressemear o mundo inteiro. Personagem fora do comum, esse pioneiro da "biodiversidade" nasceu em 1887 em Moscou de uma família de camponeses (seu avô e seu bisavô eram servos) de um povoado situado a uma centena de quilômetros de Moscou. Seu pai, depois de sofrer a miséria rural, tornou-se diretor de uma usina têxtil, e Vavilov decidiu entrar no instituto agrícola Petrovski. A partir de 1916, arrisca-se nos caminhos mais difíceis na Pérsia, no Quirguistão, no Tadjiquistão; faz prospecções do Pamir ao México, da Amazônia à Etiópia... Recebe apoio do próprio Lênin e é invejado por seus colegas no mundo inteiro. Contribuiu, assim, para que a URSS, a pátria de Mendel e de suas leis sobre a genética, tivesse uma imagem positiva e progressista em todo o mundo. Recebeu, então, as maiores honrarias até tornar-se membro do Soviete Supremo e presidente da Sociedade de Geografia. Depois, ainda ganhou o prêmio Lênin – o que não impediu que fosse preso quando o escroque Lyssenko, seu rival, suplantando-o politicamente e reinando sobre a "ciência socialista", o acusou de ser defensor da genética, considerada uma "pseudociência burguesa".

O NKVD capturou Vavilov em 6 de agosto de 1940, numa estrada dos Carpatos, quando ele colhia sementes. Julgado por "sabotagem da agricultura soviética" e "espionagem em favor da Grã-Bretanha", ele é condenado ao fuzilamento em 9 de julho de 1941, mas sua sentença é comutada em prisão perpétua. Sua mulher, Elena Barulina – também cientista no Instituto, transferida em 1942 para Saratov, onde vivem seus pais –, tenta ajudá-lo. Ele é eleito, em 1942, para a Royal Society of Science. Morre em 26 de janeiro de 1943 às 7h da manhã, de distrofia, na prisão de Saratov, a cidade dos "alemães do Volga" – cidade universitária da qual só conhece a sinistra prisão. Numa carta a Beria, ele não se queixa da comida nem do caráter arbitrário de sua detenção, pede somente para trabalhar. Stalin lhe havia concedido três anos para produzir plantas novas com suas pesquisas, quando ele havia solicitado 10 ou 12 anos para realizar essa tarefa. Menos escrupuloso, Lyssenko havia prometido prazos muito mais curtos. Em 1939, determinado a não fazer nenhuma concessão, Vavilov havia declarado: "Iremos para a fogueira, seremos queimados, mas não renunciaremos a nossas convicções... Não renunciaremos a isso porque alguns estão ocupando postos elevados."

Juntamente com as coleções reunidas por ele, os empregados do Instituto protegeram contra a destruição, nos subsolos do Instituto, um outro tesouro: os manuscritos relatando suas viagens e oito volumes de cartas, referências essenciais para o conhecimento da genética das plantas.

Corrida para a Linha Stalin

Como os franceses, os soviéticos fizeram, no período entreguerras, uma série de instalações defensivas, artilharia pesada e leve, metralhadoras, barragens de arame farpado, obstáculos antitanques entre o istmo de Carélia e o mar Negro. Em seguida, logo após a assinatura do pacto germano-soviético e a anexação dos países bálticos, decidiram construir outra linha, mais a oeste, para defender sua nova fronteira, a Linha Molotov. Moral da história: quando os alemães atacam, nenhuma delas funciona a contento. A primeira é mantida majoritariamente pelas guardas das fronteiras e pelos regimentos do NKVD, cujo nome, *Narodnyi Kommissariat Vnutrennykh Del* (comissariado do povo para as relações internacionais), tenta esconder a verdadeira natureza desse temido organismo. Essa linha está prestes a ser desmantelada, pois as forças que a protegiam foram redistribuídas e as granadas e os lança-chamas

O cerco de Leningrado

alemães neutralizam facilmente seus bunkers. A segunda, ao longo da nova zona de contato com a Alemanha de Hitler, não está terminada.

Em 1º de julho, o general von Leeb – o mesmo que realizou o ataque à Linha Maginot – comparece ao QG do general Hoepner e retira a proibição de avançar. Hoepner reúne seus tanques e parte em seguida. De acordo com as ordens do marechal Keitel, suas tropas e principalmente o 41º Corpo Blindado de Reinhardt e o 56º Corpo Blindado de Manstein são encarregados de cercar as forças na região de Pskov.

A primeira cidade estratégica no caminho é Ostrov. Reinhardt avança em sua direção, tendo à frente a 1ª Divisão Blindada. Durante o dia 2 de julho, essa divisão percorre mais de 100 km a partir de Jekabpils. O 40º Corpo Blindado a segue. Balvi cai, os alemães transpõem a Linha Stalin, apoderam-se das pontes sobre o Velikaia na vizinhança de Tisino. Eles estão a apenas alguns quilômetros de Ostrov e, em 4 de julho, o general Krüger e seus homens são os primeiros a entrar na cidade. O comandante Eckinger se une a eles e assume o controle das pontes rodoviárias que atravessam o rio. A Luftwaffe dá apoio às tropas no solo fazendo 1.200 investidas e destruindo 140 tanques e 112 aviões inimigos. Tomado de surpresa, F. Kuznetsov chega às portas da cidade em último lugar. Para seus chefes, ele levou tempo demais. Logo vem a sanção. Retirado do comando por incompetência, deve ceder seu lugar, no mesmo dia, a Sobennikov.

Quando recomeça a ofensiva alemã, o Exército Vermelho opõe uma resistência encarniçada e inesperada, dando oportunidade à publicação de alguns comunicados emocionados do lado soviético. Um deles chega a proclamar, sem se incomodar com a relação de forças desigual que se desenha no horizonte: "O invencível Exército Vermelho põe por terra os agressores fascistas!"

Bastante disputada em terra, nos ares a batalha é feroz. De 4 a 10 de julho, os Messerschmitt perseguem os bombardeiros russos, que fazem cerca de 900 incursões entre o Duna e o Velikaia e soltam mais de 500 bombas. Sob tal dilúvio, Ostrov está em chamas, dando aos alemães uma vitória de Pirro. Aqui, no entanto, a tomada da cidade não resulta em nenhum descanso reparador para a tropa e em nenhuma instalação possível de uma base logística para o comando.

Com Ostrov dominada, o próximo objetivo é Pskov (Pleskau), espécie de ferrolho da defesa soviética ao sul do lago Peipus (Cudskoe Ozero). A investida alemã, de início fácil, torna-se lenta quando se aproxima dos arredores da cidade. Apertados em fila indiana na única estrada, os tanques avançam lentamente. Os KV obstruem o caminho e destroem as primeiras seções de veículos antitanques, e depois enfrentam as tropas de Krüger em 5 de julho. Os combates são encarniçados. Descendo de seus tanques, os alemães terminam a luta em terríveis combates corpo a corpo, chegando a utilizar, para se defender, os machados que haviam sido colocados sob a blindagem das lagartas para desimpedir a estrada em caso de obstáculo. Pela belicosidade e pelas intervenções da artilharia, os alemães vencem mais uma vez, mas a alegria da vitória de 8 de julho é amortecida pelo incêndio que assola Pskov.

Nos dois campos, Pskov oferece à propaganda e à desinformação uma bela ocasião de se expressar. Do lado soviético, a perda dessa cidade é tão mal recebida que a imprensa é obrigada a se calar durante quatro dias. Do lado alemão, os discursos inflamados de Hitler e de Goebbels ressoam nos altofalantes e as atualidades dão notícias das outras frentes a oeste.

Com Pskov sob controle, 12 divisões alemãs se engolfam no sulco dos tanques. Uma pequena parte das tropas retorna para o norte em direção a Narva-Kingisepp para bloquear a rota dos soldados soviéticos que recuam da Estônia, enquanto o grosso da ofensiva se orienta em dois eixos. Os que querem marchar sobre Leningrado, como Hoepner, dirigem-se para o Luga sob o comando de Reinhardt, enquanto aqueles que querem aumentar o flanco leste do Grupo de Exércitos Norte, como Leeb, dirigem-se para o lago Ilmen sob as ordens de Manstein. Essa dispersão das forças é um erro grave, ainda mais que a infantaria está muito longe, atrás, e não consegue dar cobertura nem para os flancos nem para as retaguardas dos blindados em seu avanço.

A Batalha do rio Luga

O curso inferior do rio Luga praticamente não é protegido pelos soviéticos, exceto por algumas unidades posicionadas às margens do lago Peipus, nos arredores de Gdov. Seu curso superior, entretanto, é bem protegido e suas margens – um terreno impraticável para os tanques – são praticamente intransponíveis.

O cerco de Leningrado

A construção das defesas soviéticas sobre o rio só começou no início de julho, o que é um recorde, levando-se em conta o despreparo geral. Em 10 de julho, é reiniciado o avanço alemão sobre Leningrado. Unidades blindadas quebram as linhas do 11º Exército ao sul de Pskov. Leeb dispõe de 33 divisões (340 mil homens), 6 mil peças de artilharia e de morteiros e cerca de 1 mil aviões. Diante deles, 150 mil soviéticos tentam fazer frente, com resultados diversos, um comando indeciso, comunicações quase inexistentes e uma logística fantasmagórica.

Em 11 de julho, o marechal Kliment Vorochilov chega de Moscou para assumir o comando militar. Ele não se destacou durante a Guerra de Inverno contra a Finlândia, opôs-se à modernização do Exército Vermelho empreendida por Tukhatchevski nos anos 1930 e apoiou com vigor a política de liquidação dirigida por Stalin, durante a qual três quintos dos marechais soviéticos e um terço dos oficiais do Exército Vermelho foram liquidados. Ele é, pois, um dos corresponsáveis pela fraqueza atual das forças soviéticas, mas é homem de confiança do "Guia".

Quando o *Leningradskaia Pravda* põe em destaque: "Povo de Leningrado, todo o país está com vocês", começa o racionamento de eletricidade. E a tomada de Porkhov, em 12 de julho, a 75 km ao sul de Pskov, marca o domínio inconteste do Grupo de Exércitos do Norte onde ele estiver.

O envio para a frente de batalha, para a defesa do Luga, de quatro grupos de artilharia e de artilheiros autônomos, parece irrisório se comparado ao perigo reinante, e a ordem de constituir "unidades de milicianos", por mais louvável que seja, não pode se efetivar imediatamente. Ainda mais que os soviéticos não dispõem de nenhum meio para infiltrar grupos dessa natureza por trás das linhas inimigas, das quais, além de tudo, nada sabem. Os primeiros "milicianos" são soldados ou camponeses isolados que tomam a iniciativa de continuar a lutar. E os primeiros que os alemães fuzilam ou enforcam, à medida que avançam, na realidade não são mais do que reféns, sacrificados para aterrorizar as populações. Esse sacrifício, evidentemente, é aproveitado pela propaganda soviética, que pode assim divulgar que suas ordens surtem efeito.

Reinhardt avança para o rio Luga pela única rodovia disponível. Ele transpõe o rio Plyussa, depois se detém, em 12 de julho, sobre a Linha Sapolie-Plyussa, diante de florestas pantanosas impenetráveis e recheadas de soviéticos. Como os pântanos tornavam inviável o plano inicial, Hoepner resolveu

Pierre Vallaud

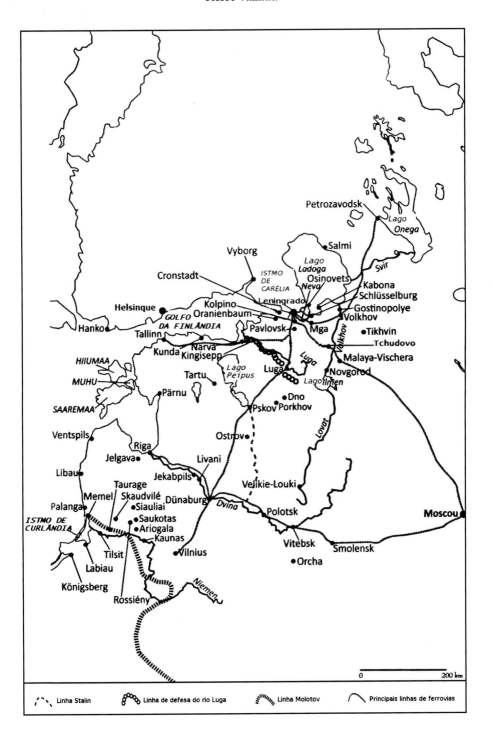

O cerco de Leningrado

modificá-lo. Dá ordens a Reinhardt para recuar em direção ao norte, subir ao longo do lago Peipus até Narva, e atravessar o rio em terrenos mais sólidos e menos povoados. Uma a uma, as tropas desviam para a esquerda e iniciam uma marcha forçada de 150 a 180 km em direção ao norte. Evitam, assim, a cidade de Luga, que é bastante fortificada, mas são obrigadas a se submeter a uma ginástica extenuante. Evoluindo entre trilhas enlameadas e pantanosas, soldados, tanques e motos ficam atolados, andam em zigue-zague e se afastam uns dos outros a ponto de se encontrarem, por vezes, isolados diante de resíduos de exércitos soviéticos ainda combativos. É desse período que grande número de alemães datam seu verdadeiro batismo de fogo. Aproximando-se do mar Báltico, o soldado Wilhelm, por exemplo, relata ter encontrado ali, pela primeira vez, um "inimigo russo que opôs uma resistência de verdade".

Em Leningrado, naquele momento, a nomeação de Jdanov como membro do Conselho Militar da Frente Noroeste indica que o político predomina sobre o militar. É preciso dizer que, embora os militares se esforcem, não conseguem dominar a situação. Não controlam, por exemplo, a travessia do rio Luga em vários pontos desde 14 de julho de 1941. O 6º e o 1º Exércitos, que percorreram a margem oriental do lago Peipus, tomam respectivamente Porotchié, com suas pontes intactas, e Sabsk, duas cidades de onde partem algumas unidades para atacar pela retaguarda as forças inimigas que ameaçam os flancos do 4º Grupo Blindado na direção de Gdov.

Naquele momento, o exército finlandês ocupa o istmo de Carélia, a cerca de 30 km a noroeste da cidade. A ofensiva finlandesa mobiliza 7 divisões de infantaria e obriga os soviéticos a também se mobilizar nessa frente de batalha. É o momento da constituição da 1ª Divisão, a Divisão Kirov.

Em meados de julho, os comandantes Edkinger e Krüger dominam o curso inferior do rio Luga. É a partir desse momento, no entanto, que a questão do reabastecimento de armas e alimentos se torna complexa. Os soviéticos revivem a prática tradicional da "terra arrasada". Eles preferem queimar, inundar ou poluir os estoques de grãos que se amontoam nos celeiros do que deixá-los para o inimigo. Cada vez que se apoderam de uma cidade, os alemães não encontram nem abrigo nem víveres, somente ruínas fumegantes e cinzas. Obrigados a encaminhar toneladas de mantimentos a distâncias cada vez mais longas e por estradas repletas de buracos, acabam por levar armas e mantimentos de barco, o que os obriga a atravessar o lago Peipus. Mas, quaisquer que sejam as dificuldades, tendo atravessado o Luga, Leningrado não está a mais do que a uma centena de quilômetros, ou seja, ao ritmo já em curso, a dois dias de marcha. Com alguns reforços da infantaria, Reinhardt tem os meios para tomar a cidade. É naquele momento, entretanto, que Hitler decide uma nova parada, a do Corpo Blindado, e isso, por três semanas. E os habitantes de Leningrado acabam de escapar ao mesmo destino de Stalingrado...

Em 17 de julho, enquanto o exército alemão se apodera de Gdov, a cerca de 100 km ao norte de Pskov, o comitê executivo do Soviete municipal de Leningrado constitui dois "regimentos de socorro" de 2 mil homens cada um, assim como 3 batalhões de defesa civil de 600 homens cada um, para intervir em caso de destruições causadas por ataques aéreos. Nenhum desses homens tem uma formação adequada. Ele dá também a ordem de restaurar as casas danificadas e consertar os aquecedores, decisões quase sem efeito pela falta de materiais. Também as mulheres são chamadas a contribuir – é graças a seu alistamento em uma dessas brigadas que a futura grande soprano e esposa de Rostropovitch, Galina Vichnevskaia, então com 15 anos, sozinha e abandonada, consegue sobreviver. Ela come, bebe vodka e fuma, o que se torna um privilégio.

Com o perigo cada vez mais iminente, em 20 de julho o estado-maior da Opoltchenie ordena a formação militar de todos os homens que restam em Leningrado ainda sem fazer parte de nenhuma unidade. Ao longo dos dias, com ou sem armas, nas praças da cidade, esses recrutas de uma nova espécie vão fazer exercícios militares.

No dia seguinte, toma-se a decisão de criar quatro "Divisões da Guarda", e enquanto isso, os finlandeses já se encontram em Salmi, isto é, na antiga fronteira, aquela de antes da Guerra de Inverno, preparando um ataque de grande envergadura cuja finalidade última é ignorada pelos soviéticos. Em 27 de julho, os administradores de imóveis tornam-se oficialmente responsáveis pela defesa civil. São dotados, como em Londres, de um capacete, de uma braçadeira e de um apito.

O cerco de Leningrado

Blitzkrieg

"Não é um exagero afirmar que a campanha da Rússia será vencida em duas semanas." General Franz Halder, chefe do estado-maior do exército terrestre, o OKH (*Oberkommando des Heeres*).

"Três semanas após o início de nosso ataque, esse castelo de cartas cairá." General Alfred Jodl, chefe do estado-maior das forças armadas, o OKW (*Oberkommando der Wehrmacht*).

"Os combates terminarão em seis semanas." Heinrich Himmler, *Reichsführer* SS.

Nas apostas sobre a duração da guerra, o alemão mais pessimista do círculo dirigente, Heinrich Himmler, apostava em seis semanas de combate. Esse belo otimismo foi inculcado desde a diretriz ultrassecreta de 18 de dezembro de 1940, que estabelecia as grandes linhas do projeto Barbarossa: "É necessário que a Wehrmacht seja capaz de esmagar a Rússia numa campanha breve." A Blitzkrieg - a guerra-relâmpago -, doutrina ofensiva que visava conseguir uma vitória decisiva pelo engajamento localizado e limitado no tempo do conjunto das forças mecanizadas, terrestres e aéreas, é a peça-chave de Hitler. É preciso aplicar rápidos golpes de marreta nas linhas russas, com o auxílio dos tanques, para abrir brechas e deixar penetrar a infantaria. Tanques e artilheiros devem então atacar em conjunto para cercar e destruir o inimigo. Os blindados - ou seja, no caso, 20 divisões, o dobro do efetivo utilizado para a campanha da França - logo prosseguem em seu avanço em profundidade, sem dar tempo ao inimigo para estabelecer novas linhas de defesa. A Blitzkrieg exige uma máquina de guerra perfeitamente azeitada, uma organização excelente, comandantes brilhantes e principalmente exércitos móveis, e até mesmo fluidos em seus deslocamentos. No começo, a Blitzkrieg é levada a um nível jamais alcançado. Os alemães, com 434 km percorridos na primeira quinzena, fazem melhor ainda que durante a campanha da França, quando foram necessários 14 dias para cobrir os 400 km que separam as Ardenas das costas da Mancha. No entanto, as marchas a leste não se fazem sempre nas melhores condições. Independentemente da resistência do adversário e das perdas que ela ocasiona, Barbarossa foi adiada em 12 dias em relação à data marcada inicialmente, a fim de terminar as conquistas da Grécia e da Iugoslávia, porque chuvas diluvianas, em maio, encharcavam o solo e faziam transbordar os rios. À umidade da primavera sucede muito rapidamente o calor seco do verão, que dá sede e levanta nuvens de poeira a cada passo. Para economizar as forças de seus homens, Küchler limita com rigor as faixas horárias das marchas. Elas são feitas ao amanhecer, entre 3h e 8h da manhã, e ao anoitecer, entre 6h e 10h da noite. Por várias vezes, a meteorologia perturba a Blitzkrieg.

Cada ordem de parada do comando diminui as chances de sucesso da guerra-relâmpago. A primeira ocorre logo no início, quatro dias somente após o começo da ofensiva, data na qual Leeb ordena a Hoepner que pare imediatamente e permaneça durante seis a dez dias junto ao rio Duna. Essa parada não deixa de ter fundamento – o OKH quis manter o controle sobre o 4° Grupo de Panzers porque temia que este fosse cercado e destruído nas vastas florestas que se estendem diante de Leningrado. Com isso, Leeb proporciona a Leningrado um prazo inesperado, que a salva de um perigo imediato e que teria sido, sem dúvida alguma, fatal para os soviéticos ao norte.

Em meados de julho, muito bem colocado para marchar em direção a Leningrado, Reinhardt não acredita no que ouve: ele tem de continuar estacionado. No momento em que sabe que é preciso avançar para Kingisepp, é bruscamente detido em seus planos. Essa segunda ordem de parada é fatal para a vitória. Duas boas razões justificam isso: a importância das perdas humanas e materiais, muito mais altas nos últimos dias, e a obrigação de consolidar a cadeia logística, sobretudo o abastecimento. Mas há, entretanto, más razões: a disputa dos generais representou um rude golpe para a guerra-relâmpago provocando o adiamento dos ataques e mudanças de objetivos. Contra a URSS, Hitler não é o estrategista confiante das campanhas precedentes, em que não havia hesitações. Comandantes como Brauchitsch e seus comandados Halder e Keitel aproveitam-se disso para avançar seus piões, privilegiar o ataque a Moscou e deixar de lado a Frente Norte.

Cada vez mais, a Wolfsschanze (a "Toca do Lobo", um dos quartéis-generais de Hitler durante a guerra), escondida no fundo das florestas da Prússia Oriental, transforma-se num verdadeiro cesto de caranguejos. Um sinal do mal-estar crescente é que cada vez mais generais ousam viajar até lá para alertar Hitler sobre as dificuldades que encontram e as ordens de batalha que esperam.

O cerco de Leningrado

Guderian e Halder, por exemplo, aventuram-se entre as barracas de madeira com telhados camuflados da "Toca" para tentarem ser ouvidos, pois desde o início da operação Barbarossa, e mesmo antes, um sério mal-entendido divide o alto-comando, sem que Hitler tenha tomado atitudes claras. Para o OKW (o estado-maior das forças armadas alemãs), a tomada de Leningrado é mais importante que a de Moscou. Para o OKH (o estado-maior do exército terrestre), Moscou é o objetivo primordial. A essa discordância inicial se acrescenta um segundo motivo de disputa no verão de 1941: o calendário. Uns, com efeito, propugnam uma ação rápida antes do inverno, à imagem de Hoepner, Reinhardt e Manstein, outros pregam a prudência e pensam que mais vale se instalar em posições defensivas durante o inverno e retomar a ofensiva nos dias amenos. São estes últimos que vão acabar por se impor, como indica a evolução que se delineia ao longo das diretrizes. Aquela datada de 19 de julho de 1941 emana do próprio Hitler, e recomenda suspender o avanço em direção a Leningrado, atribuindo como missão ao Grupo de Exércitos Norte proteger o flanco do Grupo de Exércitos Centro. Com o passar dos meses, as dúvidas de Hitler crescem. Quando encontra seus generais, Bock, Guderian, Hoth, em 4 de agosto de 1941 no quartel-general de Novyi Borrisso, localidade próxima da Berezina, ele confia a Guderian, que quer tomar Moscou e insiste na necessidade de zerar o déficit de tanques, que nunca teria lançado a aventura a Leste se tivesse sido informado da "verdadeira potência da arma blindada soviética".

Enfim, por mais eficaz que seja, a Blitzkrieg tem seus limites em alguns terrenos, e essa região é um deles. À infantaria faltam alguns treinamentos: penetração em floresta ou penetração noturna, capacidade de se camuflar e se retirar rapidamente. Ela tem dificuldade em seguir o ritmo alucinado dos blindados. Numa área tão vasta, qualquer que seja a velocidade dos soldados, estes são refreados em seu deslocamento depois de certo tempo. São obrigados a descansar para reconstituir suas reservas e estabelecer a infraestrutura necessária ao prosseguimento da campanha. A URSS não é nem a Polônia nem a França. A preparação, por mais escrupulosa que seja, não evita as surpresas indesejáveis: informações erradas sobre a localização das estradas, sobre seu estado, a disposição das defesas soviéticas, a natureza dos terrenos (maior quantidade de pântanos do que previsto). O abastecimento de combustível é também um quebra-cabeça. Em tempo normal, os tanques e os veículos de uma divisão blindada consomem 14.600 litros de combustível a cada 100 km. Quando combatem, utilizam o dobro ou o triplo.

Além disso, a "limpeza" das tropas inimigas se mostra mais longa do que o previsto. Explorando um terreno acidentado que conhecem de cor, exércitos esvanecem-se na natureza, depois reaparecem na curva de um caminho. O "atraso" da infantaria alemã multiplica os bolsões de soldados inimigos deixados atrás de si.

Os soviéticos compreendem que é preciso transformar a guerra-relâmpago alemã em guerra de desgaste e resistência soviética. As fábricas soviéticas também aproveitam, totalmente, cada momento de folga. Em 1941, na URSS, são construídos 15.735 aviões contra 11.776 na Alemanha e em 1942, 25.436 contra 15.409. Em 1941, 6.590 tanques saem das fábricas soviéticas e 5.200 das alemãs. Do mesmo modo, o número de homens, se inicialmente a vantagem é dos alemães em proporção de 2 contra 1, ela é logo revertida, pois a URSS dispõe de um viveiro humano que parece inesgotável.

É por isso que Stalin sacrifica milhões de soldados. Cada minuto conta. Assim que a situação se estabiliza, a Blitzkrieg alemã estaca. É flagrante o fato de que, quando acontecem uma pausa ou uma lentidão forçadas dos alemães, Stalin responde com "Nem mais um passo para trás!", um *slogan* radical que se tornará oficial (ordem nº 227) em julho.

Fortificar a cidade

Ignorando tudo das intenções do inimigo, e principalmente das tergiversações de Hitler no tocante a sua cidade, os habitantes de Leningrado se preparam para o pior: uma invasão das hordas nazistas, precedidas pelos tanques, após um ataque feroz da artilharia concentrada no centro da cidade e dos bombardeios aéreos temidos por seus efeitos mortíferos. Para as autoridades, é impensável que Leningrado seja declarada "cidade aberta", desejo mais ou menos manifesto de uma parte de seus habitantes, taxados imediatamente de derrotistas, e até mesmo de sabotadores ou de traidores. Será preciso, se for o caso – e essa hipótese é mais que provável –, combater corpo a corpo para resistir ao invasor. Enquanto milhares de cidadãos, com uma pá ou uma picareta no ombro, se dirigem para os arredores, e esses são os mais sortudos, e outros vão para a frente de batalha construir barreiras antitanques, casamatas e fortificações di-

O cerco de Leningrado

versas, na própria cidade acontecem os preparativos para o combate. De qualquer idade, homens, mulheres, crianças, idosos são requisitados e a cidade se transforma pouco a pouco em um verdadeiro campo entrincheirado. São construídas barricadas irregulares inicialmente feitas com sacos de areia, depois, como a matéria-prima começa a faltar, com todos os materiais suscetíveis de constituir um obstáculo. São construídos fortins que controlam os cruzamentos, enquanto fossos são cavados sem que se saiba que se trata, na realidade, de fossos antitanques, trincheiras para combater ou abrigos improvisados no caso de ataques aéreos ou tiros de artilharia. Os prédios de esquina, principalmente, têm suas janelas transformadas em seteiras, seguindo a grande tradição da Idade Média, já que os construtores desses locais de defesa ignoram provavelmente que os muros das casas não resistiriam ao impacto dos projéteis alemães de 88 mm. Pouco importa, tudo faz parte do impulso, espontâneo ou não, de uma população pronta para se defender e, com isso, defender sua cidade.

Todos esses preparativos não passam de medidas de precaução, pois nenhuma das defesas é munida de algum armamento. O que nada tem de espantoso, pois a cidade não dispõe do material necessário para transformá-la em lugar de resistência ativa. Os combatentes improvisados enviados para a frente de batalha não são mais bem organizados, e são eles que vão enfrentar o inimigo mais cedo do que previsto.

Nos primeiros tempos, são deixadas passagens para que os bondes possam continuar a circular, mas logo, por falta de energia, eles se tornarão inúteis e se transformarão, por sua vez, em barricadas. Durante as primeiras semanas, utilizando lunetas, os alemães continuam a vê-los circular, lotados de homens e mulheres percorrendo a cidade para se abastecer. A defesa do centro da cidade não é apenas militar, ela também é civil.

As vitrines das lojas são cercadas com tábuas de madeira, suas vidraças protegidas por tiras de papel colante destinados a impedir que os cacos de vidro firam os pedestres ou os que estiverem no local. Por outro lado, algumas portas dos imóveis de grandes dimensões permanecem abertas para escapar ao impacto das explosões e permitir aos pedestres abrigar-se mais rapidamente em caso de ataques-surpresa. Todas as janelas, sem exceção, são cobertas, obedecendo à ordem de um *blackout* particularmente restritivo. Se alguém não obedecer voluntariamente ou por um simples descuido, incorre nas piores sanções: as que são reservadas aos sabotadores e aos traidores. Quanto a isso, essa proibição raramente será desobedecia, de tanto que as populações estão conscientes das ameaças que pesam sobre elas. Além disso, a ausência de meios de iluminação logo resolverá o problema de maneira absoluta. Os postes de luz são, por sua vez, pintados de azul, assim como os faróis dos raros veículos automotivos ou as lanternas dos últimos transportes a tração animal.

À noite, após o período das noites brancas, é num negro absoluto que as pessoas se deslocam em Leningrado. Mas isso não tem importância, pois reina o toque de recolher e somente aqueles cuja missão necessita deslocamentos noturnos são autorizados a circular na cidade.

Nos hospitais e nos dispensários, é proibido ao pessoal da área médica sair de guarda-pó branco: visível demais. Uma proibição que não somente as patrulhas da milícia fazem respeitar, prontas a atirar no menor contraventor, mas também os responsáveis pelos imóveis que vigiam as idas e vindas de seus habitantes.

No outono, particularmente suave, que envolve a "cidade de Lênin", a atmosfera é totalmente singular: ruas vazias, um silêncio mortal, alguns ruídos de passos apressados de homens com uniformes disparatados, raramente numerosos: o exército dos trabalhadores voluntários está de vigília. De todo modo, é melhor ficar em casa. A poetisa Vera Inber dá seu testemunho:

> À noite, quando a escuridão invade toda a cidade [...], esse quarto me parece de uma beleza indescritível! Andamos na obscuridade e é difícil imaginar que possa haver luz em outro lugar. São as trevas totais, sim, as trevas originais que se elevam numa parede, as noites são opacas nessa estação, e a lua em seu declínio – expirante – só aparece ao alvorecer. Atravessamos o quintal, depois o glacial vestíbulo de pedra do pavilhão principal mal iluminado por uma pequena lâmpada azul. A enfermeira de plantão se debruça sobre um livro. Ao longe, o ronco da artilharia.

Indo para o lago Ilmen

Ao aproximar-se do lago Ilmen, as forças alemãs se dividem. Enquanto uma ala, o 56º Corpo Blindado, segue a estrada Ostrov-Pskov, a outra, a 8ª Divisão Blindada, dirige-se para Opotchka-Porkhov. Esta se subdivide num eixo Novgorod-Tchudovo para cortar a linha da estrada de ferro Moscou-Le-

O cerco de Leningrado

ningrado (Manstein) e num eixo Staraia Russa-Velikie-Luki (o 16º Exército) que tem como função prestar apoio ao Grupo de Exércitos Centro, mesmo sob o risco de enfraquecer o assalto a Leningrado.

As unidades de Manstein, reforçadas pela SS Motorizada Totenkopf (cabeça de caveira), deixam então Dünaburg e evoluem numa zona recoberta de florestas e de pântanos. Tendo partido mais ao sul do que Reinhardt, elas se deparam com forças mais concentradas e com uma Linha Stalin mais bem fortificada. Em 3 de julho, a Divisão Totenkopf – de SS habituados a comparecer em todos os lugares onde irrompe um incêndio, em todos os lugares em que as linhas ameaçam romper-se – tem dificuldade em tomar Rezneke. Em 10 de julho, entretanto, ela ocupa Opotchka com a 3ª Divisão de Infantaria Motorizada e a 8ª Divisão Panzer. A primeira delas se dirige, então, para Porkhov, enquanto a segunda vai para Soltsy. Essas duas divisões são particularmente vulneráveis porque o afastamento de Reinhardt as priva de proteção sobre um flanco e porque a Totenkopf não está por perto. Além disso, a resistência soviética endurece porque o marechal Vorochilov, furioso porque os alemães se aproximam a passos largos de seu quartel-general de Novgorod, joga o máximo de soldados na batalha e porque tem a vantagem do terreno. Suas tropas se deslocam nos pântanos como peixes na água, enquanto os alemães se perdem, afundam e se afogam.

Em 15 de julho de 1941, Nikolai Federovitch Vatutin, o chefe de estado-maior da Frente Noroeste, assalta a 3ª Divisão de Infantaria Motorizada e isola a 8ª Divisão Panzer nas vizinhanças de Chimsk às margens do lago Ilmen. Durante cinco dias, esta última vive um inferno. Uma dezena de Divisões de Infantaria, duas Divisões Blindadas e forças potentes de artilharia a cercam. A Aviação Vermelha (VVS, *Voienno-vozduchnyie sily*) faz 1.500 investidas contra ela. Sem abastecimento, bombardeada, sob ataque cerrado, ela se encolhe como um ouriço e luta corpo a corpo, a golpes de pá, a pauladas e coronhadas, por falta de munições. Abandona os mortos no campo de batalha. Pela primeira vez, os alemães recuam em 50 km. Vinda em ritmo de urgência, a Totenkopf consegue abrir um corredor de abastecimento até ela. Manstein se apressa, Hoepner desvia suas forças do 41º Corpo Blindado, e a Luftwaffe vem em seu socorro. Finalmente, a artilharia alemã vence os soviéticos, a 8ª Divisão Blindada se une ao resto do 56º Panzerkorps, o general Brandenberger e seus homens são salvos, mas suas fileiras estão dizimadas e eles perderam 70 dos 150 tanques.

Em consequência, em 18 de julho, a ofensiva alemã prevista a partir de Soltsy não pode mais acontecer por falta de blindados.

Tudo poderia ter sido diferente se Manstein tivesse se unido a Reinhardt. O comando optou pela separação das forças, quando teria sido necessário jogar com a complementaridade de um general que não tem infantaria, Reinhardt, com um general que não tem blindados, Manstein. O que faltou foi a unidade em todos os níveis: na base, os soldados que estavam espalhados no terreno, no cume, os generais que, nos bastidores, insistem em conspirar para atacar Moscou antes. E somente por ter havido divisão das forças alemãs e, portanto, enfraquecimento do assalto, que a linha de defesa permitiu retardá-los em seu avanço.

Destacando a importância estratégica do descanso obtido, os historiadores soviéticos tenderam a fazer da Linha do Luga a muralha eficaz que salvou Leningrado e lhe permitiu organizar-se durante esse tempo. Os erros estratégicos alemães certamente pesaram mais, mas o episódio do Luga – que os alemães haviam apelidado de "a estrada da morte" – modificou a percepção da guerra nos dois campos. O inimigo nazista não era "invencível", a Blitzkrieg não era a garantia de uma vitória certa.

O bem-vindo Pervitin

As paradas e os adiamentos sucessivos dos ataques frustram o comando alemão, mas principalmente expuseram os exércitos a horas difíceis.

Longe de renunciar, o comando soviético, com o apoio do que lhe resta da aviação, fortificou suas posições, espalhou milhares de minas antitanques sobre o solo, mandou vir reforços, como se viu, criou as divisões da Opoltchenie e procurou desalojar o adversário das cabeças de ponte sobre o Luga. O descanso do Luga permitiu também aos habitantes de Leningrado melhorar a organização do trabalho.

Em 12 de julho, o Comitê do Komsomol lançou um concurso de produção de tipo stakhanovista.* Ao mesmo tempo que um plano de reforma das

---

* N. E.: O termo "stakhanovista" refere-se à Stakhanov, um operário russo que produzia acima da média dos demais trabalhadores. A URSS passou a promover competições entre grupos de operários para que, inspirados em Stakhanov, ficassem estimulados a produzir mais do que o normal.

O cerco de Leningrado

indústrias é concluído – antes tarde do que nunca – em 20 de julho foi adotada "situação de caserna" (*Kazarmnoie pologenie*), isto é, a proibição para os operários deixarem a fábrica à noite. Três dias depois, é dada a autorização para transferir a mão de obra de uma fábrica a outra, grande novidade e flexibilização que permitem reunir os trabalhadores onde eles são efetivamente necessários.

Em 29 de julho, um "Plano complementar para a indústria de guerra" foi implementado para o último trimestre de 1941, e as fábricas de Leningrado, custe o que custar, deviam participar dele ativamente.

Os assaltos soviéticos contra os alemães se sucedem, a Luftwaffe, estacionada junto ao lago Ilmen, deve se aproximar para assegurar uma proteção melhor. Os caças dos dois campos se enfrentam com frequência, com os combates se desenvolvendo em baixa ou média altitude. Enfim, caem chuvas diluvianas.

É certo que os boletins das diversas divisões alemãs continuam otimistas, os cuidados são excelentes e raramente os feridos ficam mais de uma semana de cama, como testemunha o soldado Wilhelm, que resolveu arrancar ele mesmo um dente e desmaiou, pois o tratamento dentário é mercadoria rara. Mas ele notou também a multiplicação das diarreias devido à bebida e à comida.

O Pervitin se torna banal. Começa-se a distribuir essa anfetamina que multiplica as forças por dez, permite ficar longas horas acordado e, como efeito secundário, suportar melhor a morte de um camarada. Em Berlim, essa droga é distribuída livremente em todas as boas farmácias até 1º de julho de 1941, data na qual foi classificada como narcótico, exceto para a Wehrmacht, que dela usa e abusa a despeito de seus efeitos secundários: dependência, dificuldades respiratórias, delírios, psicose.

Com a idade de 24 anos, e engajado na Frente do Leste, Heinrich Böll, que no futuro será a grande consciência da sociedade alemã e prêmio Nobel de literatura, pede, em sua correspondência, que a enviem para ele. Obrigado a usar capacete, o homem da boina basca escreve na ocasião: "Queridos pais. Enfim tenho tempo e calma para escrever [...] na noite passada só pude dormir duas horas [...] vocês podem me enviar um pouco de Pervitin?"

Desde as primeiras contraofensivas soviéticas – e antes mesmo do inferno do frio –, o cotidiano do soldado alemão é difícil de suportar sem "adjuvantes".

Pierre Vallaud

O assalto final de 8 de agosto

Ao sul do lago Ilmen, o 16º Exército tomou Kholm em 2 de agosto e Staraia Russa em 6 de agosto. O assalto final contra Leningrado é marcado para 8 de agosto. Nesse momento, o dispositivo alemão se divide em uma ala norte (o 41º Corpo Blindado de Reinhardt e o 38º Grupo de Exércitos encarregado de dirigir-se para Leningrado via Kingisepp); uma ala do Luga, (o 56º Grupo de Exércitos e o 50º que deve atacar a própria cidade de Luga e depois partir para Leningrado); e enfim, uma ala sul (1º e 28º Grupo de Exércitos), que deve envolver Leningrado pelo lado leste.

A princípio, nem tudo está pronto para que o assalto tenha sucesso com a dispersão das forças em três eixos, além de um objetivo que o comando teima em manter quando está provado, há semanas, que se trata de um ponto bastante fortificado e impossível de ser tomado: Luga. Em vez de abandonar esse ataque, Hitler ordena que o Neva seja atravessado a leste de Leningrado e que seja feita a junção com os exércitos de Mannerheim junto ao Svir, ação já recusada pelos finlandeses que lá se encontram e preparam a tomada de Petrozavodsk a leste do lago Ladoga.

Na véspera do dia marcado, caem bombas sobre o centro da grande cidade russa: às 18h15, a Luftwaffe ataca a cidade e solta 6.327 bombas incendiárias. Às 22h35, são bombas explosivas de 500 e 250 kg que se abatem próximas ao Instituto Smolny. O Komsomol publica uma proclamação declarando que a heroica juventude de Leningrado esteve sempre na primeira fila nas horas de perigo da cidade e procede à coleta de dinheiro e de objetos de valor.

Em 8 de agosto, os alemães mantêm o ataque frontal da Linha do Luga. Eles atravessam o rio Mchaga e se beneficiam com um grande golpe de sorte – descobrem nos bolsos de um comandante soviético caído no campo de batalha um cartão que indica todas as posições inimigas junto ao Verenda. Sem surpresa, um mês após Reinhardt, o 56º Corpo Blindado patina diante de Luga. Manstein encontra o mesmo obstáculo que Reinhardt enfrentou antes: um terreno impraticável. Mesma causa, mesmo efeito, ele opta com cautela por um afastamento para o norte.

É divulgada, então, a diretriz de 12 de agosto (nº 34), qualificada por Halder, *a posteriori*, como a "mais pesada imperícia estratégica de toda a campanha" e que deixa de lado Moscou para concentrar-se:

O cerco de Leningrado

1º) na conquista da Crimeia... do Donetz... assim como, ao norte, no cerco de Leningrado e na junção com os finlandeses.

2º) É o cerco estreito a Leningrado, a junção com os finlandeses, e o aniquilamento do 5º Exército russo que liberarão nossas forças.

O Exército Vermelho não desiste, visto que em meados de agosto um contra-ataque soviético próximo a Soltsy, a sudoeste do lago Ilmen, afasta elementos do temível 4º Grupo de Panzers do general Hoepner. Nessa data, o PC alemão do lago de Samro, a sudoeste de Leningrado, está em ebulição. Hoepner reclama o direito de passar à ação a um Leeb sempre hesitante. Manstein reúne-se a eles ao término de uma viagem de oito horas para percorrer 200 km. Ao final da entrevista, para acalmar Hoepner, Leeb aceita que a 3ª Divisão de Infantaria Motorizada do Corpo Blindado de Manstein passe para o comando de Reinhardt.

Tiros abundantes, dilúvio de projéteis... Em toda parte, entretanto, os alemães progridem muito mais lentamente. Eles levam um mês para se apoderar de Narva, que se encontra a cerca de 20 km, pois, com a ponte destruída, eles só conseguem atravessar o Plyussa em seu ponto de confluência com o Pyata em meados de agosto.

Enfim, é somente nessa data que eles se encontram numa boa posição de ataque a Leningrado, mas naquele momento os soviéticos estão prontos para resistir e organizam-se um pouco melhor a cada dia.

Sem bocas inúteis

As autoridades soviéticas descobrem que seu planejamento não corresponde em nada às necessidades do momento, que não foram previstas em nenhum aspecto. Aos atrasos acumulados no planejamento já estabelecido acrescentam-se a inadaptação dos objetivos às novas necessidades e uma organização do trabalho já deficiente em tempos de paz, mas fatal em tempos de guerra.

Em Leningrado, em 9 e 10 de agosto, quando a ofensiva alemã recomeça com mais intensidade, as três primeiras "Divisões da Guarda" estão prontas e um decreto suplementar sobre a "mobilização dos trabalhadores", proveniente do Comitê Executivo do Soviete Municipal de Leningrado, determina os novos limites de idade das pessoas submetidas ao trabalho obrigatório: 15 a 55 anos para os homens e 16 a 50 anos para as mulheres (na época, a esperança de vida para os homens era de cerca de 50 anos!). Isso significa que os "velhos" são mobilizados. O decreto estabelece que, no interior da cidade, a organização da jornada é de 7 dias trabalhados para 1 dia de descanso, e no lado de fora, de 14 dias de trabalho por 2 dias de descanso.

Enfim, é proibido "desguarnecer as empresas", o que indica que as autoridades acabavam de tomar consciência de que não se podia pedir aos operários ao mesmo tempo para assegurar a defesa da cidade, sua proteção civil, sua gestão cotidiana e continuar a produzir. Algumas fábricas, com efeito, acharam-se de um dia para outro com equipes desfalcadas de elementos indispensáveis, pois operários qualificados foram enviados para a frente de batalha, engenheiros foram transformados em oficiais e contramestres em suboficiais. Bela imagem para um "exército popular", mas pobre avaliação das necessidades das empresas. A fábrica Kirov, por exemplo, que produzia, entre outras coisas, armas pesadas tem sua produção reduzida à metade de um dia para o outro – justamente quando se tem necessidade de seus produtos para o combate e quando a carência cada vez mais gritante dos meios requer mão de obra capaz de suprir, pela astúcia e por arranjos de última hora, a falta de meios e de matérias-primas. O mesmo acontece com a fábrica Elektrosila, que se encontra quase em colapso técnico por falta de mão de obra.

Todas essas medidas em cascata, à imagem de todas as outras que são tomadas nos diferentes domínios, não tranquilizam em nada uma população que observa com espanto a falta de preparo em que se encontra. Enquanto isso, a propaganda oficial, com o reforço de *slogans*, cartazes e manifestações de todo tipo – desfiles, civis ou militares, manifestações esportivas ou culturais – proclamava o contrário.

Em muito pouco tempo – apesar das medidas referentes à produtividade, a jornada de trabalho e a mobilização máxima –, Leningrado se mostra incapaz de continuar a produzir. A causa disso, certamente, é a situação de guerra, a autossuficiência à qual está submetida a partir do início de setembro, as múltiplas tarefas dos habitantes da cidade e também seu esgotamento progressivo que vai resultar na perda de milhares de vidas humanas. E, principalmente, o arcaísmo da indústria soviética e seu modo de organiza-

O cerco de Leningrado

ção do trabalho, sem mencionar a rigidez do planejamento, reforçada pelo medo político que impede a maioria dos responsáveis de tomar qualquer decisão ou iniciativa de maneira autônoma, atitude tão necessária em período de crise e de urgência.

Diante dos perigos previstos e das evidentes impossibilidades de alimentar ou cuidar da população antes mesmo de se achar num contexto de cidade sitiada, as autoridades de Leningrado decidem que é necessário, no menor prazo possível, esvaziar a cidade não apenas de suas crianças, mas de uma grande parte de sua população. Ainda mais porque, desde os primeiros dias da ofensiva alemã, multidões de refugiados, pressionados pelos combates e carentes de tudo, chegam à cidade, esperando lá encontrar abrigo. Incapaz de gerenciar tal afluxo, o Comitê do Partido organiza, então, a partida imediata desses recém-chegados. Muitas vezes em vão.

Quanto aos próprios habitantes de Leningrado, *a priori* o problema é mais complexo. A quem obrigar a partir e segundo quais critérios? Numa tal situação, quando se apela a todos para assegurar a defesa da cidade e sua segurança, no momento em que as instâncias tidas como responsáveis se mostram incapazes, é necessário julgar "quem é" ou então quem "será útil". Fazer funcionar uma metrópole de 2,5 a 3 milhões de habitantes supõe não enfraquecer demais os serviços vitais retirando seus empregados. Os órgãos de defesa e de polícia, certamente, os serviços de saúde também, tudo o que contribui para a vida cotidiana da cidade, transportes, abastecimento, comunicações, distribuição de alimentação, fábricas fundamentais, do tipo usinas de gás ou centrais elétricas, fábricas de armas e de munições. E, enfim, numa metrópole soviética, todo o aparelho político-administrativo bastante abundante, mas julgado indispensável. Quanto aos próprios habitantes, eles sabem que não devem se precipitar para partir logo, com medo de serem taxados de "derrotistas". Restam também – e são mais numerosos do que se poderia pensar – todos os que não pretendem recuar diante do inimigo.

O encargo da "triagem" cabe, então, a funcionários civis ou militares cujos interesses são diversos, e mesmo divergentes. Sem falar, é claro, do ponto de vista de Moscou, que quer recuperar na retaguarda o maior número possível de pessoas capazes de participar do esforço de guerra.

Encontrar o justo equilíbrio entre a defesa da cidade, a organização de sua sobrevivência, a evacuação dos inúteis e daqueles que são necessários em outros lugares não é uma coisa fácil. É, pois, mais uma vez, sob pressão, e, compreende-se, também sem grande coerência, que são tomadas as decisões mais importantes. Quanto à população, que vive sob o regime da lei marcial desde 22 de junho, não foi chamada, evidentemente, a se pronunciar sobre sua sorte.

Na grande tradição dos naufrágios, pensa-se "nas mulheres e nas crianças primeiro", sem esquecer dos velhos, claro!

Até 18 de julho, a venda dos produtos alimentícios havia permanecido relativamente livre em toda a cidade, mas nessa data institui-se o racionamento de alimentos, o que indica que é preciso ter menos bocas para alimentar e que o tempo urge.

As evacuações são feitas, então, segundo as possibilidades, mas sem regularidade, pois os trens de passageiros não são prioritários em relação aos de mercadorias. As linhas estão congestionadas e os poucos vagões rangem sob o peso da carga, e são muitas as pessoas que, sem abastecimento na maior parte do tempo, passam horas e dias sobre as vias férreas, muitas vezes à mercê dos bombardeios alemães, uma vez que os comboios ferroviários são pouco ou nada protegidos pela DCA.

Oficialmente, já em 10 de agosto, cerca de 467 mil pessoas teriam sido evacuadas, enquanto se toma a decisão de deslocar para leste cerca de 400 mil mulheres. Cinco dias depois, quando se tem notícia da tomada de Novgorod e de Tchudovo pelos alemães, o Soviete de Leningrado decide evacuar mais 700 mil pessoas, ao ritmo de 30 mil por dia. Cada um sabe que isso é materialmente impossível, mas na lógica da planificação, primeiro se decide para ver depois o que acontece.

Em 16 de agosto, dá-se um acontecimento que embaralha todos os planos e anula o ataque alemão a Leningrado.

O dia em que tudo mudou

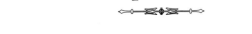

Os invasores acabam por transpor as portas de Novgorod, objetivo estratégico de primeira ordem, graças às informações arrancadas a um prisioneiro careliano, "soviético" recente, que não opõe dificuldades para indicar a localização das posições soviéticas em torno da cidade. Em 16 de agosto, apesar dos

O cerco de Leningrado

contra-ataques dos 48º e 11º Exércitos soviéticos, os alemães investem contra a cidade. Naquele mesmo dia, os finlandeses cercam Vyborg, tomam Hiitola e progridem em 120 km sobre a margem ocidental do lago Ladoga. Em 20 de agosto, a população foge e, em 24 de agosto, os alemães tornam-se senhores dessa cidade estratégica. Os russos só têm o tempo de bater em retirada, não sem ter levado as esplêndidas portas de bronze da catedral, com a altura de 3,30 metros. Isso causou grande pesar ao SS Kraut, que já havia inventado toda uma história para justificar a "germanidade" indiscutível dessas portas, chegando mesmo a escrever para Himmler que elas tinham sido "fabricadas por um artista de Magdeburg no século XII para a catedral polonesa de Plock, que é, atualmente, uma cidade do Reich alemão"...

Arrasada pelas chamas das centenas de bombardeios, Novgorod se transformou, mais uma vez ao longo de sua história movimentada, em cidade morta. Bem estabelecidos à margem do lago Ilmen, os alemães mantêm a cidade deserta sob seus canhões e espreitam uma eventual tentativa de retorno dos soviéticos. Pescando com dinamite, eles levam uma vida de acampados, embora de prontidão. O soldado Wilhelm, que estacionou por vários meses em Novgorod, se distraiu visitando a cidade e descobriu com indignação que o regime comunista se serve das igrejas ortodoxas para estocar trigo e guardar animais. Dessa descoberta da "barbárie do inimigo", fez uma razão para reavivar um entusiasmo militar vacilante.

Em 16 de agosto, Kingisepp cai nas mãos dos alemães, mas, no mesmo dia, dá-se um acontecimento essencial: pela primeira vez os soviéticos furam a frente alemã. O ataque soviético dirigido contra o setor de Staraia Russa, bem articulado, obriga os alemães a recuar em cerca de 50 km. Logo em seguida, o comando alemão desvia forças de Leningrado para enviá-las em socorro do 10º Grupo de Exércitos. As tropas requisitadas não são das menores: o 56º Corpo Blindado de Manstein abandona Leningrado para voar em socorro dos combatentes de Staraia. O próprio Manstein parte para Dno e gasta 13 horas de viagem para percorrer 260 km. Ele dispõe do 56º Corpo do Exército, da Divisão SS Totenkopf e do reforço do 39º Grupo de Panzers vindo direto de Smolensk. Ele chega em plena batalha. Os 11º e 34º Exércitos Soviéticos são formados por militares aguerridos, mas também por jovens trabalhadores de Leningrado. Os combates corpo a corpo não são raros, os tiros de artilharia são comedidos. Os soviéticos utilizam minas de madeira que não podem ser detectadas pelos aparelhos magnéticos da

Wehrmacht. Enfim, a intervenção de Manstein restabelece a situação e os alemães ocupam Staraia Russa.

Então, o comando alemão toma, mais uma vez, uma decisão errada: em vez de fazer retornar a Leningrado as tropas deslocadas, ele as mantém no local e decide aproveitar-se disso para limpar a região de Velikie Luki e de Demiansk. Saído de Leningrado em agosto, o 56º Corpo Blindado, que já havia feito tanto para o sucesso da operação Barbarossa, não voltará mais. Transferido para o setor do Grupo de Exércitos Centro para dar apoio à operação Typhon, ou seja, ao ataque a Moscou, ele se afasta. A capital é o novo objetivo prioritário.

De 22 a 25 de agosto, os alemães devem prestar segurança ao flanco do 56º Corpo de Exército Motorizado. Os 26º e 38º Corpos atacam o 8º Exército Soviético e o empurram para uma estreita faixa de terra em torno de Oranienbaum.

Mais fortes, os alemães pressionam os russos para o outro lado do Lovat e, em 21 de agosto de 1941, cortam a estrada que liga Moscou e Leningrado a Tchudovo, cidade situada na bacia do lago Ladoga, a 180 km ao norte de Novgorod e a 100 km ao sul de Leningrado. Eles bloqueiam, assim, a circulação das primeiras mercadorias enviadas pelos Aliados e desembarcadas em Murmansk, mas não têm forças suficientes para evitar todos os ataques e os homens, levados de uma frente de batalha para outra, começam a duvidar de sua superioridade. Assim, os oficiais que haviam prometido aos homens da 3ª Divisão de Infantaria Motorizada que eles rspariam a barba no dia em que Leningrado caísse, resignam-se, após serem transferidos, a transmitir uma ordem lacônica: "Guardem as navalhas."

Não baixar os braços

No entanto, apesar da resistência soviética, em 19 de agosto, os alemães estão na região de Krasnogvardeisk, a 30 km ao sul de Leningrado, e se voltam para o sul, junto ao Luga, para pegar o inimigo pelas costas.

O cerco de Leningrado

Os soviéticos proclamam "Leningrado em perigo". O apelo de Vorochilov e Jdanov às tropas da Frente Noroeste dá a medida da situação: "Nosso dever sagrado é de barrar, com nossos peitos, a estrada ao inimigo que se acerca das portas de Leningrado." Eles criam um Conselho Militar para a defesa da cidade, numa medida judiciosa, suprimido ao final do mês sob a ordem de Stalin, que não tinha sido consultado...

De acordo com o *Leningradskaia Pravda*, em 20 de agosto a cidade dispõe de abrigos antiaéreos para cerca de 1 milhão de pessoas e de 5 mil postos de atendimento médico. Levando-se em conta a população ainda presente na cidade, tudo isso parece muito pouco. Em 21 de agosto, Vorochilov e Jdanov dirigem-se à população de Leningrado:

> Camaradas de Leningrado, caros amigos! Nossa cidade bem-amada encontra-se sob a ameaça iminente de um ataque das tropas fascistas alemãs. O inimigo esforça-se para penetrar em Leningrado [...] ele se prepara para destruir nossas casas, apoderar-se de nossas fábricas e de nossos moinhos, pilhar nossos bens, encharcar as ruas e as praças públicas com o sangue de vítimas inocentes, atormentar a população civil e reduzir a escravos os filhos livres de nosso país.

Esse apelo é repetido a cada dia, na imprensa, até o dia 2 de setembro. Reforçado por um aviso contra os "inimigos de dentro": "Sejamos vigilantes e impiedosos com os covardes, os semeadores de pânico e os desertores." Na luta, eles resistem desesperadamente: Kingisepp é tomada e retomada pelos alemães por três vezes, entre 12 e 21 de agosto – os soviéticos continuam nos arredores e recusam-se a desistir, reiniciando o ataque diversas vezes.

Em 22 de agosto, quando começa o ataque finlandês contra Vyborg, provavelmente sob o efeito desses apelos insistentes, dá-se um vigoroso contra-ataque soviético, e, em 23 de agosto, a Frente Norte é dividida, numa iniciativa tardia mas de bom-senso, entre a Frente da Carélia e a de Leningrado.

Em 25 de agosto, Hitler explica a Mussolini que ele não quer cair na "armadilha" russa da tomada de Leningrado, que ele acredita estar ainda povoada por 4 milhões de habitantes. Ele teme, segundo diz, combates de rua sangrentos, inúteis perdas humanas do lado alemão e, principalmente, não quer gerir e alimentar uma população tão numerosa, que ele prefere ver morrer de fome.

Em 27 de agosto, os alemães alcançam Tosno a 50 km a sudeste de Leningrado e a tomam dois dias mais tarde.

São cerca de 170 mil pessoas que teriam sido evacuadas da cidade. E fala-se de 220 mil crianças que teriam partido desde 29 de junho.

Pierre Vallaud

Tallinn, a esquecida

Durante esse tempo, em Tallinn, a história parece estar suspensa.

As pessoas da "alta", a cada manhã, descansavam na areia clara da praia de Pirita, entre a vibração das bétulas prateadas e o doce marulho das ondas azuis do Báltico. Durante horas, elas se douravam ao sol, com os olhos invisíveis por trás dos óculos com lentes escuras, a nuca protegida por uma toalha branca. De tempos em tempos dirigiam-se indolentes para as cabines de lona verde e branca, reapareciam de maiô preto, banhavam-se delicadamente e voltavam para se secar.

A descrição do jornalista Mikhailovsky mostra que, dois meses antes, os veranistas não estão mais avisados do que os de Palanga. Uma calma relativa reina na região porque ninguém imagina que os alemães possam vir até ali, nem os habitantes, nem o comando soviético.

No entanto, Tallinn está ao alcance da mão dos alemães desde que tomaram Parnu, em 6 de julho. Só faltam 150 km, mal defendidos por algumas divisões soviéticas, para chegar à atual capital da Estônia.

É certo que perdem tempo em final de julho diante de Tartu, antigo centro cultural germânico, onde a aviação e a defesa soviéticas resistem e as munições vêm a faltar, mas eles não têm a intenção de deixar Tallinn de lado.

O comando alemão não pode desistir daquela que chamam de Reval, que é um porto e um centro comercial dinâmico, vendido aos cavaleiros teutônicos pela Dinamarca na Idade Média, habitado por uma forte população alemã durante séculos e dirigido por uma aristocracia germano-báltica cujas múltiplas armaduras permanecem penduradas nas paredes da catedral. É fato que, apesar das dominações sueca e depois russa, a cidade sempre teve o alemão como língua oficial nos momentos de independência. É um porto que muitos almirantes alemães consideram mais estratégico do que Cronstadt.

Na ala esquerda do dispositivo do Grupo de Exércitos Norte, o 18º Exército se divide em dois. A 41ª Divisão de Infantaria e a Sturmheilung Abteilung 185 (seção de assalto rápido 185) tomam Polsamaa, uma pequena cidade ao norte do lago Vörtsjärv. No dia seguinte, a 217ª Divisão de Infantaria investe sobre Turi. Somente essas duas divisões alemãs fazem mais de 9 mil prisionei-

O cerco de Leningrado

ros. O 26º Corpo do Exército continua em sua progressão e, em 8 de agosto, sua 245ª Divisão de Infantaria alcança as margens do golfo da Finlândia em Kunda, a leste de Tallinn. O cerco se fecha em torno da cidade, os projéteis começam a chover. Os alemães atacam onde os soviéticos não os esperam, as "forças de autodefesa estonianas", armadas em grande parte pelos alemães, lhes asseguram retaguardas livres de qualquer miliciano. O vice-almirante soviético Tributs dispõe de 14 mil marinheiros, mas também de 25 mil civis estonianos, de quem se espera que cavem trincheiras. No entanto, estão bem pouco inclinados a essa colaboração forçada de última hora. Se, para os alemães, os estonianos são aliados certos, o mesmo não ocorre para os soviéticos. Um oficial do Exército Vermelho é assassinado na saída de um restaurante e o NKVD reage, como de hábito, com prisões em massa e execuções. Como em Libau, Tributs teve a presença de espírito de fazer sair o máximo de navios soviéticos do porto. Uma parte da frota que permaneceu atracada foi usada para evacuar todos os que não puderam servir em sua defesa. Uma outra frota – o cruzador Kirov e o cruzador ligeiro Leningrad – entra em combate bombardeando as posições alemãs. Em 24 de agosto, os alemães andam sobre a areia fina de Pirita, a praia idílica, esvaziada de seus banhistas.

Na noite de 28 de agosto de 1941, a 61ª Divisão de Infantaria entra em Tallinn. O embate termina num corpo a corpo nos cais do Mina e um salve-se-quem-puder dos soviéticos. Além do mais, cai uma tempestade. Os refugiados sobem às pressas para navios sacudidos pelas ondas que se quebram sobre os conveses. O vento sopra. A navegação se torna perigosa, mas os soviéticos não podem esperar. Com risco de emborcar, mais de 190 embarcações, cheias de refugiados e de soldados em fuga, balançam num mar revolto e infestado de minas. Na entrada do canal, os soviéticos afundam o velho navio lança-minas Amour para bloquear a passagem atrás de si e proteger sua retirada. As chances de escapar em tais condições são bastante reduzidas, ainda mais que o comboio de barcos que se alonga por cerca de 25 km se oferece como uma longa fita aos bombardeiros alemães.

Os navios ziguezagueiam, ameaçados do alto pelos aviões e, sob a linha-d'água, pelas minas. É emblemática a aventura do capitão do Kazakhstan, que, deslocado pela passagem de um projétil, tendo caído no mar inconsciente, é resgatado por milagre, mas como foi considerado que ele havia abandonado seu navio, é executado. Na chegada, a derrota da frota soviética é dolorosa. Os alemães destruíram um quarto das embarcações envolvidas, afundando 18 navios e 13 cargueiros. Dezoito navios de guerra explodem nas minas. Finalmente, um único cargueiro chega a Cronstadt. Os alemães retiram 12 mil soldados da água, mas 10 mil perecem. No total, 40% dos homens embarcados estão mortos.

A armadilha se fecha

Em 29 de agosto de 1941, dia da tomada de Vyborg pelos finlandeses, a 135 km de Leningrado, o boletim oficial da cidade de Leningrado anuncia que 636 mil pessoas foram evacuadas (inclusive cerca de 150 mil originárias dos países bálticos). As autoridades aumentam, então, a quantidade de pessoas a evacuar para 1 milhão e 200 mil, objetivo impossível.

O aliado finlandês, com quem Hitler conta tanto para submeter a cidade, controla a via férrea que liga Vyborg a Leningrado; mas se recusa a avançar em sua ofensiva. De maneira alguma os finlandeses, que visam acontecimentos a longo prazo, querem ter o encargo de Leningrado, ainda que seja compartilhado com os alemães, e não pretendem, em tempos futuros, ter de se envolver numa nova guerra contra a União Soviética. Aliás, em 31 de agosto, quando os finlandeses se apoderam de Mainila, na antiga fronteira sovieto-finlandesa de 1939, Mannerheim reitera sua recusa em participar de qualquer ataque contra Leningrado. Nessa data, a população da cidade se eleva teoricamente a cerca de 2 milhões e 500 mil pessoas (sem contar os cerca de 400 mil fugitivos das cidades e regiões ocupadas pelos alemães).

Apesar de os finlandeses não aceitarem o jogo de Hitler, os soviéticos se apressaram. Uma nova ordem mobiliza toda a população disponível para trabalhar na defesa de Leningrado e, em 2 de setembro, o abastecimento está, enfim, organizado. Por mais estranho que pareça, não existia, de fato, nenhum plano sério de reservas alimentares. A cidade vivia com um estoque de mantimentos de curta duração. Até cerca de 20 de julho, as autoridades disfarçaram a penúria preenchendo as prateleiras e as vitrines das lojas, mas exercendo um controle do dinheiro em circulação. Como não podiam retirar muito dinheiro, os moradores não podiam realmente estocar comida e as lojas ficavam mais tempo guarnecidas de maneira artificial. Em final de ju-

O cerco de Leningrado

lho, entretanto, o subterfúgio não funcionava mais, só restavam reservas para cerca de uma semana. Apesar disso, as autoridades encarregadas do abastecimento da cidade não parecem conscientes do desastre.

É inacreditável a negligência no país do plano-rei! Entretanto, não faltava a propaganda para tentar fazer crer, a todas aquelas e a todos aqueles que faziam fila diante das lojas vazias, que tudo ia bem no melhor dos mundos socialistas possíveis. Quem se lembra, então, entre tantas outras, dessa peça antológica do *Pravda* (2 de agosto 1936):

> Basta ver as multidões de compradores que entram nas lojas e que saem com bolsas cheias dos mais variados produtos, com caixas de bolos e de gostosuras! Nossa indústria alimentar foi organizada de tal maneira, graças à imensa e genial atenção do camarada Stalin, que ela dá ao povo os melhores produtos, mais nutritivos e mais higiênicos.

Em seu *Diário*, no entanto, o grande cientista Vladimir Vernadski (que receberá o prêmio Stalin em 1943) escreve mais prosaicamente:

> 25 de janeiro de 1938 pela manhã. Em Moscou (mas a coisa acontece em toda parte), os produtos alimentícios estão em falta. Inquietação e perplexidade. Como sempre, não há manteiga, peixe, sêmola. O pão preto é de má qualidade, o arenque desapareceu. As donas de casa ficam nervosas e se queixam cada vez mais.

Até 2 de setembro, apesar da ameaça do cerco, Leningrado dispõe, por assim dizer, do mesmo regime que as outras regiões do país: 800 g de pão por dia para os operários, 600 para os empregados e 400 para as crianças e as pessoas sem atividade. A isso se acrescentam rações de açúcar, gordura, farinha, carne. As lojas cooperadas, os estabelecimentos de varejo e os centros de alimentação vendem suas mercadorias muitas vezes sem pedir nenhum tíquete de racionamento, o mesmo que fazem muitos restaurantes e cafés.

A partir de 2 de setembro, as rações cotidianas diminuem de maneira significativa: elas passam a 600 g de pão para os operários, 400 g para os empregados, 300 g para as crianças e demais. O esforço é grande, mas o consumo cotidiano da cidade é ainda muito elevado e os estoques oficiais civis só dão uma autonomia de 14 dias.

Em 3 de setembro, o Conselho Militar da Frente de Leningrado ordena a mobilização de 80 mil pessoas para os trabalhos de fortificação e 100 mil soldados devem participar. Procede-se à colocação de minas nas pontes e nas fábricas, esgotando todos os estoques de explosivos ainda disponíveis na cidade. Com os bombardeios e ataques aéreos alemães tornando-se constantes, Vorochilov decreta oficialmente o estado de sítio da cidade em 4 de setembro de 1941. E dois dias depois, o presidente do Comitê executivo da cidade, P. S. Popkov, envia uma mensagem cifrada ao Comitê de defesa para alertá-lo do risco que correm se medidas drásticas não forem tomadas para o abastecimento. Cada um recorre a arranjos diversos. Os que têm conhecidos no campo podem ainda esperar fazer uma troca após bater em dezenas de portas. Elena Skrjabina, sobrevivente do cerco, relata em seu *Diário* que ela obtém assim 16 kg de batatas e 2 litros de leite em troca de dois pares de sapatos e cigarros. Mas logo, os camponeses recusam qualquer transação, com medo de eles mesmos ficarem sem mantimentos.

Além disso, o bombardeio da cidade corrobora que é urgente agir, defender e alimentar os habitantes de Leningrado: durante os três primeiros dias do mês, os projéteis alemães fazem 53 mortos e 101 feridos. No seio do comando alemão, o setor do Grupo de Exércitos Norte, no início de setembro de 1941, acontecem intensas discussões. Estão reunidos, no quartel-general de Pskov, o comandante em chefe desse Grupo, Leeb, o comandante em chefe do OKH, o marechal von Brauchitsch, o chefe de estado-maior e general do exército, Halder, e o comandante em chefe do OKW, o marechal Keitel (que perdeu dois filhos na frente russa). Enfim, em 5 de setembro, Leeb cede quanto ao essencial: o objetivo prioritário torna-se Moscou.

Isso não enfraquece os bombardeios sobre Leningrado. De 4 de setembro a 30 de novembro acontecem 227 bombardeios de artilharia com duração total de 430 horas. E, levando-se em conta o cálculo oficial, em setembro a cidade é atacada por 5.364 projéteis, e mais 7.690 em outubro, num total de 30.154 em 1941, ou seja, 20% daqueles recebidos durante o período da guerra. No cerco a Leningrado – que deve terminar em 15 de setembro, para liberar as forças necessárias ao Grupo de Exércitos Centro – começa uma terrível contagem regressiva. Restam apenas dez dias ao Grupo de Exércitos Norte para concluir o cerco de Leningrado, pois sabe-se que, depois, não poderá mais contar com o Grupo de Panzers 4 e uma parte de suas forças aéreas, o 8º Fliegerkorps. Depois será tarde demais.

O cerco de Leningrado

Schlüsselburg: "a cidade-chave"

"Quem não a conheceu a conhecerá um dia.
Quem a conheceu jamais a esquecerá."

É tentador apresentar a fortaleza de Schlüsselburg – a "Bastilha russa" – por esse provérbio sobre a prisão, citado pelo francês Jacques Rossi, especialista em gulag, se é que isso existe, por ter passado 18 anos – de 1937 a 1955 – nas penitenciárias siberianas e que, no momento do cerco a Leningrado, ainda ali definhava.

Construída numa ilhota no meio das ondas, rodeada de torres redondas e de gigantescas muralhas em arco, a fortaleza é russa desde que o czar Pedro I arrancou-a dos suecos em 1702, tornando-se, quase ao mesmo tempo, uma das prisões políticas mais tristemente célebres da Rússia.

Em 5 de setembro de 1941, quando Hitler aceitou uma ofensiva sobre Moscou pelo Grupo de Exércitos Centro reforçado, ao Grupo de Exércitos Norte coube finalizar o cerco de Schlüsselburg às margens do lago Ladoga. Por um lado, a fortaleza – encimada por um campanário em cuja extremidade brilha uma chave dourada "parecendo dizer que uma vez trancado ali era impossível sair" –, segundo Vera Figner, faz tremer os soviéticos ao ser mencionada. Por outro lado, os alemães que partiram de Novgorod em final de agosto de 1941 ignoram, em sua maioria, sua terrível reputação ou até mesmo sua existência. Para eles, Schlüsselburg não é uma fortaleza, mas uma cidade do continente, situada não longe de Leningrado, no local mais largo do Neva, onde se encontra com o lago Ladoga, uma cidade-chave por sua posição estratégica.

É ao general alemão Harry Hoppe – um verdadeiro sósia do comediante Stanley Laurel (o inseparável companheiro de Hardy) – que cabe o essencial da operação de Schlüsselburg. Ele é associado ao grupo do conde Schwerin. Os dois procuram a falha onde devem penetrar. Mga, muito disputada, e Kelkolovo caem, depois é a vez de Godorok, ramificação da linha férrea industrial que leva a Mga e a Schlüsselburg. Associados a outras unidades, os comandos de Brandenberger, avançando através da floresta, chegam a Mga e ao Neva, em Ivanovskoie, no fim do mês de agosto. Hoppe e Schwerin tomam Mga em 31 de agosto: a última estação de trem que permitia a Leningrado comunicar-se com o exterior. Em 8 de setembro, a armadilha se fecha, o cerco de Leningrado é realizado pelas bordas do Báltico às do lago Ladoga.

110

Hoppe ataca Schlüsselburg um pouco antes das 7h, e em menos de uma hora após o início do ataque, a bandeira alemã flutua na ponta do campanário da igreja. Num cúmulo de eficácia, os bombardeiros Stukas que deveriam desencadear o ataque não atiram nos soldados de infantaria alemães.

Schlüsselburg abre três portas: a via Báltico/Volkhov, passando por Leningrado e pelo lago Onega; a estrada mar Branco/mar de Gelo até Murmansk e Arkhangelsk; a passagem Leningrado/Moscou através da represa de Rybinsk e do canal do Moskova no Volga. Hoppe recebe a cruz de ferro. A tomada de Schlüsselburg corta as comunicações terrestres da cidade com o resto da URSS. Sua sobrevivência passa por poucos quilômetros, através do lago Ladoga. Uma vez tomada Schlüsselburg, se os finlandeses decidissem prosseguir a ofensiva e aliar-se aos alemães, Leningrado cairia, mas foi o dia que escolheram para deter seu ataque.

Os entrepostos Badaiev e a fábrica de manteiga "Estrela Vermelha"

Em 8 de setembro às 18h45, no mesmo dia da tomada de Schlüsselburg, aconteceu um ataque aéreo sobre Leningrado com uma potência jamais vista até então. Numa única saída, os bombardeiros da Luftwaffe, em formação cerrada, despejaram sobre a cidade milhares de bombas incendiárias que provocaram numerosos incêndios, entre os quais o dos entrepostos Badaiev e da fábrica de manteiga "Estrela Vermelha". Os nazistas, pouco econômicos ao lançar bombas explosivas e projéteis incendiários, não as jogam ao acaso. Evidencia-se que os voos de reconhecimento dos meses e das semanas precedentes não foram em vão.

Naquela noite, tendo chegado de Moscou havia duas semanas para encontrar seu marido médico, nomeado diretor do hospital Erisman, a poetisa Vera Inber assiste, com alguns amigos, a uma opereta de Richard Strauss, *O Morcego*, que está em cartaz na Comédia Musical, a dois passos da Philharmonie.

Autora também de um testemunho único sobre o cerco de Leningrado, *O Meridiano de Pulkovo*, ela registra em seu *Diário* as condições excepcionais do espetáculo. Depois de um "alerta tradicional", o administrador do estabelecimento articula distintamente: "Pede-se aos cidadãos para ficarem o mais próximos possível das paredes, tendo em vista que não temos abrigo." Disciplinados e prudentes, os espectadores obedecem durante cerca de quarenta minutos, ouvindo, ao longe, o barulho das explosões e dos tiros de DCA. "Após o final do alerta", acrescenta ela, "o espetáculo continua, mas num ritmo acelerado, com supressão das árias e dos duos de importância secundária". Na saída, os espectadores percebem, na luz azulada da noite, o clarão dos incêndios. O motorista de Vera a avisa: "O alemão jogou bombas e incendiou os grandes depósitos de alimentação." Chegando em casa, da sacada de sua moradia situada não longe do Jardim botânico, ela observa os estoques que se consomem no outro lado da cidade. "Essa sinistra fumaça que subia, tão pegajosa, tão espessa e tão pesada, eram o açúcar, a farinha, a manteiga que queimavam."

Durante horas, e mesmo dias, o cheiro de caramelo queimado e de fritura pairou sobre Leningrado. Mais tarde, no momento da escassez absoluta, formou-se uma brigada para recuperar os resíduos ainda comestíveis da catástrofe – placas marrons, cortadas em pequenos pedaços e vendidas por unidade.

Consequência psicológica grave, esse incêndio dá origem a uma lenda segundo a qual "importantes recursos estratégicos de víveres" foram destruídos, explicando (e mesmo desculpando) a fome terrível infligida à cidade nos meses seguintes. Na verdade, esse incêndio só destrói as reservas de açúcar previstas para três dias (2 mil e 500 toneladas) e as de farinha por um dia e meio (3 mil toneladas). Para a famosa fábrica de manteiga "Estrela Vermelha" que aplica ao pé da letra as prescrições escrupulosas do professor M. Goraiev, encarregado da cátedra de bioquímica do leite no Instituto dos Engenheiros da Indústria Leiteira em Leningrado e que trabalha sobre a viscosidade da manteiga em função da temperatura (!), os estragos são irreparáveis.

Três dias depois, os tiros de artilharia alemães são retomados, acompanhados de ataques aéreos. Não menos de 60 bombas explosivas e 1.794 bombas incendiárias se abatem sobre a cidade. Os alertas se sucedem, precipitando os habitantes da cidade em abrigos ou surpreendendo-os antes que possam se refugiar em algum lugar. Cada vez mais a cidade compreende que só vai poder contar consigo mesma, e que está isolada do restante do mundo.

Pierre Vallaud

Dimitri Pavlov entra em cena

Entretanto, neste mesmo dia 8 de setembro, Moscou, desconsiderando a realidade, cobra a entrega de estoques de açúcar por Leningrado à cidade de Vologda, situada a 15 horas de trem, no mínimo, em tempo normal... Que açúcar? E com que meios materiais?

Com aqueles que devem ser encontrados por Dimitri Vasilevitch Pavlov, que acabara de chegar de Moscou, investido de poderes quase ditatoriais. Sua presença, por si só, constitui uma crítica ao trabalho dos operadores locais, o que não surpreende, tendo em vista as relações que Stalin mantém com a cidade e o centralismo que continua a prevalecer apesar do caos. Com a idade de 36 anos, Pavlov concluiu seus estudos superiores na Academia pan-russa para o comércio exterior e, depois, especializou-se no domínio da distribuição e do abastecimento. Ele atuou pela primeira vez por ocasião da fome na Ucrânia (que causou entre 7 e 10 milhões de mortos). É um profissional bem decidido a tomar as medidas necessárias à sobrevivência da cidade, mesmo que, pelo menos num primeiro momento, seja em detrimento da sobrevivência dos mais fracos, que pagam o preço da situação. Aliás, é essa a sua missão.

Primeira constatação evidente, mas que era necessário fazer: Leningrado não pode contar com a assistência do exterior para se abastecer, a não ser ocasionalmente. Enquanto isso, a solução urgente passa pela diminuição do consumo e sua repartição. É então ao ritmo das restrições sucessivas que a cidade vive. Pior para todos os que não contribuem, mesmo que não seja de propósito, para o esforço de guerra. Em primeiro lugar, as crianças e as pessoas idosas, pois as outras continuam a se beneficiar de um regime capaz, como se diz em economia marxista, de "reconstituir sua força de trabalho". As medidas imediatas de Pavlov são sentidas como extremamente severas, uma vez que condenam à morte todos os que não estejam diretamente ligados à defesa civil ou militar da cidade.

Para todo mundo, e em particular para os responsáveis por Leningrado encabeçados por Dimitri Pavlov, começam a valer as medidas excepcionais para trazer para a cidade tudo o que vai faltar cada vez mais cruelmente nas semanas que estão por vir: alimentos, com certeza, mas também tudo aquilo de que uma cidade precisa para funcionar de maneira normal, mesmo em

O cerco de Leningrado

tempos de guerra. Ninguém tem ilusões de que o laço que os alemães e os finlandeses amarraram em torno da cidade vá ser desfeito tão cedo, por mais que o Exército Vermelho se esforce.

De fato, só resta uma estreita faixa de cerca de 60 km entre os alemães que ocupam Schlüsselburg e os finlandeses posicionados novamente no istmo de Carélia. Apenas o trajeto do lago Ladoga, entre Osinovets e a foz do rio Volkhov, continua praticável por barco. E isso não sem dificuldade, pois uma grande parte desse caminho está sob o fogo da artilharia inimiga e da Luftwaffe.

Nada é simples, porque as infraestruturas, quando existem, evidentemente não foram previstas para desempenhar esse papel. As mercadorias provenientes do Leste da URSS utilizam a estrada de ferro até a cidade de Volkhov, depois são descarregadas e reembarcadas subindo o rio Volkhov até Gostinopolye a 9 km, onde são embarcadas sobre balsas que descem para o lago. Chegando a Novaya Ladoga, elas são transferidas para barcaças ou para barcos de tonelagem maior que muitas vezes são obrigados a ficar afastados do porto por terem um calado alto demais para o canal. Além disso, o porto é mal equipado em docas, guindastes e principalmente abrigos, em sua maioria improvisados, para os estivadores que aí trabalham no maior perigo. O ponto de chegada Osinovets, inexistente até então, deve ser organizado para recepcionar o frete. Unidades do Exército Vermelho e operários requisitados cavam um canal que permite atracar em embarcadouros especialmente construídos para aquela finalidade. Os trabalhos são realizados sob ataque de bombas. Uma via estreita de estrada de ferro é construída para se unir à que já existe e que leva a Leningrado. A floresta que cobre esses lugares permite uma melhor proteção dos trabalhadores. Constroem-se entrepostos de estocagem, escritórios, abrigos; instalam-se postos de DCA como em Novaya Ladoga.

Resta resolver o problema dos meios de transporte. As barcaças que se achavam no rio Neva, próximas aos alemães, estão destruídas ou imobilizadas; as embarcações fluviais do Volkhov são inadaptadas à navegação lacustre. É preciso, então, pôr para funcionar, preparar e modernizar cerca de vinte barcaças que estavam em reforma há vários anos e que começavam a enferrujar. Os operários trabalham para recuperá-las e é a essas embarcações reformadas que cabe a responsabilidade do abastecimento da grande cidade.

Em 12 de setembro, duas barcaças conseguem passar. As 800 toneladas de cereais transportadas são simbólicas em relação às necessidades de Lenin-

114

grado, mas essa façanha – pois se trata de uma – manifesta aos olhos de todos que a cidade, mesmo sitiada, contando com os esforços sobre-humanos de todos os que estão implicados nessa nova ventura, pode dispor de um eixo de abastecimento, mesmo que minúsculo e altamente perigoso.

No dia 15, são 5 outros barcos que passam e 3 mil toneladas de cereais. Mas nesse caso, para ir mais depressa, o grão foi embarcado a granel, retardando a descarga ao chegar. A aviação alemã se aproveitou disso e afundou 3 das unidades que esperavam. É necessário recuperar uma parte da carga na água e tratá-la imediatamente para que não fique perdida. Pouco a pouco o tráfego retoma seu ritmo, permitindo igualmente o transporte de pessoas, operários enviados para as fábricas da retaguarda, refugiados das cidades ocupadas pelo inimigo, famílias unindo-se aos seus, que já retornaram. Olga Friedenberg é reticente na partida, como se vê na carta escrita a seu primo Boris Pasternak em julho de 1941: "Nós ficamos, não tenho forças para abandonar minha cidade bem-amada e mamãe não tem forças para fazer a viagem"; ela tenta a aventura, apesar de tudo, depois desiste, após passar quatro dias numa parada dentro de um trem. Drama mínimo em comparação com o que sofrem outros evacuados, pois os civis, evidentemente, não são poupados pelos bombardeios alemães, como em 4 novembro, quando o Konstructor foi afundado propositalmente, tendo a bordo somente mulheres e crianças. Apesar dos riscos que correm, muitos são os que tentam passar para o outro lado de barco e é necessário regrar com severidade o tráfego para que somente os que estão autorizados possam recorrer a esse transporte.

Rapidamente, Leningrado torna-se prioritária para receber os mantimentos. O exército toma o controle dos fluxos e, apesar das incertezas por causa dos bombardeios e de uma produção muitas vezes deficiente, permite uma chegada crescente de alimentos, embora seja sempre insuficiente. Os próprios responsáveis pela cidade, comandados por Popov, deslocam-se para o outro lado do lago e constatam que nem tudo está funcionando para que o movimento atinja sua plena eficácia. Eles aceleram as entregas. A questão é mais crucial ainda porque os alemães se manifestam em Volkhov e tudo leva a temer um novo avanço por parte deles, que seria fatal para a rota lacustre. Em menos de uma semana, todas as quantidades de mantimentos disponíveis são transportadas através de Osinovets. O tráfego iniciado em meados de setembro deve terminar em meados de novembro, quando o frio impede os barcos de navegar.

O cerco de Leningrado

A ducha gelada

Pulkovo, Orekhovay, Voronya, Lysaya, Kirchhof, Duderhof... uma coroa de colinas cobertas de vegetação e de flores constitui o último escudo de Leningrado. Elas são bem defendidas por um sistema de fortins, casamatas e ninhos de metralhadoras! Para assaltá-las, Leeb dispõe de 20 divisões comandadas por Reinhardt e Lindemann. Em seus flancos, de um lado, está o 18º Exército, do outro, o 16º Exército. Seu objetivo é Duderhof. Quanto ao 38º Corpo do Exército, ele deve atacar a oeste na direção de Ropcha e depois de Peterhof (no golfo da Finlândia) e de Tsarkoie Selo. Esse conjunto tem o apoio da maior concentração aérea realizada pelos alemães desde o início da campanha.

Em 9 de setembro começa o assalto, após uma potente preparação da artilharia. As divisões partem sem apoio aéreo por causa do nevoeiro. As forças de Reinhardt, as 6ª e 1ª Divisões Blindadas e a 36ª Divisão de Infantaria marcham em direção a Duderhof. Primeiro obstáculo, bem distante do objetivo: na altura de Aropokosi, elas se deparam com fortins e com numerosos obstáculos antitanques.

Em 10 setembro estão perto de Duderhof. Um sistema de subterrâneos cavados na colina permite chegar a seus dois pontos culminantes: a cota 143 e a cota 167, chamada de Monte Calvo. Naquela mesma noite, a primeira cai; no dia seguinte, é a segunda. Triunfantes, as viaturas blindadas do batalhão Eckinger ultrapassam os soviéticos em plena fuga. A tomada dos terrenos elevados de Duderhof coloca estes últimos numa situação delicada.

Em 13 de setembro, quando os alertas aéreos se sucedem e os habitantes de Leningrado podem observar duelos aéreos nos limites da cidade, Jukov, que será chamado um mês depois para comandar a Batalha de Moscou, substitui um Vorochilov, cuja incompetência é cada vez mais manifesta. Sua chegada, saudada pela imprensa, deixa, na verdade, uma boa parte da população indiferente.

Enquanto se desenvolvem esses combates no setor do 38º Corpo do Exército, as 291ª e 1ª Divisões de Infantaria furam a linha de fortins de Ropcha. Depois, desviam para o norte na direção de Peterhof. Por seu turno, a 58ª Divisão de Infantaria fura a linha de fortins de Tsarkoie Selo. De todos os lados as tropas pressionam Leningrado, num raio de cerca de 20 km. A partir de então, os alemães praticamente estão nos subúrbios da cidade. Se Pulkovo resiste, em meados de setembro chegam até Uritsk.

Para muitos soldados alemães, os morros que protegem a cidade serão o melhor e o pior de suas lembranças. Na verdade, é o lugar de onde descobrem maravilhados, pela primeira vez, a cidade e as águas do golfo da Finlândia e, por vezes, até Cronstadt. Sua confiança é inabalável, e isso é bem compreensível, pois, a crer nas exortações de Leeb, seu chefe, as tropas soviéticas com que acabam de cruzar "não são apenas os restos do exército bolchevique, são também os últimos habitantes de Leningrado". A partir de então, somente cerca de 20 km os separam de uma cidade considerada deserta, e a estrada está em bom estado. A tomada se anuncia, *a priori*, como sendo fácil, apesar de a resistência soviética ter causado a diminuição de seu avanço, de 25 km por dia no início de Barbarossa para 5 km às portas da grande cidade do Neva.

Mas é também aqui que muitos tomam conhecimento da mudança de objetivo decidido pela alta cúpula no mês anterior: a ordem de suspender a campanha. "Em setembro, foi uma ducha gelada que caiu sobre a justa alegria sentida pelas tropas após sua vitória. Foi-nos dada a ordem de não tomar Leningrado", escreve Reinhardt. Em torno dos acampamentos e nas barracas mais atrás, reina a estupefação. Depois do comando, é a tropa que sofre o golpe e ninguém fica feliz com isso. Os homens fizeram o trabalho mais duro, percorreram quilômetros em tempo recorde, esqueceram de dormir, enterraram muitos companheiros. Eles ocupam todas as posições-chave em torno da cidade. A pausa aparece como uma injustiça. Esquecida a perspectiva de desfilar como vencedor e de se instalar no calor de uma cidade! Malogrados todos os esforços consentidos por Manstein, Reinhardt e Lohmeyer para realizar uma perfeita prova contra o relógio! Seu avanço só serviu para dar a Hitler o tempo de tergiversar e chegar ao inaceitável para os soldados.

Muito foi discutido sobre essa decisão de Hitler. Para alguns, essa escolha é prudente, os flancos dos exércitos estão esticados de tal maneira que se acham expostos ao extremo, o abastecimento não escoa e nada impede os soviéticos de se recuperar após a passagem dos tanques alemães e de cortar as rotas de abastecimento. Para outros, essa decisão priva os alemães de uma vitória certa em Leningrado. Com efeito, jamais o sítio dessa cidade será tão hermético, a Alemanha cortou a velha capital de todo o resto da União Soviética. É preciso aproveitar essa ocasião única antes que as águas do lago,

O cerco de Leningrado

ao congelar, ofereçam ao inimigo a possibilidade de construir uma estrada e de fazer passar caminhões cheios de mantimentos, armas e reforços.

Em 15 de setembro, é o final da contagem regressiva anunciada: logo, Hoepner, conforme o que havia sido dito, recebe a ordem de transferir seu Panzergruppe – e a 6ª Divisão Blindada é a primeira a partir.

A pilhagem dos palácios

Os soviéticos têm atrás de si mais de 23 anos de Revolução bolchevique, mas seu coração aperta ao ver os alemães pisarem o solo dos grandes lugares da memória de seu patrimônio: os palácios de verão dos czares. No sudoeste da cidade, há Peterhof, um pavilhão de caça que o imperador Pedro, o Grande, transformou em cópia de Versalhes no começo do século XVIII e onde todo habitante de Leningrado que se preza faz um passeio no momento de reabertura das fontes, em 22 de junho de cada ano, o mesmo dia do ataque de Barbarossa.

E depois, principalmente, mais a leste, está Tsarkoie Selo, a residência imperial. Em 16 de setembro de 1941, as 1ª e 6ª Divisões Blindadas tomam a cidade e, em seu rastro, os alemães a ocupam, não tardando em instalar ali serviços administrativos e um hospital. Na realidade, seu verdadeiro nome então é Pushkin, pois foi nela que o célebre poeta frequentou o liceu, vizinho à residência do czar, e principalmente porque os bolcheviques se queixavam de ter os ouvidos feridos pelo antigo nome de "Tsarkoie" Selo (o burgo do czar).

Os alemães, por sua vez, prestam homenagem ao escritor à sua maneira. Eles pilham sua casa, depois atacam o palácio da imperatriz Catarina II. Nascida Sophia d'Anhalt-Zerbst, essa princesa alemã, rebatizada pela Igreja Ortodoxa, é o símbolo dos vínculos complexos que ligam e desligam a Rússia e a Alemanha. Ela é, ao mesmo tempo, aquela que, para povoar seu vasto império no século XVIII, não deixou de atrair estrangeiros, principalmente seus compatriotas. E aquela de quem o príncipe Wiazemski notava com razão: "Muitas coisas de nossa história podem ser explicadas pelo fato de que um russo, ou seja, Pedro, o Grande, esforçou-se para fazer de nós alemães enquanto uma alemã, ou seja, a Grande Catarina, quis fazer de nós russos." Sendo a chefe de Estado mais célebre de sua época, a Grande Catarina é também conhecida por suas poções amorosas, e é com uma curiosidade ávida que os alemães penetram no gabinete erótico daquela que Luís XVI chamava de "Madame Potemkin" e que colecionou amores até uma idade avançada.

Uma vez no quarto, uma surpresa os espera. Os responsáveis pela Revolução Russa, num excesso de zelo, retiraram as peças mais valiosas da coleção, quebraram porcelanas de formas e desenhos sugestivos, arrancaram as estampas japonesas e destruíram painéis que detalhavam as posições mais licenciosas. Entretanto, não é o caráter demoníaco dos locais que desperta a curiosidade dos visitantes armados, mas o ouro da decoração. O quarto constitui uma verdadeira caverna de Ali Babá com seus lambris de âmbar, mosaicos florentinos incrustados de pedras preciosas, seus lustres folheados a ouro e seus espelhos venezianos. Como de hábito nesses casos, a máquina de pilhagem alemã entra em ação e conclui assim o saque começado pelos censores soviéticos. Em pleno auge dos combates, comboios levam as obras de arte às escondidas. Em menos de 36 horas, o cômodo sublime que artesãos haviam pacientemente decorado e montado em sessenta anos se encontra desmontado, colocado em caixas e expedido para Königsberg. O discurso oficial que justifica a pilhagem é perfeitamente difundido. Os prepostos dos negócios culturais alemães se felicitam por essa "restituição" – mais uma – e lembram a quem quiser ouvir que o quarto de âmbar é um presente do rei da Prússia Frederico-Guilherme ao czar Pedro I e que é, pois, perfeitamente legítimo que ele reintegre, sem demora, o antigo castelo dos reis da Prússia. Essa "restituição", entretanto, nunca ocorrerá, pois logo após serem desmontadas, as dez toneladas de âmbar bruto evaporam-se na natureza. Começa o mistério do quarto de âmbar. Alemães – e posteriormente soviéticos – não deixarão de procurar durante anos sem encontrar os preciosos painéis. Uma única coisa é unânime: o âmbar não virou fumaça sob o dilúvio de bombas jogado sobre Königsberg ao final da guerra.

Mais terra a terra, ocorre o recenseamento dos judeus da cidade, reunidos no palácio, depois aprisionados em seus porões esperando para serem exterminados.

O cerco de Leningrado

O veneno asiático

No mesmo dia em que os alemães contemplam ofuscados os esplendores dos palácios russos, Hitler explica a Otto Abetz, o embaixador da Alemanha na França, todo o desprezo que tem por uma civilização cruzada com "asiático":
"São Petersburgo destila o veneno asiático no Báltico" e "será assim até que essa cidade seja riscada do mapa". De resto, "os asiáticos e os bolcheviques devem ser expulsos da Europa". O julgamento de Hitler era compartilhado por seus generais, a começar por Hoepner, o número 2 do Grupo de Exércitos Norte: "A guerra contra a Rússia é um capítulo importante na luta pela existência da nação alemã. É o velho combate dos povos germânicos contra os eslavos, a defesa da cultura europeia contra a maré asiático-moscovita, a luta para repelir o bolchevismo judeu." Os alemães que têm o encargo de aniquilar Leningrado pela fome não a consideram uma grande metrópole europeia, mas uma cidade de "metecos". O soldado alemão que pisa o solo soviético está convencido de sua superioridade, como o soldado Wilhelm. Na melhor das hipóteses, considera os russos seres "retardados e totalmente não civilizados". Esse olhar encoraja os crimes cometidos pelos soldados alemães no local – brutalidades, estupros de civis – e que ficarão quase sempre impunes.

Antes mesmo de Barbarossa, pretensos cientistas observaram longamente seus cerca de 62 mil alemães repatriados da Estônia e da Letônia entre novembro de 1939 e março de 1940. Seu "estudo" concluiu que o "valor racial" dos alemães da Estônia e da Letônia está "bom em seu conjunto". Segundo a mesma visão, mas colocando-se do ponto de vista da colonização alemã dessa vez, com a URSS invadida, o *Reichskommissariat Ostland* classifica as regiões da Frente Norte segundo sua capacidade, menor ou maior, de ser germanizada. A Estônia recebe um *satisfecit*, ao passo que na Letônia convém expulsar os latgalianos, subgrupo étnico formador do povo letão. Quanto à Lituânia, ela é julgada "atrasada" e "muito eslava". A seguir será a vez da Íngria, a região do entorno de Leningrado, que tem como única virtude ter sido uma das mais recalcitrantes ao bolchevismo.

Na qualidade de comissário do Reich para a unificação da nação, Himmler quer organizar as deportações e os deslocamentos necessários a fim de dar lugar aos futuros "colonos" alemães. Os eslavos serão expulsos de suas terras, tratados como cidadãos de segunda zona e reduzidos, no melhor dos casos, a servir de reserva de mão de obra para a economia do Reich. Não serão eliminados em princípio, mas antes se assegurarão de sua docilidade. Em julho e agosto de 1941, alguns decretos preveem a execução imediata de todos os que recusarem obedecer ou demonstrarem a menor marca de hostilidade para com o ocupante alemão. Todos os que se esconderem nos pântanos ou ajudarem os que se opõem aos alemães deverão ser executados, seu gado e seus víveres confiscados, seus povoados incendiados. Os enforcamentos públicos são moeda corrente; os corpos ficam balançando durante dias, ninguém estando autorizado a tirá-los, para que sirvam de exemplo aos milicianos e a todos os que seriam tentados a lutar contra o ocupante.

Esse comportamento, que não deixará aos *Untermenschen* outra alternativa além da morte ou da escravidão, tem um papel importante na reação patriótica. No caso de os habitantes de Leningrado se perguntarem ainda sobre a natureza do inimigo que os ataca, eles têm, desde julho, uma resposta e isso explica amplamente sua determinação. As ações dos alemães não deixam nenhuma dúvida: os sitiados só têm uma alternativa, resistir ou morrer.

Com o inimigo às portas

Desde o final do mês de agosto, chegou a hora do levante em massa de Leningrado. Isso se deve ao mesmo tempo à mobilização propagandista, do método Coué, mas também ao combate travado de costas para o muro com a energia decuplicada pelo desespero. As palavras de Pavlov testemunham isso, ao relatar uma reunião dos ativistas do partido de Leningrado: "Como veem, diz Vorochilov, a situação é difícil, entretanto somos capazes não somente de deter o inimigo, mas de esmagá-lo e aniquilá-lo." Tomando a palavra durante a mesma reunião, Jdanov declara:

> É chegado o momento de provar suas qualidades bolcheviques, de estarem prontos para defender Leningrado sem palavras inúteis. Devemos organizar uma íntima cooperação entre os arredores da cidade e a cidade pro-

O cerco de Leningrado

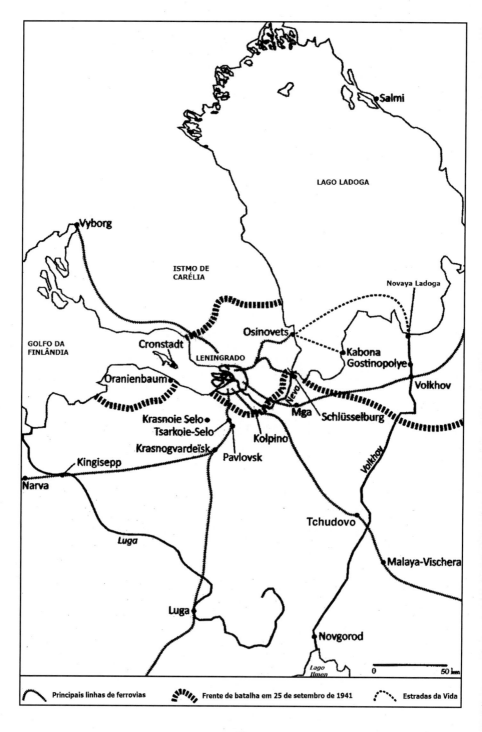

122

priamente dita. Precisamos ensinar à população, num mínimo de tempo, os principais e mais importantes métodos de combate: atirar, lançar granadas, combater na rua, escavar trincheiras, rastejar. Devemos engajar nossos jovens em batalhões de trabalho encarregados de tarefas auxiliares: eles podem transportar projéteis, a água, servir de estafetas etc. Devemos fazer com que ninguém seja um simples espectador e promover, nos prazos mais curtos, uma mobilização dos trabalhadores de Leningrado tal como foi realizada em 1918-1919. Devemos combater em nós mesmos as tendências à ineficiência e à satisfação pessoal. O inimigo está a nossas portas. É uma questão de vida ou de morte. A classe trabalhadora de Leningrado será dominada e sua mais fina flor destruída, ou então uniremos nossas forças, devolveremos dois golpes para cada um, cavando diante de Leningrado um túmulo ao fascismo. Tudo depende de nós. Sejamos fortes, organizados, poderosos e a vitória nos pertencerá.

Essas frases de tonalidade churchilliana prefiguram o apelo solene do dia seguinte (21 de agosto de 1941) colado sobre os muros da cidade e descoberto por Vera Inber ao chegar a Leningrado. "Esse apelo suscitou uma nova onda de coragem no coração dos homens; ele despertou o furor e a cólera contra o inimigo e desfez a inquietação e o amargor causados pela notícia de que os fascistas estavam às portas", comenta Pavlov.

Em 16 de setembro, o *Leningradskaia Pravda*, entretanto, constatou: "O Inimigo está às portas da cidade". À noite, a ordem de ocupar seus postos de combate é dada a todas as unidades operárias, principalmente aos operários da fábrica Elektrosila, enquanto isso surge a famosa ordem de Stalin e do alto-comando, segundo a qual todos os que se rendessem ao inimigo seriam tratados como desertores e seriam executados imediatamente. Uma ordem lapidar endereçada às tropas que defendem Leningrado constata e ameaça:

> Não somente há representantes políticos que não dão o exemplo de coragem e de audácia e que não mobilizam os soldados por sua ascendência pessoal, mas também covardes que procuram salvar sua pele escondendo-se em abrigos e não dão ordens de fogo. Indivíduos tão desprezíveis não podem ser tolerados em nossas fileiras.

No dia seguinte, a cidade enfrenta um avanço terrível: a ocupação da estação Alexandrovska, última estação de bonde de Leningrado nos subúrbios. Aliás, o bonde ainda funciona e chega de repente. Soldados alemães percebem os viajantes espantados no último carro, comportando-se como se a guerra

O cerco de Leningrado

não existisse... Eles se divertem ao pensar em subir no bonde. Se entrarem lá, em muito pouco tempo estarão, com certeza, isolados, mas no centro do alvo.

Tão perto do objetivo, entretanto, os alemães já estão no processo de dar as costas à cidade. A 1ª Divisão Blindada deixa o Grupo de Exércitos Norte em 19 de setembro, no dia da queda de Kolpino ao sudeste da cidade, enquanto a 36ª Divisão de Infantaria Motorizada e o 41º Corpo de Exército Motorizado partem no dia 20. Perdendo seus blindados, as forças sitiantes de Leningrado se acham muito enfraquecidas e privadas em grande parte de sua mobilidade.

Assim sendo, é hora de atacar?

Os que se felicitam pelo estrangulamento de Leningrado destacam que os soviéticos detêm apenas o bolsão de Oranienbaum, no golfo da Finlândia, no qual em setembro de 1941 se encontram 12 de suas Divisões.

É uma questão de dias, exceto pelo fato de que essas 12 Divisões de Oranienbaum bloqueiam no local várias divisões alemãs. Ainda mais que se multiplicam os contra-ataques soviéticos em Uritsk, por exemplo, ou nas cabeças de ponte do Neva, que os soviéticos conseguem dominar de 18 a 20 de setembro.

Como os bárbaros de Alarico dominando Roma às vésperas de sua queda, os dirigentes alemães controlam Leningrado pressentindo que a vitória ainda não é certa. Em 23 de setembro, consciente do sucesso relativo de seu último assalto, o general Halder escreve em seu diário: "Nossas forças avançaram de maneira significativa perto do lago Ladoga e sofreram pesadas perdas. Essas forças são suficientes para a defesa, mas não para acabar com o inimigo. Entretanto, não temos outras forças." No dia seguinte, Leeb, compartilhando seu sentimento, anuncia a Hitler que ele vai sitiar a cidade, constrangido e forçado.

Nos pontos elevados de Leningrado, os soldados alemães observam de binóculos o menor deslocamento do inimigo. Na colina de Voronya, os canhões direcionados para o centro da cidade ameaçam diretamente a população e a situação é ainda mais perigosa porque, graças às numerosas captações pela teleobjetiva dos artilheiros, os alemães possuem um álbum de fotografias panorâmicas do terreno que têm diante de si. Basta colocar as fotos lado a lado para materializar a linha do horizonte, fabricar uma espécie de mapa sinótico de Leningrado e assim saber com precisão não somente a natureza dos bairros e dos imóveis, mas também a distância que os separa: Marti-Werft (o canteiro naval Marti), 20.300 m; estação do Báltico, 27.200 m; igreja de Uljanka, 12.300 m; teatro, 18.700 m; catedral Issak (Santo Isaac), 22.850 m;

grande garagem, 18.150 m; reservatório de água, 19.500 m; Gaswerk (usina de gás), 2.100 m; Instituto Smolny, 26.550 m. Em cada foto figuram essas duas indicações, o alvo e a distância – é a guerra cirúrgica antes do tempo.

Por avião

A salvação dos leningradenses viria dos ares? Na fase mais forte do bloqueio, o tráfego aéreo, em particular entre Moscou e Leningrado, praticamente nunca é interrompido. Apesar do heroísmo de seus pilotos que utilizam todos os meios para expulsar a Luftwaffe do espaço aéreo da cidade e das vizinhanças, inclusive a técnica suicida de se chocar com o inimigo, a aviação soviética não faz diferença, pelo fato de ter perdido várias unidades desde o primeiro dia da ofensiva. Apesar do reforço da DCA, os bombardeios não são evitados e conseguir abastecer a cidade, pousar em Leningrado ou decolar é um feito extremamente perigoso.

Em Leningrado, os alertas aéreos se multiplicam. Em 9 de setembro, 6 ataques envolvendo 264 aviões soltam 528 bombas explosivas e 2 mil bombas incendiárias.

Em 19 de setembro, 9 bombardeiros alemães atacam um comboio de navios com destino a Novaya Ladoga. Assim acontece cotidianamente até o dia 24, quando o Grupo de Exércitos Norte desiste de tomar a cidade. Em 26 de setembro, os bombardeios se deslocam na zona de Osinovets. Dois dias depois, o 8º Corpo Aéreo alemão é retirado da Frente Norte para beneficiar uma outra frente e só restam 300 aparelhos para bombardear Leningrado. Eles atacam Osinovets novamente em 6 de outubro.

A DCA soviética obriga os atacantes a bombardear a uma altitude de 2 mil ou 3 mil pés, então, os ataques serão pouco precisos e mais de 80% das bombas erram o alvo. O comando da Frente de Leningrado organiza a proteção do que vai se chamar a partir de então de "estrada da vida" em toda a sua extensão e coordena a DCA e a caça.

Quando a rota do lago Ladoga não está mais praticável por barco e todas as outras vias estão bloqueadas, é pelo ar que se deve agir. O aeroporto de Novaya Ladoga, mal equipado para uma tal missão, torna-se, entretanto, num

O cerco de Leningrado

primeiro momento, um local nevrálgico. De lá são organizadas viagens de ida e volta (5 ou 6 por dia e por aparelho) para transportar alimentos. Evidentemente em menor quantidade que de barco ou de trem. Mas o essencial é que o elo não seja cortado e ele não o é. Os produtos são acondicionados de maneira que possam entrar em maior quantidade no compartimento de carga dos aparelhos. Confeccionou-se, por exemplo, pães quadrados de 20 kg, a carne é comprimida em forma de cubos. O espaço de frete é assim otimizado e o trabalho de carregar e descarregar é feito de maneira mais fácil.

Os alemães tomam conhecimento do tráfico e o aeroporto, assim como os entrepostos que foram construídos às pressas, muitas vezes mal camuflados, são sistematicamente bombardeados. Os soviéticos são obrigados a construir outras pistas em locais mais distantes e dispersas. É necessário que sejam mais longas, pois os aviões carregados ao máximo (em geral 3 toneladas em vez de 1,6 tonelada, carga regulamentar) precisam de mais espaço para decolar.

As ilhas do Báltico

A salvação viria do mar? A exemplo de Iwo Jima, Okinawa, Tarawa, as ilhas disputadas por japoneses e americanos em 1945, as ilhas estonianas Saaremaa, Hiiumaa e Muhu, planas, arenosas e rochosas, habitadas por raros fazendeiros e pescadores, são palco de combates encarniçados. Entre elas, nada de diferente, a não ser a vegetação, feita de urzes, de zimbro, de orquídeas, as casas com telhados de sapê, os moinhos de vento, as lendas escandinavas e as referências a piratas específicas da Estônia.

Dois acontecimentos precipitam o ataque das ilhas, os dois provocados pelos soviéticos. Primeiramente, o ataque aéreo lançado contra Berlim que partiu dos aeródromos dessas ilhas. Ousando atacar a capital alemã em 7 de agosto de 1941, os soviéticos mexeram em ninho de vespa, mesmo que seu ataque com bombardeiros navais Il-4 tenha sido insignificante e passado quase despercebido para os berlinenses.

O segundo acontecimento é a ofensiva soviética do verão de 1941 contra Staraia Russa e Demiansk que perturba todos os planos alemães com relação ao 18º Exército. Na origem, as tropas de Küchler e 38º Corpo do Exército, que chegaram ao Neva na segunda metade do mês de agosto, deviam servir de escudo para a ala esquerda do Panzergruppe, empurrar o 8º Exército Soviético para o norte e destruí-lo antes que pudesse defender Leningrado. Depois do ataque contra Staraia Russa e Demiansk, o 18º Exército Alemão não pôde mais avançar como previsto e se achou confinado numa zona pouco estratégica na costa estoniana.

Afetado pelo ataque aéreo sobre sua capital e pela ofensiva contra Staraia Russa, o Führer decide lançar o Beowulf II, um plano de desembarque decalcado da operação Albion que terminou em 1917 nas mesmas águas por uma batalha naval e pelo afundamento dos navios russos. Os alemães estão pois em terreno conhecido e a Luftwaffe traz o seu apoio. A Divisão de Infantaria chamada ao combate é, uma vez mais, a 41ª, a mesma que acaba de tomar Tallinn.

A operação começa por alguns ataques diversionários. Em 10 de setembro, os alemães tomam pé em Vormsi, ilha esvaziada de seus habitantes, suecos estonianos evacuados para seu país de origem. Na noite de 13 de setembro, os cruzadores Leipzig, Köln e Emden, com lança-minas e torpedeiros, simulam dirigir-se para oeste. Os finlandeses, por sua vez, se movimentam, mas explodem ao se chocarem contra as minas.

Em 14 de setembro, vários regimentos de infantaria abordam Muhu, a microilha que serve de estribo para Saaremaa, à qual é ligada por uma pista elevada. O desembarque é difícil. Ventos, correntes, tripulações pouco experientes perturbam as manobras. Completamente desorientado, um grupo dá voltas na baía. Do outro lado, o general A. B. Elisseiev comanda 24 mil defensores, cuja coragem não é suficiente para impedir o estabelecimento de uma larga cabeça de ponte alemã na praia de Muhu.

No mesmo dia, em Saaremaa, a maior ilha da Estônia, a que fecha o golfo de Riga, paraquedistas alemães descem sobre a península de Kuebassare na extremidade leste da ilha, o que é uma maneira mais eficaz de se fixar ali do que o desembarque. Diante de defensores soviéticos desorganizados, os alemães tomam a capital, Kuresaare, em 21 de setembro. Empurrados para a extremidade oeste da ilha, os soviéticos ocupam ainda a península de Sorve e combatem de costas para o mar. Em 5 de outubro, não aguentando mais, alguns deles evacuam Sorve de navio, mas a maior parte deles não tem tempo e os alemães fazem 5 mil prisioneiros. Apenas 1.500 fugitivos conseguem chegar a Hiiumaa, com os alemães nos calcanhares. Em 12 de outubro, o 176º

O cerco de Leningrado

Regimento de Infantaria desembarca na costa leste. Às 5h começa a operação Siegfried com o apoio do Köln e de outros navios. Durante 9 dias, 4 mil soviéticos resistem no corpo a corpo sem entregar nada. O general Haenicke recebe a cruz de cavaleiro pelo papel heroico de sua 61ª Divisão de Infantaria. Nos dois campos, as perdas são pesadas, os alemães contam 2.850 feridos, enquanto 15 mil soviéticos são feitos prisioneiros. Em 21 de outubro, os alemães têm o domínio das ilhas que fecham o golfo de Riga, um ferrolho a mais.

Hans sozinho contra o Marat

Se combates épicos foram travados ao largo da Estônia, a ilha mais famosa e mais preciosa do cerco de Leningrado é a de Cronstadt. Escondida no fundo do golfo da Finlândia, a cerca de 30 km da foz do Neva, essa estreita faixa de terra arenosa defende o acesso de Leningrado. Com 12 km de comprimento e menos de 2 km de largura, ela foi sueca antes que o czar Pedro, o Grande, se apoderasse dela e aí construísse uma fortaleza, que será completada por portos militares e fortes edificados nas ilhotas vizinhas. Sendo uma espécie de cidadela marinha, ela é o símbolo da potência marítima da Rússia. É também célebre por ter sido o local de uma tragédia histórica. Em 1º de março de 1921, marinheiros e soldados reunidos na praça da Âncora vaiaram os dirigentes bolcheviques e votaram uma resolução denunciando a política do partido comunista. É a primeira etapa de uma insurreição que reunirá mais de 27 mil rebeldes e cuja repressão será sangrenta. O acontecimento põe em xeque a lenda de uma população unida em sua relação com o comunismo, de uma solidariedade dos defensores do leninismo. No momento de Barbarossa, várias testemunhas e mesmo alguns participantes que sobreviveram à tormenta tinham apenas 40 anos, nem todos têm memória curta, e seu ódio ao regime com frequência está intacto.

Cronstadt serve de refúgio aos navios que fugiram de Libau, Riga, depois de Tallinn. O porto acolheu, principalmente, dois encouraçados ancorados em Tallinn antes mesmo do desastre de agosto: o Marat, que tinha se refugiado de maneira preventiva na véspera do lançamento de Barbarossa, e o Revolução de Outubro, partido nos primeiros dias de julho. O primeiro, assim chamado em homenagem ao revolucionário francês, navegava desde 1911 e, veterano da Primeira Guerra Mundial, abriu fogo com toda a sua potência contra a costa, numa ronda de quilômetros. O segundo era um encouraçado de 184 metros tão vetusto quanto o outro, e contava com uma tripulação de 1.200 homens. Ele também despejou conscienciosamente uma chuva de projéteis sobre os soldados alemães que combateram em terra, provando uma vez mais que, mesmo para aqueles que estão em terra, a artilharia de marinha é uma arma temível. Os artilheiros alemães tentaram, por vezes, reagir dirigindo seus tiros contra os navios, mas só conseguiram provocar imensos repuxos de água no golfo.

Do ponto de vista da Kriegsmarine, Cronstadt é o último porto a conquistar para encurralar a frota inimiga numa escolha difícil: render-se ou afundar. Tomar Cronstadt, além disso, é controlar uma rota marítima estratégica, posto que matérias-primas e abastecimento provenientes da Suécia e da Finlândia passam por esse caminho. Enfim, último argumento em favor do assalto, a tomada de Cronstadt seria o melhor meio de redourar o brasão da Kriegsmarine e fazer a nação esquecer o naufrágio do Bismarck, "orgulho da frota alemã", torpedeado pelos britânicos na véspera de Barbarossa, em 27 de maio de 1941, e afundado com 2.106 tripulantes a bordo. Em março, Hitler decide atacar no mar e eliminar a frota adversária ancorada no porto soviético: 2 encouraçados, 2 cruzadores, 13 destróieres e mais de 200 outras naus guardadas por 600 baterias de defesa antiaérea. Todos participam ativamente da defesa de Leningrado. Os aviões alemães põem em prática uma temível tática. Eles atacam em fileiras espessas, com as asas próximas como se tocassem umas nas outras, depois os pilotos desviam a 80 graus sem diminuir a velocidade e soltam suas bombas sobre os navios. Assim que chegou à frente russa, o tenente Hans Rudel, piloto de Stuka, logo se fez notar e, menos de um mês depois do começo do conflito, ganhou sua cruz de ferro de primeira classe, tendo apenas 25 anos. Ao participar do ataque, corre todos os riscos visando ao Marat ancorado no cais de Brasov. Ele está pronto para fazer explodir seu bombardeiro para vencer, ou para voar rasante à superfície da água, tão perto que um nada bastaria para que fosse fatal:

> Havia explosões de todos os lados [conta ele em suas *Memórias*]. O céu parecia cheio de areia grossa. Eu me sentia muito mal e o voo era uma tortura. O mergulho, num ângulo de 70° a 80°, cortava minha respiração. Eu estava com o Marat em meu visor, ele se aproximava cada vez mais rapidamente.

O cerco de Leningrado

> O navio tornava-se cada vez maior. O tiro das armas antiaéreas era cada vez mais ameaçador para mim. [...] Eu não tinha nem tempo para me preocupar com as consequências de um eventual tiro direto sobre meu avião por parte da DCA que podia reduzir meu aparelho em mil pedaços. O Marat já enchia completamente meu visor. Os marinheiros corriam no convés do navio, alguns encarregados de munições. Um dos canhões antiaéreos voltou-se para minha direção e começou a atirar. Naquele momento preciso, apertei o botão que liberava a bomba. Puxei a alavanca para trás com toda a força, a fim de sair de meu mergulho, só começando a pôr o aparelho na posição horizontal a 300 metros do solo.

Atingido por uma única bomba de 1 mil kg, no nível de seu depósito de munições, ao que parece, o Marat começou a naufragar, e 324 membros de sua tripulação perderam a vida, carbonizados ou afogados. Miraculosamente, entretanto, o encouraçado não afundou, pois estava preso em bancos de areia, permanecendo encalhado. Os alemães, então, foram alvo dos tiros que partiam de seu convés transformado em plataforma antiaérea.

Rudel, "o conquistador do Marat", ilustrou seu apelido de Panzerknacker ("comedor de tanques"). Ás da Luftwaffe, ele se tornou também um dos heróis preferidos pela propaganda. Os jornalistas foram fotografá-lo e entrevistá-lo ao descer de seu avião. Ele foi também um dos combatentes alemães mais condecorados. Por essa façanha e as seguintes, obteve a cruz de ferro com folhas de carvalho e espadas de ouro e diamantes – condecoração suprema criada em 29 de dezembro de 1944 e da qual Rudel permanece titular único.

Hitler estima que ele encarnava um símbolo tão forte que chegou mesmo a proibi-lo de voar, pois seu desaparecimento traria um golpe fatal à moral dos alemães. Rudel havia descido mais de trinta vezes por trás das linhas inimigas, e sempre havia conseguido escapar apesar dos 100 mil rublos de recompensa que Stalin em pessoa oferecia por sua cabeça. Leningrado está em perigo até em sua baía.

Planejar a penúria

Apoderando-se de vastas regiões da URSS e de suas anexações recentes, e precisamente porque eram ricas, principalmente em recursos alimentares e em matérias-primas, os alemães privam a União Soviética de uma grande parte de seu abastecimento. No livro que relata sua ação durante esse período, *Leningrado: 1941-1942*, Dimitri V. Pavlov escreveu imperturbável, apesar de uma descrição apocalíptica da debandada e dos métodos aos quais deverá recorrer:

> Era como se a terra se sublevasse, rodando cada ser e cada objeto de oeste para leste. Entretanto, em meio a esse caos de deslocamento apressado, aparentemente incompreensível, o fio condutor da direção econômica não estava perdido.

E acrescenta:

> A persistência de um Estado depende sempre, em grande parte, da rapidez e da exatidão com que os cidadãos cumprem suas obrigações. Em circunstâncias excepcionais, é preciso saber dobrar-se às ordens de maneira absoluta. [...] Uma centralização estrita da direção econômica tornava possível a distribuição do material onde este se fazia mais necessário. As forças armadas e a população civil recebiam diferentes espécies de mercadorias distribuídas imediatamente ao chegarem.

Em matéria de organização, é a improvisação total que prevalece na URSS e principalmente em Leningrado, como é demonstrado pela reação diante de cada um dos problemas que a cidade enfrenta. E Pavlov é o primeiro a recorrer a arranjos de última hora, exceto para o "planejamento da penúria" – o que é, na verdade, uma forma de intervenção já antiga do Estado soviético. Ele inventa à medida que vai descobrindo, e mais impõe do que conquista a adesão da população. A descrição que ele mesmo faz da situação que prevalece em sua chegada é edificante:

– Surpresa do ataque, não evacuação das crianças e das bocas inúteis. Pavlov confessa simplesmente: "O ritmo da evacuação foi diminuído pela convicção [...] da população, do partido local e das organizações soviéticas de que o inimigo não chegaria muito perto de Leningrado."

– Má utilização dos meios de transporte. Pavlov escreve:

> Durante esses dias agitados, erros foram cometidos na utilização do material de rodagem. Em vez de dirigir comboios de mercadorias e matérias-primas para Leningrado [o observador pode se perguntar: por que se faria isso se não se estava consciente do perigo?] onde poderiam ter sido descarregados de maneira rápida, o que teria liberado os vagões para outros

O cerco de Leningrado

transportes, quando essas mercadorias seriam utilizadas atendendo às necessidades da cidade, muitos comboios foram dirigidos para o leste. Naquele momento, trens cargueiros diretos, transportando o mesmo gênero de víveres e de matérias-primas, eram despachados de províncias centrais para Leningrado. No mesmo instante em que as vias estavam mais atravancadas, por mais paradoxal que possa parecer, esses trens se cruzavam em detrimento do esforço de evacuação das instalações mais importantes e de outras mercadorias preciosas.

– Invenção quase *ex nihilo* de uma defesa civil e de uma defesa militar.

– Mobilizações precipitadas e pluriatividades das populações.

– Enfim, abastecimento, que é a sua tarefa e que começa pela regulamentação da fome.

O regime de Pavlov dá um severo aperto nos estômagos dos habitantes de Leningrado, principalmente nas "bocas inúteis". Em 1º de outubro, novos cartões de racionamento são distribuídos, reforçando mais ainda o sistema. Os inativos e as crianças só recebem a cada dia uma quantidade mínima de pão de má qualidade e, para o mês todo, eles têm direito, se é que se pode dizer isso, a 500 g de carne, 750 g de massas ou de cereais, 375 g de gordura e a 1,5 kg de "pastelaria" ou de "doçaria" – mas preparada à base de quê? A "ração" é a mesma, quer seja uma criança ainda pequena ou um adolescente.

Esse regime não tarda a produzir seus efeitos: o número de mortos aumenta tão rapidamente que os habitantes de Leningrado ficam alarmados.

Ao final do mês de outubro de 1941, segundo Nikolai Voznesensky, responsável pelo *Gosplan* durante a guerra, de um dia para outro o país se acha privado de 38% dos bovinos e da colheita de trigo de antes da guerra, de 60% dos porcos e da produção de alumínio, de 63% da produção de carvão, de 68% da de ferro, de 84% da de açúcar. O livro que revela essas estatísticas recebe o prêmio Stalin, mas isso não impede que seu autor seja fuzilado em 1º de outubro de 1950, pois nem toda verdade é boa para se dizer.

São dezenas as empresas industriais que param de produzir. No melhor dos casos, elas são deslocadas de afogadilho – mas só recomeçam a produzir meses depois, quando isso acontece. Na maior parte do tempo, são destruídas, e operários, camponeses, simples habitantes deixam de trabalhar, fogem, se precipitam nas estradas, tomam, quando podem, os trens lotados. Nas regiões dominadas pelo Grupo de Exércitos Norte e, por conseguinte, pelo comando da Frente Noroeste, o lado soviético não escapa a essa desorganização e sua falta de produção afeta imediatamente a grande cidade. Do mesmo modo lhes fazem falta a produção que recolhiam de um mar Báltico transformado em zona de guerra e as mercadorias vindas do norte pela estrada de ferro e pelos canais, pois no momento estavam sob o fogo dos finlandeses.

Na verdade, deve-se constatar cinicamente que, de certa maneira, a vontade das autoridades de Leningrado de reduzir o número de bocas a alimentar concorda com a do sitiante em fazer morrer de fome a população.

E isso é apenas um começo.

Um "problema de consciência"

Se a fome é uma obsessão crescente para os habitantes de Leningrado, ela se torna, por suas consequências eventuais, uma verdadeira preocupação do lado alemão entre os membros do comando, pois na tropa quase ninguém suspeita que os civis sitiados morrem aos milhares em Leningrado. No início de setembro, quando o cerco da cidade é realizado, o marechal Keitel, numa carta inspirada pelo próprio Hitler, pede às tropas para deixar à população de Leningrado uma passagem livre para fugir da cidade, mas Halder e Brauchitsch, que não compreendem as implicações dessa ordem, julgam a operação inaplicável e a passagem nunca será feita.

Folheando as páginas do diário do Grupo de Exércitos Norte, constata-se também que os alemães calculam mal, dia após dia, a extensão da fome em Leningrado, pois estão mal informados. Eles pensam que têm 5 milhões de esqueletos diante de si, quando sobrevivem somente 2 milhões de pessoas muito enfraquecidas. Alguns fragmentos desse diário são edificantes:

> Em 10/09/41. Segundo escutas telefônicas praticadas pelo 18º Exército, os serviços alemães calculam que a situação alimentar em Leningrado é catastrófica: parece não haver mais o que comer e o número de habitantes que era de 3 a 3,5 milhões passou a 4 ou 4,5 milhões em razão dos refugiados.
> Em 17/09/41. Leningrado deve ser invadida pelos fugitivos de Krasnogvardeisk, Krasnoie Selo e Kolpino, as rações de pão parecem já estar bastante reduzidas.

O cerco de Leningrado

A morte pela fome é o resultado de um plano longamente preparado. Hitler nomeou o teórico do pensamento do Reich, Alfred Rosenberg, como "responsável pela gestão central das questões do espaço europeu", dos territórios a Leste, a partir de 20 abril de 1941. Ora, embora (ou provavelmente porque) nascido em Tallinn, Rosenberg não esconde as intenções do regime nazista. Dois dias antes do começo de Barbarossa, ele declara:

> Nossas conquistas a Leste devem levar em conta antes de mais nada uma necessidade primordial: alimentar o povo alemão. As regiões da Rússia meridional servirão a esse propósito... Não vejo absolutamente nenhuma razão nem obrigação de nossa parte em alimentar a população russa também com os produtos agrícolas dessas regiões.

Göring, que dirige a administração econômica dos territórios ocupados, sustenta o mesmo discurso. A seu ver, a totalidade da produção alimentar das ricas regiões agrícolas soviéticas deve ser posta à disposição do Reich. "É certo, declara ele, que milhares de pessoas vão morrer de fome se trouxermos dessa região o que nos é necessário, mas a população deve compreender com clareza que devemos dispor desses recursos, quaisquer que sejam as consequências." A população local conserva a escolha entre morrer de fome ou emigrar para a Sibéria.

Então, fazer uma população passar fome é, ao mesmo tempo, uma tática e uma necessidade. Os dirigentes alemães partem do princípio de que todo pedaço de pão deixado para os russos é arrancado da boca dos alemães e os oficiais transmitem essa mensagem explicando a suas tropas que, nesse contexto, qualquer impulso de piedade, qualquer gesto de caridade é descabido. Hitler, por sua vez, multiplica as declarações sem ambiguidade. Em 29 de setembro de 1941, ele declara ao chefe de estado-maior da Kriegsmarine: "Decidi apagar São Petersburgo da superfície da terra. [...] O problema da vida da população e de seu abastecimento não cabe a nós e não deve ser resolvido por nós. [...] Não temos que preservar nem mesmo a menor parte da população dessa cidade grande." Em 8 de novembro de 1941, num discurso na *Bürger Bräukeller* aos Alten Kämpfer ("velhos combatentes", membros mais antigos da NSDAP), ele repete de maneira explícita que os habitantes de Leningrado devem passar fome.

Halder, no diário do comando-geral da Wehrmacht, anota que Hitler ordenou apagar Leningrado e Moscou do mapa e que as populações dessas cidades deviam ser aniquiladas. Essa destruição em massa pela fome faz parte do planejamento de eliminação dos povos da União Soviética, sendo os mortos de Leningrado apenas uma parte dessa empreitada. Dessa posição estão cientes os soldados alemães e eles deduzem que é proibido deixar passar os civis que queiram escapar do cerco. As tropas que sitiaram a cidade, e principalmente o 18º Exército, aplicaram a ordem de isolamento ao pé da letra.

Isso não impede que alguns soldados que estão acampados diante da cidade se indaguem: o que fazer se as mulheres e as crianças, abandonando Leningrado em massa, avançarem em direção às suas linhas? Devem atirar ou deixá-las passar? Essa hipótese preocupa a hierarquia, pois os oficiais não têm certeza de que todos os seus homens estejam prontos a atirar a sangue frio sobre uma massa de civis desarmados.

Em 20 de setembro de 1941, Keitel parece ter achado uma solução: deixar escapar as mulheres e as crianças na direção leste por um corredor de saída.

Nesse momento, portanto, a decisão ainda não está tomada.

O diário do Grupo de Exércitos Norte prossegue:

> Em 3/10/41. Chamada do chefe do 38º Corpo do Exército do 18º Exército às 19h30. O que se deve fazer diante de uma população civil que morre de fome? Resposta: o quartel-general decidiu não se ocupar com a população civil, é melhor que os nossos tenham alguma coisa e que os russos fiquem com fome. Em 24/10/41. A ordem de atirar partiu do mais alto nível. Entretanto atirar em soldados armados, em milicianos, em judeus, mas também em mulheres e crianças, eslavos logo em *Untermenschen*, apesar de tudo. Será que seus nervos vão aguentar atirar em mulheres, crianças e velhos?

Em 27 de outubro, o 18º Exército recebe a ordem de estabelecer uma linha de campos minados em torno das tropas para evitar um contato direto eventual com a população civil. O "problema de consciência" acaba de ser eliminado: se vierem na direção das linhas alemãs, mulheres e civis russos serão atingidos pelas minas que explodirão.

Os sovietes sem eletricidade

Uma das consequências da ofensiva contra Leningrado, e também do bloqueio que a sucedeu, é a carência de eletricidade e até o seu desaparecimento

O cerco de Leningrado

quase completo. A segunda cidade da União Soviética orgulha-se de ser não somente o centro industrial provavelmente mais diversificado e mais potente do país, mas também de dispor de instalações elétricas de ponta. Assim haviam determinado os últimos czares, ciosos da "modernidade" de sua capital.

Mesmo que, como em muitos outros domínios, a propaganda tenha contribuído para essa imagem, não deixa de ser verdade que a cidade, por seu número de habitantes, com certeza, mas principalmente por suas fábricas e seus equipamentos (iluminação pública, sistemas de transportes, bondes, hospitais...), necessita de um abastecimento de energia considerável. Ela é dotada de várias centrais elétricas que funcionam convenientemente, embora os habitantes estejam acostumados às variações de tensão, que dão um encanto particular à iluminação dos apartamentos comunitários, mas também aos prédios administrativos, com suas lâmpadas de uma luz ligeiramente dourada e vacilante.

Desde o início do cerco, cortes de eletricidade perturbam a vida cotidiana e logo a utilização dessa preciosa energia é regulamentada. Por medidas simples e imperativas, as autoridades cortam a eletricidade durante longas horas, sem aviso prévio, mergulhando a população na obscuridade. Entretanto, a energia reservada para os serviços de saúde é servida de maneira contínua também para a administração estratégica: organismos do partido, da cidade, do distrito e do exército.

Apesar dessas medidas de contingenciamento e da submissão da população aos cortes, logo as fábricas deverão igualmente reduzir seu consumo e utilizar a energia com parcimônia. O recurso a "usinas de seção", pequenas unidades geradoras que só distribuem sua produção numa zona restrita e segundo normas rígidas, espalha-se pouco a pouco.

Também voltam a utilizar o carvão em substituição ao "mazute" (combustível líquido residual). A famosa central hidrelétrica nº 5, que mais tarde seria atacada pela Luftwaffe e pela artilharia alemã que conhecia perfeitamente sua localização, perde uma grande parte de sua capacidade de produção, e é convertida em parte para utilizar como combustíveis carvão e turfa. Para abastecê-la com esse produto que lembra os tempos antigos, são organizadas brigadas, recrutadas entre o pessoal da própria central. Estas recolhem o precioso combustível à margem direita do rio Neva, que fornece a cada dia a quantidade necessária ao funcionamento mínimo da usina elétrica. Quanto ao carvão, é diferente: nenhuma possibilidade de encontrar no local a quantidade necessária e cavar como numa mina.

São, portanto, as reservas em estoque na própria zona de Leningrado, em particular no depósito de Avtovo, perto do rio Krasnenskaya, que são reunidas e encaminhadas pelos próprios ferroviários.

Essas medidas – que são paliativas – são reforçadas pela utilização de barcos equipados com potentes geradores e que são posicionados em locais onde falta eletricidade. São chamados técnicos para pôr em funcionamento as "ligações de urgência". Feitas às pressas, revelam-se muitas vezes ineficazes e tardias. Além disso, a demanda desse tipo de intervenção se multiplica e o combustível também começa a faltar nessas embarcações.

Consequência quase imediata: a produção industrial esmorece, em particular a dos armamentos, no momento em que se tem mais necessidade dela. Os engenheiros das fábricas de armas tentam fazer milagres para compensar essa falta, mas, apesar de sua engenhosidade e de seu empenho, louvados fartamente através de comunicados e de alto-falantes pelo partido, seus esforços alcançam parcos resultados.

Os habitantes utilizam a luz de velas, não usam mais aquecedor e vivem todos, pouco a pouco, no mesmo cômodo da casa, geralmente a cozinha, para evitar qualquer perda de calor. Com a supressão do aquecimento urbano, trata-se de um dos raros confortos reais do período soviético que desaparece. De fato, o que salta aos olhos de todos, nesse como nos outros domínios, é a incapacidade das autoridades em encarar o desafio do cerco.

Madeira para se aquecer

Na falta de carvão, a população se encontra como na Idade Média, obrigada à busca cotidiana por lenha. Com sua pesada estrutura em madeira, o estádio é um objetivo ideal para os sobreviventes, imortalizados por uma câmera numa paisagem de fim dos tempos. Coberto por uma espessa camada de neve, o edifício mal pode ser visto, enquanto o céu baixo se confunde com o solo, cinzento e pesado. Cobertos de roupas disparatadas, verdadeiras superposições de farrapos, silhuetas informes convergem para o local. Os gestos são vagarosos, como tomados em câmera lenta, os movimentos são como os de um

O cerco de Leningrado

autômato, as mãos embrulhadas em trapos são desajeitadas. Os homens e as mulheres, principalmente as mulheres, e muitas vezes bem idosas, se agitam quase sem ruído. A neve ensurdece os sons e ninguém fala, porque o esforço já é muito grande e ninguém pode se dar ao luxo de desperdiçar energia. Alguns, armados com pés de cabra, com pequenos machados ou com ferramentas improvisadas, separam, com minúcia e aparentemente sem pressa, as tábuas umas das outras. Depois, as fazem deslizar para baixo sobre a aresta dos degraus da arquibancada. Outros, sem nenhum instrumento, a não ser seus dedos dormentes e doloridos, retiram as ripas, manipulando-as até que cedam, muitas vezes quebrando-as, e também jogando-as no chão. Pouco a pouco, a estrutura da construção diminui. No alto, só se percebem os mastros das bandeiras que ali flutuavam por ocasião das competições esportivas que parecem tão distantes, como se pertencessem a uma época remota. O cúmulo da ironia: um retrato de Stalin continua afixado. Ninguém ousa retirá-lo, mesmo estando colado na madeira... E também ninguém lhe dirige o olhar.

Uma vez que todos os materiais foram reunidos em enormes feixes e amarrados por cordas improvisadas, o exército de zumbis se amarra aos fardos e os arrasta até locais onde se decidiu reparti-los para que a população se sirva. As autoridades estão resolvidas a organizar a coleta oficial da madeira, pois já há algumas semanas, muitas vezes às escondidas, os habitantes de Leningrado desossam os apartamentos abandonados por seus moradores. Nada escapa, nem os assoalhos, nem os rodapés, nem os lambris, nem as portas, nem as janelas. E tudo isso na mais total anarquia, com os mais fortes tomando para si a parte do leão. Os outros, fracos demais para se apoderar do precioso combustível ou mesmo para se queixar, tremem de frio, certos de uma morte próxima.

Uma vez destruídos os imóveis oficiais suscetíveis de fornecer o precioso combustível, chega a vez das numerosas casas de madeira da cidade. Também elas são desmontadas sistematicamente, transformadas em lenha, e mais ou menos bem repartidas entre os habitantes. Estranho espetáculo o de todas essas pessoas que se cruzam arrastando para uma moradia cada vez menos hospitaleira matéria para fazer um fogo bem fraco! É claro, mais uma vez, que são os mais fortes, que podem carregar os fardos mais pesados, que conseguem o melhor para se aquecer. Entretanto, qualquer que seja a quantidade de madeira que a cidade puder fornecer, como lutar contra um frio que chega a cerca de 40 graus abaixo de zero, quando os vidros estão quebrados e o vento sopra e não se tem nada para encher o estômago? Os aquecedores improvisados for-

138

necem um calor que não chega nunca a mais de um metro e deixa o cômodo numa temperatura totalmente glacial. É preciso ficar abraçados em torno dos aquecedores para ter um pouco de conforto. Quanto a derreter o gelo para ter água, ou esquentar um improvável alimento, a coisa se mostra quase impossível.

A madeira, seca demais, e inicialmente destinada a outros usos, se consome muito depressa, deixando, muitas vezes, após ter sido reduzida a cinzas, apenas um odor acre da pintura ou do verniz que a recobria, ocasionando terríveis dores de cabeça às pessoas já embrutecidas pelo cansaço.

Os mais enfraquecidos deixam sua casa de lado quando não moram em andar térreo para não ter que içar os fardos, e se alojam em locais mais propícios a uma sobrevivência constantemente ameaçada pelo inverno rigoroso. Katia Lubinskaia, aluna do conservatório da cidade, escreve:

> Hoje, fui buscar lenha na rua Sadovaia, perto do cinema da juventude operária, quase não tinha mais e as tábuas eram muito finas. Era suficiente só para uma hora de aquecimento, mesmo se fosse queimada lentamente, o que é quase impossível. Nosso aquecedor é grande, previsto para toras de madeira. Eu fecho a tampa de aeração ao máximo, mas fica muita fumaça. Foram derrubadas árvores no parque que fica atrás do museu de etnografia, não sei quem poderá comprá-las. Devo ir até lá amanhã de manhã antes que seja tarde demais. Em volta, já havia um ajuntamento e não eram pessoas do bairro.

Nem todo mundo tem a "sorte" de Katia, muitos não acham nada e alguns morrem ao buscarem abastecer-se para tentar acender um fogo escasso e sem alegria. Ninguém nunca saberá quantos milhares de metros cúbicos de madeira foram retirados da cidade. As pretensas estatísticas estabelecidas logo após a guerra e que tentam fazer acreditar num controle do problema não passam de pura fantasia. As autoridades, que tentaram organizar as últimas coletas, contentaram-se em aparentar estar à frente de um movimento do qual não eram nem as instigadoras nem as organizadoras. No máximo, a milícia impedia os mais decididos de apoderar-se de alguns edifícios históricos ou oficiais, embora potencialmente ricos em "combustíveis". Ela se mostra menos vigilante, em compensação, quanto à destruição das casas ou dos edifícios, derrubados sem que seus ocupantes tenham para onde ir.

O cerco de Leningrado

Sentença de morte

Numa Leningrado cada vez mais vulnerável, corre o rumor – e em alguns casos isso se confirma – de que oficiais alemães, disfarçados de soldados soviéticos, infiltram-se nas fileiras do Exército Vermelho e incitam os soldados a desertar. É sempre o mito da 5ª coluna em ação. A título preventivo, cerca de 23 mil pessoas de origem alemã e finlandesa foram deportadas durante o verão. Entre 20 e 26 de setembro, procede-se oficialmente à prisão de 310 desertores e na semana seguinte a um número ainda maior, o que justifica um apelo à população por parte do conselho militar da Frente Noroeste, do comitê do partido da cidade e do comitê executivo do Soviete Municipal: "Ajudemos o Exército Vermelho que combate diante de Leningrado constituindo novas unidades da Opoltchenie...", justamente quando Hitler dá a ordem de "apagar a cidade de Petersburgo da superfície da terra".

Por seu turno, Stalin emite uma "ordem especial" aos defensores de Leningrado:

> Segundo alguns rumores, os alemães que avançam sobre Leningrado enviariam homens e mulheres idosos, assim como crianças dos territórios ocupados para parlamentar com os bolcheviques para obter a rendição de Leningrado. [...] Dizem que há, entre os bolcheviques de Leningrado, pessoas que consideram inoportuno usar armas contra tais interlocutores. Se existem realmente homens assim entre os bolcheviques, considero que estes deveriam ser os primeiros eliminados, pois são mais perigosos do que os fascistas. Aconselho a não ter sentimento e atacar o inimigo e seus auxiliares, quer sejam voluntários ou não. Nada de piedade com os alemães [...] nada de proteção para seus representantes, quaisquer que eles sejam.

As mesmas ameaças são retomadas pelo conselho militar da Frente de Leningrado. Quanto ao *Leningradskaia Pravda*, ele escreve:

> Todos os que puderem portar armas, que prezam a honra e a liberdade da pátria, considerem que é seu dever combater nas fileiras da Opoltchenie popular e ajudar o Exército Vermelho a rechaçar o inimigo e a defender nossa cidade bem-amada, nossas casas, nossas mulheres e nossas crianças.

Na cidade, estabelecem-se novas regras de toque de recolher: doravante é proibido circular de 22h às 5h. A venda de bebidas alcoólicas é proibida após as 20h, um regimento de 2 mil Komsomols é criado para manter a ordem pública.

A sorte de Leningrado parece estar definida, pelo menos na mente do Führer e também na de seus subordinados. Isso porque ninguém de seu entorno se mexe diante da perspectiva de deixar morrer de fome centenas de milhares de pessoas. Basta citar um só dentre seus generais, e não se trata de qualquer um: o general Hoepner, com fama de antinazista entre os integrantes da Wehrmacht e que foi enforcado por causa de sua colaboração ao atentado fracassado contra Hitler, em 20 de julho de 1944, juntamente com Stauffenberg. Em 2 de maio de 1941, ele escreveu numa nota preparatória à operação Barbarossa:

> O objetivo dessa batalha deve ser a destruição da Rússia atual, e é preciso conduzi-la com uma rigidez sem precedentes. Toda a operação militar deve ser planejada e executada com uma vontade de ferro a fim de exterminar total e impiedosamente o inimigo. Em particular nenhum partidário do sistema russo-bolchevique deve ser poupado.

O resultado é a lenta agonia da cidade.

Uma noite no inverno

Mesmo com o frio que se abate sobre a cidade, quando é alta madrugada não se pode dizer que Leningrado durma, primeiramente porque as sirenes tocam com regularidade e é necessário descer para os abrigos tateando no escuro, ou deslocar-se para o local que tem essa função. Embrulhados em roupas sujas, pois estão vestidos como se deitaram, os moradores dos imóveis se apertam uns contra os outros e esperam o final do alerta enquanto, a distância, ribombam os tiros de DCA, as bombas explodem ou, mais aterrorizantes, percebem-se as chamas dos imóveis atingidos pelas bombas de fósforo. Depois, é necessário voltar para a cama e tentar descansar, com a barriga vazia, ao lado de um fogareiro frio.

O cerco de Leningrado

A noite é também dominada pelos vigias dos imóveis, pela milícia e pelas sentinelas dos telhados, que se revezam na esperança quimérica de que não haverá nada a assinalar.

A breves intervalos, soa o sino dos carros de bombeiros que abrem passagem em meio aos escombros e às dificuldades para tentar controlar um incêndio. Seus homens, que, na maior parte das vezes, têm no capacete o único sinal distintivo, procuram, quase sempre sem resultado, um hidrante de incêndio em bom estado, e acabam quebrando o gelo do Neva, de seus afluentes ou dos canais, quando não estão muito distantes, ou acionando uma bomba manual para fazer seu trabalho derrisório em meio a tanta destruição. São também os mortos que são retirados dos escombros, muitos deles asfixiados, a maioria por não ter tido a força de fugir do perigo ou por terem pensado que descer para o abrigo seria uma precaução inútil numa situação de desastre generalizado. Sem contar aqueles que serão encontrados bem mais tarde, quando o imóvel for recuperado. Alinham-se os cadáveres uns ao lado dos outros, tentando descobrir sua identidade antes de partir para apagar outro incêndio, enquanto os sobreviventes, prostrados, esperam não se sabe o quê.

Nos postos de socorro e nos hospitais lotados, sem medicamentos ou quase, recebem-se sem parar novos contingentes de feridos. Os da cidade e também os que chegam da frente de batalha, muitos por seus próprios meios. E a escolha a fazer entre os que podem ainda ser salvos e aqueles para os quais todo esforço seria em vão, em detrimento dos primeiros. No hospital, não há tratamento, ou se há, é ruim. Os médicos qualificados estão na frente de batalha, os medicamentos são insuficientes ou impróprios para as patologias. Por falta de leitos, os doentes ficam sentados no chão. A única coisa que muda é a dieta. Pela manhã, assim como Dima, filho de Elena Skrjabina, eles recebem um pouco de sopa de milho-painço e 15 g de gordura e mais 300 g de pão para passar o dia; ao meio-dia, outra sopa e às vezes um mingau de aveia com uma espécie de molho; à noite, enfim, uma outra gamela de líquido. Isso não é suficiente para tirar da apatia as vítimas de desnutrição, já muito doentes, mas pode impedir que morram.

Nessa curiosa prisão-hospital-matadouro em que se transformou Leningrado, as pessoas rezam dia e noite como se a urgência da situação tivesse reavivado velhos reflexos da fé ortodoxa e dos rituais contra os grandes flagelos. E a prece reúne muitas vezes os que creem no céu e os que celebram o paizinho dos povos, quando não são os mesmos.

142

Antes de amanhecer, formam-se colunas de pessoas na praça do Estado-Maior, no Campo de Marte, perto da fortaleza Pedro-e-Paulo, ou nas margens do Neva; elas partem em silêncio para ganhar seus postos nos locais mais avançados da cidade.

São as fábricas que continuam a funcionar, aquelas que ainda dispõem de meios para fazê-lo, isto é, os instrumentos, as matérias-primas e a mão de obra, preparando armas ou munições, utilizadas muitas vezes logo em seguida, tal é a penúria na frente de batalha. São os tanques que acabaram de ser montados e pintados enquanto sua tripulação espera sentada num banco junto ao muro da oficina, impaciente para partir e combater.

São grupos de crianças, que muitas vezes se refugiam nos esgotos durante o dia, que saem em busca de tudo o que pode ser recuperado: alimentos ou roupas. Saqueadores de cadáveres.

São os artistas que trabalharam até tarde nos teatros, nas salas de concerto e que preferiram permanecer no local após o toque de recolher, pois de que serve ir para casa, correndo riscos, se lá falta tudo?

É também o Instituto Smolny, sempre iluminado, onde funcionários do partido procuram soluções para tirar a cidade da armadilha na qual está presa. Semblantes severos, cansados, muitas vezes desesperados, mas que tentam escondê-lo. Ali está o Estado-Maior que não domina a situação presente e que não tem dúvidas de que, em caso de ofensiva geral contra a cidade, todos lutarão bairro por bairro, rua por rua, casa por casa, e mesmo cômodo por cômodo. E sem as armas necessárias. O Estado-Maior sabe que, em toda parte fora de Leningrado, as cidades caem umas após outras, que as pontes são tomadas de assalto antes de serem destruídas, que os tanques são em número insuficiente e que as tropas pouco treinadas não podem compensar a inexperiência unicamente com sua coragem e abnegação. Entretanto, é com esses recursos que contam para resistir, sem ilusões de que um socorro de fora possa chegar.

O cerco de Leningrado

Cadáveres na rua

A vida depende, por vezes, de uma mão estendida na rua, sem a qual o(a) infeliz, cujos joelhos dobram por falta de comida, desaba na neve e jamais se levanta.

No começo, quando um homem caía, com seu pequeno saco na mão, à procura de uma doação incerta, os passantes paravam para tentar levantar o infeliz, reconfortá-lo, ajudá-lo a voltar para casa ou ainda, pelo menos, a colocá-lo num abrigo.

Pouco a pouco, nas filas que se estendem na cidade, à espera de uma improvável distribuição, algumas pessoas desmaiam para não mais voltar a si sem que ninguém se comova. Cada um tem muito que fazer para sua própria sobrevivência. Nas ruas, nas pontes, onde o frio glacial é ainda mais intenso por causa do vento, jazem formas humanas, na maioria das vezes com o rosto voltado para o chão, os passantes os contornam sem nada fazer. Se por acaso esses cadáveres gelados jazem isolados, longe de eventuais olhares de reprovação (ou de inveja?), eles logo se acham livres de suas botas, de seu casaco, de sua boina ou das roupas aproveitáveis. Na casa deles, alguém se preocupa com sua ausência, depois parte à sua procura economizando forças, tendo, por vezes, o alívio covarde de uma boca a menos a alimentar, de um cobertor disponível a mais e de bônus de racionamento suplementares, pois se evita declarar o desaparecimento do infeliz.

Na rua, armados de longos ganchos como os que são utilizados pelos estivadores para levantar pacotes e sacas, voluntários recolhem os cadáveres, colocam-nos dentro de caminhões. Por falta de veículos ou de combustível, cavam-se, o mais perto possível, fossas comuns nas quais são jogados os corpos endurecidos.

Quando algum deles está presente, um oficial do cartório ou um membro da milícia anota as identidades que puderam ser descobertas, a data e a quantidade dos despojos que são enterrados às pressas numa terra misturada com cascalho, detritos diversos e neve. As carnes e os rostos numa magreza de campo de concentração, de olhos fundos, bocas escancaradas em mandíbulas desdentadas, desaparecem pouco a pouco com os movimentos das pás sob os olhos daqueles que ficaram no alto, à beira do túmulo.

Quando os tiros de artilharia inimigos fazem várias vítimas, os corpos são colocados ali, como fantoches de trapos. Muitas vezes os ferimentos ou as mutilações não são aparentes. Raramente se vê o rosto do morto, protegido por várias camadas de tecido. Trata-se de um homem ou de uma mulher? Impossível saber à primeira vista. Atordoados, os sobreviventes observam. Os parentes que acompanhavam os mortos se ajoelham, choram e rezam. Quase resignados. Não há nem grito nem gemidos, ou são muito raros. Outras silhuetas passam sem prestar nenhuma atenção à cena. A cada um seu sofrimento, a cada um seus mortos. Coisa inacreditável em outros tempos, a família abandonar o cadáver lá onde foi encontrado, deixando-o deitado na calçada, junto a uma parede, e voltando para procurá-lo mais tarde, quando tiver encontrado um pano qualquer para fazer as vezes ao mesmo tempo de mortalha e de caixão. Arrastado pelas ruas, o defunto é então levado para um necrotério improvisado.

Cenas da vida cotidiana. Ali, onde uma mãe e seu bebê – uma menina, com certeza – estão mortas lado a lado, um ajuntamento se forma. Durante um longo momento, como paralisados, os espectadores permanecem imóveis. Sem se falar. Alguns vão embora, um outro procura com os olhos um membro da milícia que não está presente. A mãe e a criança ficam sozinhas, deitadas no chão gelado.

No longo cais que fica à beira do Neva, da altura da ponte do Palácio até a ponte Kirov, destacam-se formas incertas. Os passantes se cruzam próximos a um indivíduo esticado, com grossas botas de feltro nos pés. Há barbantes (para que servem?) espalhados em torno dele, provavelmente na expectativa de um transporte que venha buscá-lo. Um homem para, olha para os barbantes, que talvez o tentem, mas não ousa recolhê-los e vai embora.

Não longe, jaz outro corpo, enrolado numa espécie de cobertor. As pessoas vão e vêm sem prestar atenção. Dois trenós se cruzam, um carregado de caixotes, o outro puxado por um cavalo famélico conduzido por uma mulher. Com um caixão em cima. Enterro de 1ª classe naquelas circunstâncias.

Um outro casal de mortos, atrozes, deitados com o rosto bem visível, mostram um semblante que nada tem de tranquilo, paralisado numa dor indizível. Um soldado, com uma pasta na mão, para e contempla a cena, sem uma palavra. Um homem, usando uma chapka* na cabeça, um casaco de gola de pele e botas quentes, para a seu lado. Em que pensam eles? Em nada, provavelmente, ou em pouca coisa. Talvez pensem em sua impotência. Um povo que desmorona e que não pode mais, praticamente, render homenagem

---

* N. T.: Gorro de pele que pode se estender até o pescoço, cobrindo as orelhas.

a seus mortos. Esses cadáveres sem identidade num país tão policiado são como uma reprovação, mas também uma razão a mais para tentar sobreviver.

O inimigo não tem nenhuma necessidade de atacar a cidade militarmente. Sem consentir que haja vítimas do seu lado, deixa agir o inverno e a fome no outro lado. Conjugados, estas são suas melhores armas, instrumentos temíveis que atingem os sobreviventes – que, bloqueados no meio dos mortos, sabem que estão com seus dias contados.

Uma noite, voltando do lago Ladoga, Vsevolod Kochetov, jornalista no *Leningradskaia Pravda*, nota a presença de homens que cavam uma fossa. Ele imagina que seja para fazer novas proteções contra os tanques. Mas seu motorista o informa: "Não está vendo que eles estão cavando uma vala comum?" E Kochetov se dá conta de que o monte de madeira que ele pensava ter visto na penumbra eram cadáveres gelados, empilhados uns sobre os outros.

Propaganda obrigatória

Numa cidade sitiada, as únicas notícias são dadas em jornais murais, em algumas folhas de periodicidade incerta, e na rádio oficial, pois os outros aparelhos que tinham a possibilidade de escutar as estações estrangeiras foram suprimidos e substituídos pelo que a linguagem popular chama de "pires": um único botão bloqueado na rádio do Estado.

Com isso, o rumor se espalha, mesmo depois da supressão dos telefones individuais. Rumor quanto à situação militar, política, sanitária, alimentar etc. Essas "informações" são de tal modo duvidosas que os leningradenses, após algumas semanas, quase não as escutam mais e só prestam atenção para tentar saber dos lugares onde se podem obter mantimentos, os dispensários que funcionam, as últimas decisões tomadas pelas instâncias políticas da cidade. Quanto a informar-se sobre a situação da frente de batalha, nada adianta, pois as notícias são voluntariamente vagas e elípticas, visto que a progressão dos alemães é inquietante em toda a URSS. De qualquer forma, todo mundo sabe que os "comunicados militares" nunca foram um modelo de informação em nenhum momento e em nenhum lugar...

A correspondência, quando ainda chega do exterior, o que às vezes acontece, é escrupulosamente vigiada e expurgada pela censura, rara instância que ainda funciona impecavelmente... Pela força do hábito, com certeza.

Os soldados, os civis mobilizados e chegados da frente de batalha, assim como os refugiados, são todos, a julgar por seu estado físico e moral, testemunhas da situação externa a Leningrado e da aspereza dos combates. Os que falam livremente só fazem confirmar que a cidade está a ponto de cair nas mãos do adversário e que se trata de um inimigo sem contemplações. Eles falam também da desorganização da frente, da falta de meios e da imperícia do comando. E essas informações são muito mais fortes do que todo o resto. Não é mais um rumor, são testemunhos.

Por outro lado, não é preciso ler nenhuma notícia para saber que Leningrado está isolada, que o inimigo está às suas portas e que a bombardeia todos os dias, causando muitas vítimas, incêndios e destruições.

Corre o rumor, evidentemente, de que o inimigo enviou espiões equipados com rádios e foguetes para transmitir informações. Mas, sobretudo, os alemães, mestres na arte da propaganda tanto quanto os soviéticos, utilizam todos os meios para abater o moral dos habitantes da cidade. Os serviços de Goebbels agem sem cessar. Eles emitem, em russo, é claro, nas mesmas faixas de onda que a rádio oficial, informações falsas, fazendo crer que algumas personalidades marcantes, intelectuais ou artistas, passaram para o seu lado; espalham pela cidade panfletos trazendo "notícias" aflitivas ou então chamando a população à desobediência civil, tentando persuadi-la de que não adianta nada resistir e descrevendo o destino funesto que a espera: "Se suas fábricas e lojas queimarem, vocês morrerão de fome! Se suas casas queimarem, vocês morrerão de frio!" Jogam sobre a cidade uma perfeita imitação do *Pravda*, em que os artigos e os editoriais são pretensamente assinados no nome dos jornalistas habituais e de personalidades familiares aos leitores do órgão oficial do PCC.

Essas manobras não desarmam os leningradenses, mas trazem perturbação. Não que os cartazes afixados pelos órgãos do partido nas paredes de Leningrado, cantando o heroísmo do Exército Vermelho, dos milicianos ou simplesmente da mãe leningradense protegendo seu filho "contra o monstro alemão" sejam de uma eficácia maior, mas porque o instinto de sobrevivência não precisa de nenhum reforço para aparecer diante de tal adversidade.

Quase não há pessoas como Ilya Ehrenburg, um dos grandes jornalistas da época, para acreditar que os artigos da *Estrela Vermelha*, órgão do exército, tenham algum efeito sobre o moral das tropas e, em consequência, sobre o dos civis. E isso acontece apesar do talento de todos aqueles intelectuais e escritores mobilizados para fornecer ao jornal análises e reportagens de todo tipo. No máximo, para quem sabe ler esse tipo de jornal, trata-se de um bom barômetro do estado de espírito do comando do partido e do exército.

Quanto às "mobilizações de massa", a presença obrigatória aos comícios nas fábricas, nas organizações da juventude, às leituras públicas de poemas liricamente patrióticos, tudo leva a duvidar de sua eficácia. O mesmo não acontece, com certeza, com várias outras atividades, principalmente artísticas, que prosseguem nos teatros e nas salas de concerto apesar dos bombardeios.

A queda de Tikhvin

Apesar do garrote que estrangula Leningrado, os soviéticos, longe de estarem asfixiados, parecem nunca se cansar de voltar a atacar. Em 8 de outubro, três semanas depois que os alemães fincaram pé em Uritsk, o Exército Vermelho luta furiosamente para retomar o controle deste subúrbio. Cinco meses depois do início de Barbarossa, isso faz com que o soldado Wilhelm se depare pela primeira vez com os KV-l e KV-2. Recém-saídos das fábricas de Leningrado, com a pintura que acabara de secar, eles martelam com suas lagartas a estrada que beira o mar (Uferstrasse) ao longo do golfo da Finlândia, semeando o pânico. Enquanto a tropa toma conhecimento do conjunto das armas soviéticas, no seio do comando o ambiente se degrada. Todos sabem que o prazo de quatro meses fixado pela operação Barbarossa para aniquilar a Rússia se esgotou. A debandada russa não foi fatal e desde então é possível constatar que a predição de Hitler feita ao general Jodl – "Basta dar um pontapé na porta e toda essa estrutura podre desabará" – estava errada. Os objetivos, as datas, a própria Barbarossa desmoronam pouco a pouco. E dali em diante o pontapé se dá no gelo, por causa do frio e do imobilismo dos finlandeses. Para mudar a situação, Leeb propõe então apertar ainda mais a correia que estrangula a cidade. Ele quer incluir o lago Ladoga na zona sitiada. Seu plano de ataque parte de Kirichi e consiste em conquistar as cidades de Volkhov e de Novaya Ladoga, e depois fazer a junção com os finlandeses concentrados ao longo do Svir.

Hitler, que não pode deixar de intervir numa operação, modifica o plano. Ele mantém a ideia de lançar o ataque a partir de Kirichi, mas opta por uma marcha sobre Tikhvin, importante entroncamento ferroviário. Sua intervenção só faz complicar ainda mais o ataque. Em vez de se aproximar de Leningrado e das margens do lago, as tropas vão ter de percorrer distâncias duas vezes maiores e penetrar nas profundezas continentais do leste, cobertas de pântanos, florestas, lagos e riachos inóspitos. Diante deles estão alinhados três exércitos soviéticos: o 54º do general Khozin e o 4º Exército do general Yakovlev a leste do rio enfrentam os alemães; o 7º Exército do general Meretskov desafia os finlandeses. Mas logo as cartas são redistribuídas. O tenente-general I. I. Fediuninski, comandante do 54º Exército, substitui Khozin e demonstra uma energia considerável para defender Volkhov: reforços, reconversão dos canhões da DCA e das metralhadoras da flotilha fluvial em artilharia de campanha.

No setor do 39º Corpo de Blindados, o ataque de 18 de outubro toma duas direções. O Grupo Norte, embora muito lento em sua progressão, deve atacar conjuntamente Voibokalo e Volkhov. O Grupo Sul deve transpor o rio Volkhov, o que ele faz em 21 de outubro, e marchar para o leste. Mal protegidos por trincheiras pouco profundas, os soviéticos resistem o quanto podem, depois são obrigados a recuar. Eles abandonam Budogoschtch em 23 de outubro e Sitomija oito dias depois.

Na ala direita, a 8ª Panzerdivision e a 18ª Divisão de Infantaria alemã se dirigem lentamente para Malaya-Vischera, cidade de 18 mil habitantes, bem defendida por uma divisão de fuzileiros soviéticos. Má notícia para os alemães, no momento de passar ao ataque, a famosa 8ª Divisão Blindada é transferida para outro lugar. São apenas duas divisões de infantaria que avançam para a cidade em 23 de outubro. Um erro tático dos soviéticos, entretanto, permite que os alemães saiam ganhando. Estes últimos se protegem do frio em Malaya-Vischera.

Em 6 de novembro, algumas divisões soviéticas se concentram em Tikhvin. Os dirigentes de Leningrado sabem que se essa cidade cai, os alemães poderão cortar a linha Vologda-Leningrado e que isso complicaria também seu abastecimento, alongando as rotas.

Diante dessa situação de urgência, eles mandam um secretário do partido especializado em problemas militares ao PC do chefe do 7º Exército, o general Meretskov. Em 7 de novembro, este se encontra com Stalin e com o

O cerco de Leningrado

marechal Vassilievski sem conseguir reforços. Em 8 de novembro, Yakovlev tenta uma contraofensiva, que incomoda os alemães. Os aviões que trazem os mantimentos para Leningrado conseguem evacuar a 44ª Divisão Motorizada para que ela possa chegar à frente de batalha de Tikhvin, que é tomada de assalto. Em 9 de novembro, o comando do 4º Exército passa para o general Meretskov, mas tudo isso não impede que os alemães finquem pé na cidade naquela mesma noite. As autoridades soviéticas são, então, obrigadas a abrir outras rotas terrestres para abastecer Leningrado. Os trens param, a partir de então, numa estação antes, em Zaborje, e sua carga é encaminhada em lombo de cavalo até o lago Ladoga, onde a temperatura é baixa demais para a navegação dos barcos e alta demais para receber veículos sobre o gelo. É necessário esperar que o gelo faça a sua parte.

O plano de Hitler começa a funcionar: a população de Leningrado morre de fome, mas os alemães viveram num inferno. Na estrada Tchudovo-Tikhvin, 250 homens morreram de frio e os sobreviventes não têm descanso. O 54º Exército e os batalhões de artilheiros siberianos lançam um contra-ataque desesperado. Submerso em ondas de soldados sempre renovadas, o general von Arnim, sucessor de Schmidt, deve mandar voltar suas tropas para o Volkhov, enquanto os finlandeses não conseguem atravessar o Svir. A junção germano-finlandesa tão temida por Stalin não acontecerá.

Um novo assalto começa em 14 de novembro contra unidades da Frente de Leningrado (uma brigada blindada e cinco divisões de fuzileiros) que o general Fediuninski, bem vivo (e não morto em suicídio após uma derrota humilhante, como afirma a propaganda alemã), manda vir para o local às pressas. Uma brigada de infantaria de marinha em ligação com a flotilha do lago Ladoga protege a usina hidroelétrica. Nas ruínas de Bor, lutam furiosamente. Alguns acabam por furar o dispositivo e alcançar a estrada Leningrado-Volkhov. Numa temperatura de -30°C, os alemães tiritam de frio, enquanto os soviéticos estão bem equipados. Apesar do envio de reforços, as tropas alemãs, que fracassaram na luta para tomar Voibokalo e Volkhov, não mais conseguem avançar, contentando-se em bombardear Gostinopolye, base de transporte dos víveres do lago Ladoga em Leningrado. Seu fracasso os impede de se aquecer, não ocupando as casas de Volkhov, e também os impede de cortar a corrente para os leningradenses, não tomando a usina hidroelétrica de Volkhovstrei, cidade que eles levaram quase um mês para alcançar.

No lago Ladoga, os voluntários, muitos deles pescadores que conhecem perfeitamente as transformações invernais daquilo que é o seu espaço natural, procedem, a partir de meados de novembro, a testes e sondagens. Eles se arriscam, com picareta e trena na mão, para calcular a espessura e a resistência do gelo. As medidas são simples: para suportar um caminhão carregado de uma tonelada de mercadoria, a espessura do gelo deve ser no mínimo de 100 mm, sendo necessários pelo menos três dias consecutivos de uma temperatura de -5°C. Para realizar um transporte digno desse nome, é necessário ter uma espessura duas vezes maior e 11 dias a -5°C.

Em 18 de novembro, de repente, o vento norte começa a soprar fazendo descer a temperatura a -12°C. Em dois dias, o gelo chega a 180 mm, o que não é suficiente para os caminhões rodarem com toda a segurança, mas as autoridades decidem começar os transportes sem esperar mais. Está em jogo a vida de milhares de habitantes da cidade. São, portanto, as cargas mais leves que partem de início, como os cavalos, atrelados a trenós. Quando eles morrem a caminho, o que é frequente, são trinchados no local, e sua carne enviada para Leningrado. Depois, são os caminhões cheios pela metade que se aventuram lentamente sobre a nova camada de gelo. Os veículos avançam em comboios espaçados. Apesar disso, alguns caminhões quebram o gelo bruscamente, mergulham e afundam na água, provocando o afogamento de muitos motoristas. Toda a coluna para, e fazem-se sondagens em volta, e o avanço é retomado contornando a superfície esburacada. Para evitar ao máximo esse tipo de acidente, os caminhões rebocam trenós e repartem assim sua carga numa superfície mais extensa.

Apesar dos esforços despendidos, o abastecimento continua muito escasso, ainda mais que, em 30 de novembro, o tempo muda, a temperatura sobe para 0°C durante o dia e para -3°C, -4°C à noite. Dimitri Pavlov faz um balanço pouco encorajador: "De 23 de novembro a 1º de dezembro inclusive, cerca de cem toneladas de farinhas tinham chegado em trenós puxados a cavalos ou de caminhão – menos de dois dias de víveres – e quarenta caminhões haviam afundado ou ficaram enguiçados em buracos de água".

O cerco de Leningrado

A retomada de Tikhvin

Três grupamentos intervêm ao lado daquele do general Meretskov, que marcha em direção a Grusino, o do general Pavlovitch, que está estacionado ao norte de Tikhvin, o Grupo Centro comandado pelo major-general Ivanov a leste e o grupo do coronel Devyatov ao sul. Na região de Volkhov, o tenente-general Fediuninski deve, enquanto isso, impedir o avanço do Grupo Boeckmann e do 1º Corpo do Exército alemão.

Uma espessa camada de neve cobre o solo. O ataque começa em 1º de dezembro. Depois de um ataque maciço da aviação, as forças de infantaria entram em ação. Em Tikhvin, as forças da 61ª Divisão de Infantaria alemã se defendem com a energia do desespero. A capacidade de luta do *Oberst* (coronel) Berger, por exemplo, custa 50 blindados ao Exército Vermelho em alguns dias e a 18ª Divisão de Infantaria Motorizada resiste, mas o frio a castiga com força. Em poucos dias, mais de 5 mil homens são postos fora de combate.

Rechaçados por todos os lados, os alemães sofrem. Leeb reclama a autorização de se retirar de Tikhvin. Hitler recusa. Não podendo fazer de outra maneira, o tenente-general Haenicke passa adiante e decide abandonar a cidade. A retirada começa em 9 de dezembro. Os alemães explodem as infraestruturas (pontes, estradas, depósitos de mantimentos). Depois, saem em ordem, mas a toda velocidade, expondo-se às balas inimigas para frear o avanço dos soviéticos. É o inferno do fogo, do aço e do frio. No mesmo dia, o general Meretskov entra como vencedor na cidade em chamas. Ele se apodera de 42 canhões, 46 morteiros, 190 metralhadoras e 102 veículos deixados para trás pelos alemães, não sem terem sido previamente bastante sabotados.

Nos dias subsequentes, as unidades do 39º Corpo de Blindados colocados sob o comando do general von Arnim passam por seus piores momentos. Somente a 18ª Divisão perdeu nada menos do que 9 mil homens e não contam mais do que 741 combatentes. No sul, a 126ª Divisão de Infantaria abandona Malaya-Vischera. Abaixo dela, os espanhóis da 250ª Divisão de Infantaria evacuam os pontos de apoio de Possad e Otenski. Em 22 de dezembro de 1941, os sobreviventes de Tikhvin alcançam o Volkhov, enquanto a temperatura desce a -52ºC.

Balanço numérico das vítimas: dentre os 300 mil homens mobilizados pelo Exército Vermelho na Frente de Tikhvin, 110 mil foram feridos, 80 mil mortos, quando os alemães registram 45 mil perdas.

Tendo os soviéticos retomado o controle de Tikhvin, Leningrado respira novamente, embora com parcimônia. As comunicações telefônicas são deficientes entre os diferentes pontos de passagem, e a partida e a chegada – assim como a organização dos transportes – deixam, no mínimo, a desejar. Independentemente do velho reflexo stalinista que leva o representante dos serviços da retaguarda da Frente de Leningrado, o coronel Jamkin, a incriminar os motoristas que, não responsáveis diretos de um veículo, tendem a não cuidar deles como deveriam, o estado das estradas e dos veículos é deplorável. Jdanov e Kutzenov em pessoa vêm tomar consciência da situação no local. Resultado: Jamkin é destituído de suas funções e são definidas normas. Dois motoristas são responsáveis por um caminhão. Eles devem transportar 25 toneladas por dia. O comando do serviço das estradas é responsável pelo seu estado e pelo tráfego que aí se desenvolve.

Jdanov, sem esperar os resultados concretos dessa nova organização, manda aumentar a ração de pão em 25 de dezembro. Enfim, um sinal positivo para uma população dizimada pela fome:

> Decreto nº 00493 Conselho militar da Frente de Leningrado
> Forças em campanha, 24 de dezembro de 1941
> A partir de 25 de dezembro deste ano, o pão será distribuído nas bases seguintes:
> Trabalhadores e pessoal técnico: 350 g
> Empregados de escritório, pessoas dependentes e crianças: 200 g
> O comandante da Frente de Leningrado Ten.-general Khozin, Membro do Conselho militar; O secretário, CC, ACP (b) Jdanov.

Um mês depois, as rações são aumentadas novamente. Entretanto, com a aceleração do transporte dos produtos sobre o lago, é o próprio abastecimento dos entrepostos que causa problema. As estradas de ferro são, muitas vezes, cortadas por bombardeios, pontes devem ser consolidadas ou reconstruídas, estando sobrecarregadas de comboios militares transportando material e soldados para a Frente de Tikhvin.

A farinha, principalmente, demora a ser entregue. O próprio Mikoyan, responsável pelas questões de logística no Comitê de Defesa do Estado em Moscou, dá a ordem para reforçar as entregas e de buscar os meios para isso. Os moageiros de Saratov, Seima e Rybinsk são mobilizados 24 horas por dia e os comboios trazendo a inscrição "Abastecimento para Leningrado" são prioritários. Em alguns dias, a situação melhora, a cadeia de abastecimento, num momento tão tênue, não se rompe.

Na manhã do Ano-Novo, a ligação ferroviária Tikhvin-Volkhov é estabelecida. O trajeto, a partir de então, é de 55 km, em vez dos 190 dos dias mais sombrios. Chega a vez de os alemães se preocuparem com seu abastecimento. Como parece distante o dia em que Hitler, aborrecendo-se só de ouvir falar em inverno, declarava peremptoriamente: "Eu não quero que me encham os ouvidos com as dificuldades de abastecimento de nossas tropas no inverno. É absolutamente inútil se preocupar a esse respeito".

Sempre sobre o gelo

Entretanto, o abastecimento de Leningrado continua insuficiente. É preciso organizar o trânsito sobre o gelo do lago, pois com o acúmulo de neve ficou extremamente perigoso e difícil deslocar-se. Coloca-se em serviço um sistema que permite que os caminhões carregados passem por um caminho e voltem vazios por outro. Veículos que retiram a neve são distribuídos sobre o trajeto, companhias dotadas de um mínimo de material são encarregadas de consertar veículos quebrados, de dia e de noite; a estrada está semeada de sentinelas quase enregeladas, munidas de bandeirolas, permitindo que os motoristas se orientem nas tempestades de neve ou à noite. A lentidão é assustadora, mas o transporte é feito.

Jdanov compreendeu bem a situação:

> Cada um daqueles sobre o qual se repousa o bom funcionamento da estrada: motoristas, controladores do tráfego, encarregados da retirada da neve, mecânicos, agentes de sinalização, chefes, trabalhadores políticos, trabalhadores da administração da estrada, cada um deve cumprir seu dever em seu posto como um soldado na batalha.
>
> Dediquem-se à tarefa como devem fazê-lo os patriotas soviéticos, honestamente, de todo o coração, sem economizar suas forças, sem perder tempo, de tal modo que os mantimentos para Leningrado e para a frente de batalha possam ser fornecidos segundo as quantidades prescritas pelo plano. A mãe pátria e Leningrado jamais esquecerão sua obra.

Entretanto, devido à evidente melhoria das condições de transporte e das quantidades que são entregues (mais de 15 mil toneladas de mantimentos passam desde então pelo lago a cada dia), a linha da estrada de ferro entre Osinovets e Leningrado se acha congestionada. O equipamento não é suficiente e o combustível para as locomotivas, de madeira úmida, não é apropriado. Os ferroviários realizam proezas para que o tráfego prossiga, mas este continua sendo de uma lentidão extrema.

Enfim, o acondicionamento deficiente, inadaptado ou inexistente causa pesadas perdas e a mercadoria de vagões inteiros, muitas vezes, chega estragada. Lamentável resultado depois de tantos esforços. Além disso, tais fatos dão ensejo a que se cometam furtos, logo sancionados quando são descobertos, mas a coisa é difícil. Isso porque na urgência, sem que o frete seja pesado, quando os produtos o permitam, eles são apenas contados. Os desaparecimentos podem ser atribuídos à embalagem defeituosa e ao fato de alguns motoristas se apoderarem de uma parte da mercadoria para seu próprio consumo ou revenderem parte da carga. Apesar de a estrada ser balizada, obrigatória, vigiada e cada carga vir acompanhada de um borderô, este é por demais aproximativo, dando ensejo a que aconteçam muitas perdas.

Na cúpula, as autoridades agem e dão as ordens necessárias para acelerar o movimento, mas de que serve dar a ordem de carregar com urgência tal produto, para tal lugar, em tal comboio, se falta carvão? Há limites que nenhuma motivação – e muitos trabalhadores soviéticos de todas as condições tinham bastante – pode superar.

Entre setembro e dezembro de 1941, são nada menos que 3 mil e 600 toneladas de produtos alimentícios, 1 mil e 300 toneladas de munições e de armamento, pouco menos de 30 toneladas de medicamentos e 140 toneladas de correspondência, que são entregues por via aérea. São transportados, durante o mês de novembro, cerca de mil morteiros e canhões, assim como munições em grande quantidade. Também se procede à evacuação de pessoas, sob o risco de uma proteção insuficiente por parte dos caças. Assim, em 17 de dezembro de 1941, nove Li 2 (Lisunov) só podem ser escoltados por um único caça, em cujo comando se encontra o subtenente Petr Andreevich Pilyutov do 154º IAP, regimento de caça encarregado da proteção dos voos. Felizmente, trata-se de um ás. No setor de Novaya Ladoga, captados por cinco caças alemães que não perceberam o único avião de escolta soviético, os Li 2 são atacados. Pilyutov consegue abater dois aviões inimigos; tendo sido atingido, ele é obri-

O cerco de Leningrado

gado a pousar de improviso no lago gelado. A Luftwaffe se concentra nele, o que faz com que os aviões civis possam escapar. Cinquenta e duas mil pessoas, dentre as quais 9 mil feridos, mas sobretudo pesquisadores, altos funcionários e 20 mil operários qualificados, são assim evacuados durante esse período.

Assim que o gelo permitiu abrir a "estrada da vida", e enquanto a hecatombe prosseguia em Leningrado, a aviação continuava a desempenhar seu papel, mas é a DCA que assegura a maior parte da proteção dos comboios: bateria antiaérea sobre trilhos, divisões de DCA independentes, grupos de metralhadoras, se estendem ao longo das margens do lago Ladoga e mesmo sobre o gelo a intervalos de 1 a 1,5 km. Quanto à aviação, na falta de aparelhos e mesmo de pilotos, ela coloca três ou quatro aviões patrulhando acima da "estrada da vida", enquanto de 5 a 10 aparelhos ficam em estado de alerta. Oficialmente, durante o inverno, os soviéticos realizam cerca de 6 mil e 500 voos e 143 combates aéreos, dos quais alguns constituem momentos antológicos: combates singulares, colisões, aterrissagens improvisadas, com seu elenco de heróis e de vítimas.

Felizmente, no mesmo período, a Luftwaffe não está muito ativa naquela zona, realizando menos de 1 mil e 500 voos; somente quando os ataques aéreos à própria cidade de Leningrado forem parcialmente suspensos em dezembro é que o Ladoga voltará a ser um alvo visado pelos alemães: passa-se de 120 voos em novembro a 340 em dezembro. Volkhov sofre cerca de 560 ataques aéreos e a estação de Voibokalo cerca de 900. Em 28 de dezembro, 2 grupos de bombardeiros (6 He 111 e 6 Ju 88) soltam 80 bombas nos setores de Kobona e Kokkorevo.

A fome

Com o inverno, a fome sucede à escassez. Alguns ficam loucos de tão obsessiva que ela se torna. Mesmo quando não é mais apenas sinônimo de sobrevivência. Pois para muitos – e eles sabem disso – já é tarde demais e não é a pequena quantidade que seu estômago receberá que mudará seu destino. Alguns, pressentindo que seu fim está próximo, sentem uma grande vergonha em subtrair um pouco de comida a um próximo que ele poderia, senão salvar, ao menos ajudar a resistir mais tempo.

Outros, ao contrário, espreitam a última fraqueza de seu semelhante para pegar o magro pitéu do defunto que amavam tanto algumas semanas antes e pelo qual pensavam poder se sacrificar. Volodia Truchkow, médico preocupado com seus semelhantes durante todo o cerco, confessa: "Naquela noite, eu me levantei e peguei o pedaço de comida que estava no saco de S. Ela não acordou, no entanto, ela o segurava junto ao peito."

Há aqueles que se lançam sobre a comida ou sobre o que a substitui para engoli-la de uma só vez, o que é uma coisa fácil, pois as quantidades se tornaram ínfimas, mas que dá lugar a um sentimento enganoso de abundância. Outros, ao contrário, dividem o pouco que têm para mastigá-lo em porções minúsculas consumindo pelo tempo mais longo possível, como Nikolai Chukovski, que observa:

> Os dias mais insuportáveis são o primeiro, o segundo e o terceiro. Se o pedaço de pão é consumido no primeiro dia, os dois dias seguintes são marcados pela tortura da fome. Depois, as coisas se acalmam e poucos resistem à apatia que resulta numa fraqueza generalizada, e mesmo em desistência.

Essa fome leva todos os que ainda têm forças a partir ao amanhecer, qualquer que seja a temperatura – que esfria cada vez mais – numa busca desvairada por comida. Todos os dias, Elena Skrjabina comparece à distribuição de pão pela cidade. Ela recebe uma ração, pequena já nos primeiros dias, e que não para de diminuir. As filas de espera começam a se formar às 4h da manhã, e às 9h já não há nenhum pedaço de pão à vista. "Hoje", nota ela em 25 de janeiro de 1942, "fiquei de pé 12 horas seguidas, de 6h da manhã às 6h da noite e somente ao final dessa espera terrível é que consegui nossas rações".

Entretanto, até o começo de 1942, não há praticamente nada a encontrar. As lojas usuais estão fechadas há muito tempo, os centros de abastecimento praticamente não têm nada a distribuir, e quando dispõem de alguns recursos, nunca são suficientes para a multidão que se aglomera diante de suas portas. Apesar disso, são centenas os leningradenses que se precipitam, na medida de suas forças ainda disponíveis, de um lado a outro da cidade, ao menor rumor de distribuição de qualquer tipo de produto. Chega a ser um sinal de desistência inquietante quando as pessoas não se entregam a essa busca quase desesperada e se recusam a se mexer por um ganho hipotético. Elena Skrjabina escreve em seu *Diário*: "É tão simples morrer hoje em dia!

O cerco de Leningrado

Começa-se por se desinteressar de tudo, depois se deita em seu leito e não se levanta nunca mais."

Múltiplos testemunhos o confirmam: seja qual for o dia, seja qual for a temperatura, sejam quais forem seus estados de espírito, é preciso levantar e sair. Nunca ficar trancado em casa e nunca perder a esperança, tal é a disciplina cotidiana. Prontas para lutar por seus filhos, as mães de Leningrado são o pilar do sistema. Se uma mãe de família vem a falecer, é frequente que toda a família desapareça em seguida, sem contar as velhas senhoras vizinhas impotentes porque não há mais ninguém para "fazer as compras".

Único obstáculo real a essa busca é a perda de seu cartão de abastecimento. A partir de dezembro de 1941, sua substituição tornou-se praticamente impossível. Assim, em outubro, são distribuídos 4 mil e oitocentos, em novembro, 13 mil, mas diante da procura de pessoas cada vez mais numerosas nas filas diante das lojas, Pavlov toma medidas draconianas. A partir de então não basta alegar ter perdido seu cartão para conseguir um novo, é preciso provar. Assim, o senhor da alimentação da cidade espera evitar os abusos, pois alguns utilizam vários cartões numa cidade onde, teoricamente, tudo deve ser repartido em função da atividade e dos parcos recursos.

Por várias vezes, Elena fica escandalizada pelo fato de que alguns leningradenses se arranjam melhor do que outros – geralmente, atribuindo-se a parte desses outros – enquanto a imensa maioria enfraquece. É assim que, um dia, ela olha o homem que veio lhe anunciar sua evacuação com olhos arregalados, não por causa da esperança que essa notícia desperta nela, mas porque ele tem um rosto gordo que o torna "o habitante de outro planeta". Evacuada com a mulher do diretor de um hospital, ela é tomada por espasmos na garganta quando sua companheira de viagem tira de sua bolsa uma "merenda": frango, chocolate e leite condensado. "Pela centésima vez, eu podia verificar que a situação das pessoas que têm poder e vantagens nada tem a ver com a das pessoas comuns que nada têm além de seu cartão de racionamento." Entretanto, ela não ousa protestar abertamente contra essa injustiça, porque seu destino, sua sobrevivência e principalmente a de seus filhos dependem muitas vezes do capricho dos "bem aquinhoados".

Durante certo tempo, Pavlov em pessoa decide sobre a atribuição ou não de um novo cartão: ele faz tantas exigências para que a pessoa possa requisitá-lo (produção de provas e principalmente testemunhas idôneas, o responsável por um imóvel, um membro do partido, da milícia...) que a demanda cai praticamente a zero.

 Entretanto, mesmo com essas medidas extremas para desestimular a disputa na fila, nada se resolve, pois não é a extensão da demanda que causa o problema, é a ausência da oferta, pelo menos da maneira oficial.

O que se come

 Em algumas semanas, as rações de bens necessários à vida cotidiana tornaram-se pouco a pouco impossíveis de encontrar. E para o que continua a ser vendido de maneira das mais parcimoniosas, a marca nada mais tem em comum com o produto habitual. Assim, a farinha de trigo do pão é substituída por qualquer cereal suscetível de ser transformado em farinha, depois não se utilizam mais cereais ou algo equivalente: recorre-se a resíduos de feno ou de palha recolhidos nos recantos dos depósitos, entre as pranchas dos vagões ou no fundo dos porões dos navios ancorados no porto. Mais tarde são fragmentos de madeira e serragem, enfim papéis de todos os tipos reduzidos ao estado de pasta. Pouco a pouco, tudo pode se tornar farinha. Desde novembro, os produtos de substituição representam 68% dos ingredientes que compõem o pão.

 O mesmo acontece com a gordura. Acabou-se o tempo da manteiga – já rara em período de paz – dando lugar às gorduras animais: a dos animais mortos no zoo, como o célebre elefante Betty, dos cavalos, também vítimas dos bombardeios ou simplesmente da fome; depois se passa para o sebo habitualmente reservado às velas, ao óleo já servido e para tudo o que engordura de perto ou de longe. O porto, as fábricas e as estradas de ferro são sistematicamente esfregados para que sejam retirados os resíduos de óleo. Nos depósitos de mercadorias, descobrem-se mil toneladas de pasta de semente de algodão destinadas às caldeiras dos navios, que são utilizadas para nutrir a população.

 Tudo é suscetível a ser destilado num país onde a vodka é soberana, tanto como bebida euforizante quanto como meio de se aquecer. Os laboratórios trabalham com afinco para inventar novos sucedâneos, assim extrai-se a essência da agulha do pinheiro para fins pretensamente nutritivos; a lã é compactada para que se possa extrair óleo.

O cerco de Leningrado

Resta a recuperação dos produtos mais inverossímeis, de maneira organizada ou a título individual. A cola da tapeçaria, feita inicialmente à base de farinha, é raspada das paredes, recuperada e incorporada a misturas que se acredita permitirem sobreviver. Pouco depois se come gesso. No museu do Hermitage, os conservadores confeccionam uma espécie de gelatina à base de cola de carpinteiro – alguns dos habitantes do museu não sobreviverão a isso. De fato, longe de contribuir para a sobrevivência dos habitantes de Leningrado, essas misturas imundas provocam complicações gástricas, disenterias, intoxicações muitas vezes fatais a organismos enfraquecidos.

Nesse intervalo, os animais domésticos – expediente costumeiro em tempo de cerco – sofreram uma carnificina. Em 28 de novembro de 1941, Vera Inber escreve:

> [...] O professor Z. me contava há pouco tempo: "Minha filha passou todo o dia de ontem procurando o gato no sótão." Esse amor pelos animais me parecia muito tocante quando o professor acrescentou: "Nós queríamos comê-lo." Num outro dia o mesmo Z., um caçador fanático, me declarou: "Minha vida estará acabada quando eu tiver pegado meu último galo silvestre e me parece que isso já aconteceu." O mesmo acontece com o professor Likhachev, que deve sua sobrevivência a sua incomparável destreza na caça aos ratos e aos pombos.

Assim, os gatos e também os cachorros, os pássaros e os ratos desaparecem pouco a pouco dos apartamentos e das ruas. Duas mil toneladas de tripas de carneiro, recuperadas no porto, são transformadas em gelatina para substituir a carne.

Tikhomirov, responsável pelo Jardim botânico, relata: "O jardim possui uma preciosa coleção de batatas de tulipas, elas foram desenterradas por pessoas esfomeadas para fazer sopa. Um dos gatunos foi pego um dia em flagrante delito, ele levava as batatas no saco de sua máscara contra gases." Em torno dos entrepostos Badaiev, raspa-se o chão para tentar recuperar os produtos carbonizados ou derretidos e essa infame mistura é vendida com o nome de "terra de Badaiev".

Mas o pior está por vir. Em 12 de janeiro de 1942, uma nota do NKVD diz que:

> No alojamento da escola profissional, na rua Mochovoi nº 32, moravam cerca de 25 alunos. Eles foram deixados ali por negligência e por diferentes

razões. Os alunos estavam entregues à própria sorte, não lhes foi confiado nenhum trabalho de formação e eles não receberam, para o mês de dezembro, nenhum cartão de abastecimento. Durante esse mês, eles se alimentaram da carne de cães ou de gatos. Em 24 de dezembro, o aluno Ch. morreu de fome. Seu corpo foi partilhado entre os condiscípulos e utilizado como alimento. No dia 27 morreu o aluno W., cujo corpo foi também utilizado como alimento. Onze alunos foram presos por canibalismo, todos confessaram. O diretor da escola profissional Lejmer e a diretora Plaksina, que são os responsáveis por esses fatos por sua negligência e sua incúria, serão punidos.

Nos seis meses seguintes ao final do ano de 1941, a polícia prendeu cerca de 2 mil pessoas por terem consumido carne humana. Vasili Yerchov, oficial em ação no sul de Leningrado, relata o caso dos médicos que não hesitam em consumir os membros amputados de seus pacientes. Outros assassinam suas vítimas para devorá-las. Há bandos que fazem comércio desse alimento um pouco particular. Os fornecedores? Os coveiros, mas também verdadeiros "caçadores" de humanos que matam para cortar em pedaços e revender. Sem contar alguns infelizes que comem um membro de sua família após sua morte. Esses "canibais" são severamente punidos, são fuzilados às centenas, de maneira mais ou menos sumária. As autoridades se permitiam divulgar essas sanções, mas na maior parte do tempo preferem se calar ou apresentá-las como absolutamente excepcionais.

Muitos desses "canibais" são os deserdados da sociedade soviética. Leningradenses recentes em sua maior parte, são camponeses que fugiram da coletivização, operários sem emprego. É pelo menos isso o que está nos relatórios do comissário Kubatkin.

Escambo e mercado negro

Os períodos mais duros não são totalmente infrutíferos para algumas pessoas. Os aproveitadores de ocasião florescem em Leningrado. Alguns de maneira quase involuntária: um soldado, voltando da frente de batalha, troca um pouco de comida com uma mulher pronta a lhe oferecer um bem

O cerco de Leningrado

qualquer em contrapartida, que pode ser, por acaso, uma aguardente mais ou menos batizada. Mais tarde, os preços evoluem de maneira radical, e joias são propostas em troca de alguns gramas de um pão dormido ou de um salsichão de procedência duvidosa. E o permissionário agarra a oportunidade, ele que, até então, sempre foi mais bem alimentado do que os que ficaram na retaguarda, ou, pelo menos, foi regularmente servido de víveres e não passou fome. Tripulantes de um submarino conseguem subtrair algumas peças raras da casa de Pushkin, como um sofá de Turgueniev, que trocam por produtos alimentares e eletricidade para o diretor do museu.

Na própria cidade, há aqueles que, tendo constituído reservas a tempo, acumulam riquezas com tarifas de usurários, unicamente com bens de um alto valor: obras de arte, ouro, pedras preciosas, livros de coleção... Estes, em sua maioria, "tomaram precauções" desde a Guerra de Inverno contra a Finlândia, que havia demonstrado a deficiência do abastecimento de Leningrado em caso de conflito. Um deles, denunciado à milícia, dispunha de uma verdadeira reserva de alimentos, sabão e produtos diversos, própria a resistir a um cerco (o que aconteceu!). Confiscados os seus bens, ele é enviado para a linha de frente como "monopolizador".

Como o rublo não tem mais nenhum valor, o mercado negro toma proporções inverossímeis: o valor padrão e a moeda de troca são o pedaço de pão ou a garrafa de vodka, com que se pode obter tudo ou quase tudo. O antigo "mercado de feno" torna-se o centro desses tráficos; fortunas passam das mãos de cidadãos à beira da morte para as de traficantes, mais ou menos organizados em bando.

Numa cidade em que a vida sexual se reduziu a sua expressão mais simples, as mulheres, enfraquecidas, não menstruam mais, percebem seu corpo enfraquecer a olhos vistos, não têm higiene por falta de água e por desânimo; numa situação em que elas não fazem mais nenhum esforço para seduzir e só usam, na maioria das vezes, farrapos servindo de roupa. Comeram seu batom e utilizaram seu pó de arroz para misturá-lo à massa de um pão improvisado, e algumas estão dispostas a se entregar para fazer sexo desde que sejam pagas com comida.

Há outras também que se aproveitam de sua situação para fazer negócio com bens que não lhes pertencem. Lokchina, gerente de uma loja de alimentação, consegue subtrair a seus estoques 200 kg de manteiga e 100 kg de farinha para vendê-los no mercado negro. Denunciada, ela é julgada e fuzilada. Mesma sorte para o responsável por uma padaria do bairro de

Smolny, cuja técnica era mais sutil, entretanto, já que roubava alguns gramas de cada um de seus clientes e trocava tudo por objetos de valor. Quanto aos apparatchiks,* cuja relativa opulência os distingue dos demais, são suspeitos de prevaricação, quando, na maior parte das vezes, trata-se de privilégios reservados aos membros eminentes do partido. Escambo, tráfico, mercado negro, delinquência, o quadro da sociedade de Leningrado é mais sombrio do que a propaganda quer fazer crer.

A situação, aliás, não escapa às autoridades. O NKVD não se descuida e faz relatório sobre relatório. Ele relata o aumento da criminalidade (assassinatos, estupros, roubos, agressões...) e, claro, tráficos organizados. Em 7 de novembro de 1941, por exemplo, sob o carimbo "ultraconfidencial", em sua nota de nº 9.752 endereçada aos "camaradas Jdanov, Chosin e Kuznetsov", o comissário Kubatkin indica:

> Uma parte da população recorre aos serviços de especuladores e saqueadores de bens socialistas para obter produtos alimentares. Por ocasião do desmantelamento de uma série de grupos de criminosos, foi verificado que as especulações e os saques se davam essencialmente com os produtos alimentares. De setembro a outubro, a milícia prendeu 149 escroques e traficantes de produtos alimentares. Durante esse período foi recuperada uma grande quantidade de produtos alimentares em posse de gatunos e especuladores, a saber: padaria 2.107 kg, farinha 4.548 kg, açúcar 884 kg, cevada 1.069 kg, gordura animal 562 kg, salsicharia 890 kg. Foi verificado pelo inquérito que os recursos criminosos dos especuladores e saqueadores eram obtidos: a) Pelo roubo sistemático dos produtos alimentares e do pão nas mercearias, nas padarias, nas fábricas de pão etc., e através da venda dos produtos roubados graças às relações criminosas com colaboradores dos quiosques, aos revendedores dos quiosques de cerveja, e a famílias e conhecidos nos bairros; b) Pela venda dos produtos de padaria nas moradias e em outros lugares determinados; c) Pelos roubos sistemáticos dos colaboradores das cantinas que não se limitam às porções especificadas no momento de sua preparação. Os seguintes fatos foram verificados através de uma série de inquéritos: um grupo de ladrões de 8 pessoas na fábrica de pão nº 9 e no sistema de distribuição (empregados dos transportes, motorista, responsável pela padaria). À frente do grupo de ladrões, estavam a responsável pela pesagem e parti-

---

* N. T.: "Apparatchiks" é um termo de origem russa que designa os membros da direção de um partido político, no caso, o partido comunista.

lha, Sernova, e o motorista do depósito do veículo nº 1 da fábrica de pão, Alexandrov. Sernova começou a se relacionar com uma série de responsáveis por lojas por intermédio de Alexandrov. Ela subtraía fraudulentamente, todos os dias, de 15 a 50 kg de produtos prontos. Com a cumplicidade de Alexandrov, ela mandava os produtos roubados para os diretores das padarias. Os membros do bando dividiam os ganhos dos produtos roubados. O inquérito está encerrado e as conclusões foram transmitidas à câmara criminal.

O NKVD no relatório

Como prova esse relatório, o NKVD permanece como uma das instituições que não ficaram em falta perante o poder stalinista. De um lado a outro do cerco ele está presente e controla com precisão os habitantes da cidade. O comissário Kubatkin parece infatigável, assinando documento após documento. Nada ou quase nada parece escapar a ele. As ações "contrarrevolucionárias", quaisquer que sejam elas e as intervenções que acarretam são muitas vezes fatais para aquelas e aqueles que são designados nominalmente nas fichas de seus serviços. Deve-se dizer que entre os cerca de mil agentes diretos do NKVD e os 10 mil responsáveis por imóveis aos quais se confiou igualmente um papel de controle da população que os cerca, o esquadrinhamento é cerrado. Principalmente se a eles se acrescentam as organizações do partido, que denunciam com facilidade, e os cerca de 10 mil "informantes" credenciados.

Com os controles de identidade reforçados (tanto para os habitantes da cidade quanto para os refugiados ou os hóspedes de passagem), as visitas domiciliares, os interrogatórios, as interceptações, a leitura e censura da correspondência ou do que resta dela na saída e na chegada, a escuta e anotação das conversas mais corriqueiras (nas filas diante das lojas, na rua, nas empresas ou nos organismos do Estado ou da cidade), nutrem-se os relatórios que o NKVD envia às autoridades.

O resultado desse trabalho é bastante eloquente: a nota datada de 25 de outubro de 1941 revela que 3.374 "elementos contrarrevolucionários" foram presos desde o dia 22 de junho, sem que sejam especificados quais foram exatamente seus delitos... É fato que sob essa rubrica (a alínea 10 do artigo 58 do

Código Penal autoriza uma interpretação muito extensa do termo "contrar-revolucionário"), pode-se pôr tudo ou quase tudo. Da simples queixa porque a comida é cada vez mais difícil de encontrar à dúvida manifestada quanto à pertinência de que se deveria defender a cidade, passando pela crítica aos órgãos do partido, a denúncia dos privilégios de que se beneficiariam seus membros mais importantes, até o desejo da vitória dos alemães, a escolha é vasta... e as sanções proporcionais.

Em 7 de novembro de 1941, o NKVD não pôde ser mais claro:

> Os sérios problemas de abastecimento provocaram numa parte da população, em particular entre as donas de casa, sentimentos negativos. Esses sentimentos se resumem principalmente em: a) As normas em vigor para a obtenção de alimento seriam de uma maneira que não se poderia conseguir viver normalmente; b) Falta de capacidade de abastecer a cidade, deveria ser dado um prazo ao prosseguimento de sua defesa. [...]

Do outro lado, os alemães fazem suposições sobre o estado do moral dos sitiados e se enganam sobre a reação da população diante desse ativismo policial. Eles querem descobrir aí o sinal de um moral em baixa, prelúdio a uma revolta. Num relatório de atividade de 9 de dezembro de 1941, os oficiais de informações do 18º Corpo de Exército acreditam poder escrever, relacionando causas e efeitos supostos: "Em Leningrado, parece que o sentimento de antissemitismo aumenta. A maior parte dos comissários políticos são judeus. Os judeus são agora evacuados por via aérea. A situação do abastecimento é assinalada como extraordinariamente tensa."

O NKVD prossegue em sua tarefa implacável contra os derrotistas de todo tipo:

> O montador da fábrica Lênin, Chestopalov, explicou, a respeito do abastecimento: "Eles disseram que havia reservas para dez anos. E, na realidade, ao fim de quatro meses não resta nada. Pergunta-se por que eles combatem? Não seria melhor render-se aos alemães?"
> O serralheiro do depósito de bondes Smirnov, Bogdanov, disse, numa conversa com trabalhadores a respeito da situação na Frente de Leningrado: "Se os alemães tomam Leningrado e Moscou, seremos abastecidos com pão. Em todas as zonas que foram ocupadas pelos alemães, vende-se o quilo de pão a 9 copeques, enquanto aqui as pessoas estão completamente inchadas, e logo vai começar a morte em massa."

O cerco de Leningrado

A trabalhadora da fábrica vermelha de Vyborg, Frolova, expressou-se assim diante de seus colegas sobre a necessidade de uma atitude organizada dos trabalhadores: "A direção come ao meio-dia à vontade, sem fazer fila, mas ninguém se importa com os trabalhadores. [...] Nós devemos fazer uma greve [...]."

O que ela diria se soubesse da existência, ao norte de Leningrado, de uma casa de repouso para os apparatchiks onde os felizes eleitos podem ainda se fartar ao abrigo dos bombardeios, pois essa frente é bem mais calma.

O advogado Sabinkov julga a situação do abastecimento da seguinte maneira: "Leningrado está às vésperas da fome mais terrível. O que nos espera é uma revolta da fome por parte do populacho. O populacho começará e a totalidade da população seguirá. As massas chegaram a um ponto quase inimaginável."

Só pode causar espanto a presença estranha do termo "populacho" nas palavras de um soviético... em relação provavelmente à "verdadeira" população da cidade que, para as autoridades, é tida como exemplar.

E a nota prossegue sobre o fato de que os funcionários da censura identificam na correspondência as marcas de um descontentamento dos mais intensos a respeito do abastecimento. Ela cita, por exemplo, uma carta que diz: "A situação piora a cada dia em Leningrado. As pessoas estão inchadas porque fazem biscoitos com sabão e os comem. A cola de farinha que se utilizava para colar tapete não é mais encontrada em lugar nenhum."

O que o NKVD não diz, e que é ainda muito pior, Olga Bergholtz nota: "Media-se a passagem do tempo pelo intervalo que separava um suicídio de outro."

A partida de Brauchitsch

Em 11 de dezembro de 1941, a Alemanha declara guerra aos Estados Unidos, e Hitler tem, então, um inimigo a mais a combater. O mal-estar aumenta no seio do comando alemão, que o Führer decapita à força. As destituições se fazem em série e atingem até a mais alta cúpula da hierarquia. Brauchitsch aventurou-se, jurando apoderar-se de Moscou antes do inverno. Ele não cumpriu a promessa, o que lhe vale uma reprovação virulenta de Hitler. Invocando os problemas de saúde do marechal, ele o demite de suas funções em 19 de dezembro de 1941 e toma o comando para si.

Brauchitsch é um oficial da velha escola, que só conheceu o exército. Oriundo de uma família de soldados da Silésia, pajem junto à imperatriz, ele participa da Primeira Guerra Mundial, depois entra na Reichswehr, o resíduo do Exército alemão tolerado em 1921. Ele conhece bem o Exército soviético. A exemplo de muitos de seus colegas, como Hammerstein, ele efetivamente inspecionou o Exército Vermelho no período entreguerras, na época em que a Alemanha e a Rússia, as duas empestadas da Europa, andavam de mãos dadas e colaboravam uma com a outra para se rearmarem.

Considerado um general culto e íntegro, é portador de notáveis talentos de organização que transparecem na guerra-relâmpago a Oeste e que lhe valem a obtenção de seu bastão de marechal, mas seus resultados a Leste são menos conclusivos. Em 23 de julho de 1941, principalmente, ele não se mostra em nada clarividente quando encontra Hitler durante uma conferência: ele se omite em falar do essencial, a duplicação do número de divisões russas em uma semana. É certo que Brauchitsch sabe que seu chefe execra os "derrotistas" – o que custou o posto de seu predecessor Fritsch –, mas sua atitude pusilânime ilustra sobretudo a espantosa falta de compreensão do alto estado-maior diante da estratégia soviética. As fanfarronadas sobre as vitórias-relâmpagos não são mais adequadas quando se faz uma guerra de usura. Único senhor a bordo, Hitler se recusa a escutar Guderian, o homem que quase tomou Moscou, mas que teve de desistir por causa da resistência bem organizada dos soviéticos e de um frio insuportável (-42°C). Ele conduz a guerra baseado em números errados, por falta de informações precisas e por presunção: espera assim enfrentar 200 divisões russas quando o Exército Vermelho dispõe de 360 e acredita que os Panzers são invencíveis. Acontece que, naquele momento, ele não tem outra escolha a não ser continuar a guerra, pois recuar exporia suas tropas a uma derrota.

O cerco de Leningrado

Os judeus

Da presença de Brauchitsch no comando do Exército do Leste, resta em definitivo um cortejo de ordens descabidas, decididas pelo Führer, mas postas em prática pelos subordinados do marechal e sob seu controle vigilante: a "ordem dos comissários", a execução dos prisioneiros de guerra e, enfim, o extermínio dos judeus. Estes últimos foram objeto de uma eliminação sistemática a ponto de numerosos pesquisadores considerarem que seu massacre durante Barbarossa constitui a primeira etapa do programa nazista de extermínio. O oeste da Rússia e os países bálticos são berços antigos de povoamento judeu. Os bairros judeus (ou mesmo *schtetl*) frequentemente se encontravam, em todos esses países, no centro das cidades, mas também das aldeias, mesmo que *pogroms* assassinos os enlutassem regularmente.

Os judeus são visados primeiramente por várias razões. Menos numerosos e bastante identificados (associações e organizações diversas), eles constituem um grupo mais fácil de eliminar que os eslavos. Além disso, aqui como em outros lugares, os bens dos judeus representam um espólio fácil de tomar, sendo a oportunidade de manifestar sombrias invejas sociais, sentidas muitas vezes há várias gerações. Enfim, o antissemitismo dos generais do Grupo de Exércitos Norte é patente: eles apresentam os judeus como pilares do regime comunista. Por ocasião de Barbarossa, a propaganda ressuscita o velho *slogan* de uma Alemanha lutando contra o "judeu-bolchevismo". É por isso que, em caso de represálias, eles são os primeiros alvos: em Liepaja (Libau), um alemão ferido "vale" 100 judeus executados.

Na URSS, os alemães são reincidentes. Logo que invadem o país, eles se comportam como o fizeram na Áustria, na Checoslováquia e na Polônia, e aplicam seu programa de extermínio em nome da superioridade da raça ariana. Seguindo após os militares, as unidades do Reichssicherheitshauptamt (RSHA – serviços de segurança) comandadas por Himmler lançam "missões especiais" (ou seja, massacres) nas horas que se seguem à ocupação. Seu temível aparelho policial controla as regiões conquistadas com métodos de terror que se tornam habituais a partir de então. Forças policiais – muitas vezes dirigidas por alemães bálticos repatriados ou por veteranos dos corpos voluntários – organizam a repressão e as execuções. Equipes de intervenção móveis especiais, as Einsatzgruppen, as brigadas SS de extermínio, seguem os passos do Exército alemão e eliminam os "indesejáveis", procedendo a fuzilamentos ou recorrendo a caminhões de gás.

Em suas intervenções contra os judeus, os alemães se apoiam por vezes na cumplicidade das populações locais, que com frequência não esperaram por Barbarossa nem pelo sinal de massacre para persegui-los e manifestaram sua hostilidade desde a chegada dos refugiados judeus poloneses que fugiam da ocupação alemã. Numa cidade de fronteira como Vilkaviskis, por exemplo, desde o primeiro dia da invasão, os nacionalistas lituanos saqueiam as casas dos judeus e os denunciam aos alemães. Apenas um mês depois do ataque à URSS e da criação de uma espécie de gueto, são fuzilados aí cerca de 800 homens; as mulheres e as crianças serão abatidas um pouco mais tarde.

Em Riga, o drama explode depois que Himmler inspecionou, em 31 de julho de 1941, entre outros, a prisão central e seus novos detentos, e depois galvanizou suas tropas. Os Einsatzkommandos começam a fuzilar sem distinção homens, mulheres e crianças. Em agosto, o Einsatzkommando nº 3 do Grupo A cumpre suas tarefas inferiores com o apoio das forças auxiliares lituanas, enquanto o Einsatzkommando nº 2 se instala na Letônia, onde em setembro 18 mil pessoas são assassinadas. Essa experiência é de grande importância quanto à estratégia adotada para com Leningrado. Numa carta do escritório de ligação da Kriegsmarine com o Grupo de Exércitos Norte, em 22 de setembro de 1941, um oficial escreve:

> É claro que não poderemos afastar habitantes calculados hoje em 5 milhões de pessoas, ao que parece, a cidade deve ser aniquilada pela artilharia, as bombas, o fogo, a fome e o frio sem que um único soldado alemão pise em seu solo. Pessoalmente, penso que, tendo em vista a incrível resistência dos russos, não será simples eliminar de 4 a 5 milhões de pessoas. Vi com meus próprios olhos o que aconteceu em Kaunas, onde os lituanos fuzilaram 6 mil judeus, dentre eles mulheres e crianças. Mesmo um povo tão brutal não conseguiu chegar à totalidade nessa operação. Pode-se imaginar como será muito mais difícil agir numa cidade de vários milhões de habitantes. [...] Além disso, essa ação despertaria no mundo inteiro uma onda de indignação que nós não poderíamos suportar politicamente.

Em resumo, fuzilar milhões de leningradenses é impossível, fazê-los passar fome é mais simples.

O cerco de Leningrado

Em novembro, Himmler inicia seu projeto de deportação dos judeus da Alemanha e da Europa Central para o Leste. Ele despede Franz Walter, o *Brigadeführer* SS (equivalente a general de brigada) que comanda o Grupo A dos Einsatzkommandos, Stahlecker e depois Hans-Adolf Prützman, julgados lentos demais na eliminação dos judeus.

Assim como Heinrich Lohse, *Reichskomissar* (comissário do Reich) do Ostland, esses dois homens, convencidos da imensa necessidade de trabalhadores braçais para o Reich, preferem conservar a mão de obra judia para o trabalho obrigatório a privar-se dela definitivamente. É então Friedrich Jeckeln, chefe da polícia e dos SS do Ostland, que, tendo chegado em meados de novembro a Riga, se encarrega ao mesmo tempo de eliminar os judeus da Letônia e de desocupar, no gueto de Riga, os barracos de madeira superpovoados para aí alojar judeus deportados da Alemanha.

Jeckeln começa a busca de um local para o extermínio. Em 19 de novembro de 1941, um primeiro comboio deixa a estação, quando os trabalhos de construção do campo de concentração em Riga nem sequer começaram. Nada estando previsto, o comboio é desviado de improviso para Kaunas, onde seus infelizes passageiros são imediatamente abatidos pelos membros do Einsatzkommando nº 3 no interior do Forte IX, uma fortaleza histórica. Paralelamente, Himmler, em busca de "locais de acolhida" para os judeus alemães, decide esvaziar o "grande gueto" de Riga para colocá-los ali. Assim, ele assina a sentença de morte dos judeus letões. Enquanto Friedrich Jeckeln se ocupa com os trabalhos inferiores, Lange deve organizar o campo de concentração de Salaspils (Kirchholm) a 15 km de Riga. Entre 29 de novembro e 1º de dezembro de 1941, o HSSPF (Höherer SS-und Polizeiführer) local manda fuzilar cerca de 4 mil judeus letões e seleciona para o "pequeno gueto" pessoas consideradas em boa saúde e "úteis", que momentaneamente têm a vida preservada. Nessa data, o chefe do Einsatzkommando, Karl Jäger, sente-se autorizado a declarar os países bálticos *judenfrei* (livres dos judeus, no sentido de purificação étnica).

Mas a tragédia prossegue. As unidades SS, alemãs e letãs, e o *Ordnungspolizei* vêm procurar os que escaparam de Riga e fazem-nos embarcar no trem para Rumbula, um pinheiral a 8 km da cidade, espremido entre uma linha de trem e as margens de um rio, o que faz prever um solo relativamente macio. Ali, SD e auxiliares letões os passam pelas armas, jogando os cadáveres nas fossas cavadas por prisioneiros de guerra soviéticos. Em 8 e 9 de dezembro de 1941, acontece um novo assassinato em massa. Em seu relatório ao SD, Jeckeln menciona 27.800 vítimas assassinadas. Entre elas acham-se cerca de mil judeus berlinenses chegados a Riga naquela mesma manhã e redirecionados para Rumbula por falta de lugar no "grande gueto".

Os alemães podem contar uma vez mais com a ajuda das populações locais. Servindo como ajudantes, elas estão ao lado dos Einsatzgruppen nos assassinatos em massa nas florestas vizinhas ou nas deportações para o gueto de Slobodka. Até o mês de setembro, os massacres dos judeus são praticados por comandos alemães, estando os letões encarregados de sua prisão, sem direito a matá-los. Em Riga, em contraste, um anúncio recruta homens que querem ajudar os alemães "a limpar o país de seus elementos indesejáveis", e será o comando Arajs que se desloca de cidade em cidade num ônibus azul. Em seu livro *Einsatzgruppen*, Michael Prazan cita a testemunha de uma cena de assassinatos interrogando um matador: "Como você pode fazer isso com pessoas que não lhe fizeram nada?" Resposta do interessado, um auxiliar: "Sim, é isso, depois de tudo o que nós sofremos sob o regime dos comissários judeus e russos após a entrada dos russos na Lituânia [...], não é difícil." Depois conta que, detido e aprisionado, ele foi torturado e que cada um dos matadores presentes havia suportado ou assistido aos piores maus-tratos – estupro de uma mulher na frente de seu marido amarrado, coração frito numa frigideira e comido...

Os Einsatzgruppen agem também com a cumplicidade passiva e muitas vezes ativa da Wehrmacht. Os acordos entre Himmler e o exército estipulam, com efeito, que os comandos especiais vão agir sob sua própria responsabilidade, embora subordinados respectivamente aos exércitos e aos comandos em chefe dos teatros das operações.

Se os comandos especiais fazem o trabalho de extermínio, eles podem oficialmente contar com o suporte logístico do exército. Em muitas fotografias de massacres, percebe-se, aliás, soldados da Wehrmacht que parecem, no mínimo, tolerar o "espetáculo".

O cerco de Leningrado

Dois martírios de dezembro

São 12 fotos terríveis, quase insuportáveis, mas que permitem ao historiador imaginar, reconstruir, onde os SS não queriam deixar nenhum rastro. Na primeira, distingue-se uma praia de dunas e de areia branca do mar Báltico, mulheres estão sentadas, de cócoras, curvadas, apertadas umas às outras, angustiadas, aterrorizadas, esmagadas de medo. Em primeiro plano, a mulher com um lenço carrega um bebê nos braços. Foto nº 2, elas se despem no meio de roupas jogadas no chão, montes de roupas daquelas e daqueles que os precederam, que já estão mortos, assassinados. Foto nº 3, quatro mulheres e uma menina posam, provavelmente por ordem de um SS. Elas vestem apenas camisas e calçolas, praticamente congeladas naquele dia de 15 de dezembro de 1941. Apenas a menina usa um vestido leve, tão leve que se trata provavelmente de uma camisola de dormir. Ela se esconde atrás de sua mãe. Na outra extremidade do grupo, há uma jovem que aparenta 18 anos. Foto nº 4, quatro mulheres jovens completamente nuas passam correndo na frente dos policiais letões. Foto nº 5, um cano de fuzil, um cassetete de SS ou um bastão empurra um grupo de crianças. Elas correm amedrontadas, descalças na areia, uma mãe aperta seu bebê em seus braços. É o pânico. Todas desviam o olhar de um horrível "espetáculo": o grupo de mulheres que as precedia, alinhadas à espera de serem fuziladas. Elas sabem que as próximas serão elas. Tem-se a impressão de ouvir os gritos de terror. Foto nº 6, elas são obrigadas a ficar em fila na direção de uma bandeira fincada no solo para que caiam no "lugar certo", de costas para o fosso, um fosso profundo, uma trincheira onde estão amontoados em desordem, uns sobre os outros, inúmeros cadáveres. A mulher com o bebê é chamada a mostrá-lo com o braço esticado, uma bala para ela, outra para ele. Foto nº 7 – o fotógrafo alemão tinha o senso do detalhe –, os tiros são disparados, elas caem. Foto nº 8, um homem anda na beira da trincheira. Ele se destaca do monte de cadáveres. Traz uma pistola na mão. Liquida as sobreviventes, aquelas que ainda respiram: "Próximo!"

Essas fotos retratam um dos episódios do massacre dos judeus de Liepaja (Libau), que fez 2.731 vítimas. Logo que a cidade é tomada, o Einsatzkommando nº 2 do Einsatzgruppe A chega e começa uma caça aos judeus. Nas semanas seguintes, seus membros organizam saques, e depois execuções. Os alemães, que têm milhares de coisas a preparar para os ataques seguintes, estão de tal modo obcecados pela questão dos judeus que acham tempo, e frequentemente de maneira prioritária, para organizar seu extermínio. O governo militar alemão que dirige a cidade publica vários decretos, principalmente a obrigação do porte da estrela amarela e a submissão ao trabalho forçado. Depois vêm os massacres. Desenvolve-se um processo que resultará em que, dos 7.379 judeus de Libau, só restem 30.

Em matéria de abusos e de crueldade, o cúmulo é o que ocorre no mês de dezembro de 1941. Assim como 15 de dezembro de 1941 é uma data emblemática do martírio dos judeus em Libau, a festa de São Silvestre é um símbolo da violência alemã contra civis soviéticos, e ela também foi imortalizada por duas fotografias extremamente desagradáveis, pois há sempre fotógrafos "amadores" para imortalizar os piores suplícios. Naquele inverno de 1941-1942, os homens não podem sequer se enterrar ou cavar trincheiras na terra congelada. As dificuldades da vida cotidiana favorecem o ódio e as vinganças gratuitas e isso ainda mais facilmente porque o discurso da guerra ideológica os encoraja. Zoya Kosmodemyanskaya, jovem de 17 anos, alistada como miliciana sob o nome de Tanya e surpreendida ao tentar fazer explodir um depósito de munições alemão, vai sofrer as consequências. Os soldados tiram suas roupas, a torturam e a enforcam. Suas últimas palavras teriam sido: "Lutem! Não tenham medo, Stalin está conosco!" Durante a noite de São Silvestre, uma tropa de alemães bêbados desamarra o corpo, depois se joga sobre os despojos a golpes de punhal e de machado. Será necessária muita coragem aos habitantes do local para recuperar o corpo mutilado e lhe dar uma sepultura.

Janeiro de 1942: a Batalha do Volkhov começa

Fim de 1941, apesar de seus atrasos, o balanço da operação Barbarossa parece ser bem satisfatório para os alemães. A Wehrmacht penetrou 800 km na União Soviética e conquistou mais de 1,5 milhão de km², onde viviam ainda

O cerco de Leningrado

65 milhões de habitantes (17 milhões de pessoas conseguiram fugir). Quer se trate de homens ou de equipamentos, ela registra perdas cinco vezes menores que as dos soviéticos. Por exemplo, ela teve "apenas" 45 mil mortos em dois meses (novembro-dezembro de 1941) no setor de Tikhvin contra 300 mil do lado soviético. Ela reivindica a captura de 2 milhões e 500 mil soldados contra 720 mil pelos soviéticos.

Entretanto, a batalha não está ganha. Primeiramente, porque os alemães perderam mais de 500 mil homens a Leste, o que não é pouca coisa. Além disso, nem Moscou nem Leningrado estavam dominadas, e enfim, o que é mais inquietante, a direção das operações revelava lacunas: desde o início da campanha alemã, por exemplo, nenhum corpo motorizado foi direcionado especificamente para Leningrado. As forças estavam espalhadas demais, os alemães não podiam manter frentes intermináveis com o mesmo virtuosismo que controlavam as da França, quase dez vezes menos longas. As chances para a Alemanha conseguir uma vitória na Frente do Leste já começavam a cair.

A primeira quinzena de 1942 não traz grandes mudanças para a Frente Norte. O frio paralisa a batalha. Os alemães, que marchavam para o Volkhov para melhor isolar Leningrado, estão alinhados ao longo do rio e vão e vêm entre uma margem e outra. Para atravessar o rio de barco, é preciso, por vezes, usar explosivos para abrir a espessa camada de gelo que cobre a água.

O 54º Exército Soviético faz uma tentativa de penetração em direção a Kirichi em 4 de janeiro de 1942, depois volta a seu ponto de partida. No mesmo dia, Lohmeyer, o esperto coronel que havia tomado com tanto brio Liepaja (Libau), cai diante de uma ofensiva soviética na foz do rio Tigoda. As investidas soviéticas lançam-se então em prioridade sobre os pontos fracos da frente adversária, forçando os "buracos" que separam as divisões e os lugares onde falta coordenação.

Num primeiro ponto de junção, a confluência do rio Tigoda com o Volkhov, as condições meteorológicas são terríveis. Na sombra glacial das florestas, faz -42°C e se os esquiadores soviéticos deslizam sobre a neve, os alemães têm muita dificuldade, inclusive o batalhão ss. Uma grande quantidade deles não sobrevive. Apesar disso, os soviéticos não chegam a concluir a operação. Dois dias depois, o 5º e o 2º Exércitos Soviéticos se unem, uma vez mais sem convencer, levando o Exército Vermelho a concluir que a única oportunidade para obter a vitória é tentar contornar o inimigo, e atacá-lo por trás. Assim, a partir de 7 de janeiro, ele começa um movimento ao sul da Frente Norte. No começo, a ofensiva se revela muito eficaz. O 11º Exército Soviético chega a Staraia Russa, base do abastecimento da Frente Alemã, em dois dias. Ele destrói as divisões inimigas, enquanto batalhões atravessam de esqui o lago Ilmen, transformado pela neve em uma planície de uma brancura imaculada. Apostando no efeito de surpresa, os esquiadores dispensam toda preparação da artilharia, mas não conseguem entrar na cidade bem defendida pela 18ª Divisão Blindada alemã, que tinha se instalado ali pensando poder desfrutar de um repouso bem merecido após as emoções de Tikhvin!

Num segundo ponto de junção, ao norte de Novgorod, os russos também progridem, de início rapidamente, estabelecendo uma cabeça de ponte além do Volkhov, depois o coronel Harry Hoppe, o herói de Schlüsselburg, restabelece a situação, mas sem conseguir, dessa vez, fazer com que os atacantes voltem para seu ponto de partida. Em 14 de janeiro de 1942, os esquiadores soviéticos penetram em profundidade nos bosques brancos, a tal ponto que se encontram frente a frente com os artilheiros alemães. Travam-se combates corpo a corpo a golpes de pá, de mosquete ou de pistola.

Num terceiro ponto de junção, na zona Yamno-Arefino, irrompem os soviéticos. Eles se lançam ao ataque para transpor o Volkhov. A temperatura é de -50°C. Eles exploram bem o terreno acidentado, destroem a linha de bunkers e avançam, retirando as posições do regimento do tenente-coronel Schmidt. Mas em muitos lugares, os alemães resistem e os soviéticos levam quatro dias para percorrer os 8 km que os separam da estrada Tchudovo-Novgorod.

Apesar desse sucesso, restam vários pontos de apoio estratégicos alemães inflexíveis na tormenta. Os russos passam, então, por Mpstki, Spaskaia, Polist e Semtizy sem tomá-las. Essa resistência é feita com terríveis sacrifícios. Em grandes dificuldades, a Divisão de Infantaria que defende Semtizy só resiste à custa de centenas de mortes.

Passo a passo, na sucessão das ações, os soviéticos se aproximam de Leningrado. Em 24 de janeiro de 1942, eles se introduzem em massa na brecha de 3 a 4 km e atacam em profundidade, de início em direção ao noroeste, Yeglino, depois em direção ao nordeste, Liuban, cidade cortada pela rodovia Tchudovo-Leningrado. Leeb não sobrevive à tormenta. Ele é retirado e substituído por Küchler a partir do primeiro mês de 1942.

O cerco de Leningrado

O chefe do Grupo
de Exércitos Norte é destituído

Para os generais alemães, a campanha a Leste é uma oportunidade desperdiçada. Ao longo das primeiras semanas, quantas vezes Reinhardt, Hoepner, Manstein, parando sua progressão fulgurante para obedecer a ordens, perderam a paciência e deploraram em ter como superior Leeb, um general indeciso, até mesmo medroso. O chefe do Grupo de Exércitos Norte, na verdade, nunca encontrou seu lugar entre eles e essa singularidade não é nova.

Desde o início do nazismo, Leeb é um homem à parte. Esse bávaro da velha escola chegou ali por um conjunto de circunstâncias, pois logo de início tudo o separa de Hitler.

Leeb é um general experimentado, que retorna da Primeira Guerra Mundial coberto de glória, com o título de nobreza não hereditário de *Ritter* (cavaleiro). Ao final da guerra, cada um segue seu caminho – a Reichswehr e a manutenção da ordem para Leeb, a militância política e a subversão para Hitler. Quando o acaso faz com que se cruzem, o primeiro encontro redunda em enfrentamento. Por ocasião do "putsch da Cervejaria" de 1923, acontecimento fundador do nazismo, Leeb está ao lado dos militares que reprimem a tentativa de golpe de Estado. Naquele dia, são dados tiros, e ele está em posição de matar Hitler e vice-versa.

Cada um tem sua própria concepção da guerra. Leeb, como ele mesmo explica numa obra obscura escrita no período entreguerras, é um partidário fervoroso da defensiva, quando Hitler só pensa em ofensiva. Ambos são ferozmente anticomunistas, mas cada um tem sua visão de mundo: Hitler é tudo menos um devoto, ao passo que Leeb, de semblante fechado, se mostra um católico fervoroso e o primeiro vai censurar o segundo por preferir "rezar a combater".

O advento de Hitler em 1933 nada tem, pois, de um trampolim para a carreira de Leeb. O Führer não hesita em substituí-lo, em 1938, no posto de comandante do Gruppenkommando II (estado-maior de grupo de exércitos) pelo general List, enquanto Leeb não deixa de denunciar a influência crescente dos nazistas sobre o exército.

Leeb conhece, então, uma breve travessia do deserto, quebrada apenas pela necessidade de Hitler de se apoiar em oficiais experientes, respeitados e eficazes para fazer a guerra. Obrigado a reconhecer as fichas de serviço exemplares do general, o Führer lhe confia um comando importante por ocasião da ocupação dos Sudetos; e depois, na ofensiva contra a França, duas campanhas militares que vão permitir-lhe ganhar destaque, principalmente quanto à segunda. Daí em diante, Leeb sai da sombra.

Promovido a comandante do Grupo de Exércitos Norte, ele só fica no posto por seis meses, o que corresponde ao período glorioso da guerra para os alemães. Paradoxalmente, de um lado, ele é criticado por falta de iniciativa, por cumprir fielmente as ordens do Führer e não ser mais do que uma pálida cópia de um Hitler hesitante. De outro, raros são aqueles que aprovam as poucas iniciativas de sua campanha: pausas que neutralizam a Blitzkrieg; ordens dadas a contragosto, como durante a marcha sobre Ostrov em 29 de junho de 1941, em que suas tergiversações permitem aos soviéticos se recuperar; escolhas malfeitas, quando opta, no mês seguinte, por procurar uma solução a leste em vez de limpar o bolsão de Orianenbaum, ou ainda quando não investe sobre Novaya Ladoga, último porto de abastecimento de Leningrado, quando isso era necessário, em setembro de 1941. Bode expiatório do fracasso sobre Leningrado, Leeb é o homem que desperdiçou as chances do assalto final, perdendo tempo. Ele é também o homem que se desgastou em querelas vazias de paróquia. Assim, uma vez posicionados os exércitos alemães em Jekabpils (Jakobstadt) e Pskov, Leeb e Hoepner divergem de opinião. Leeb considera que é preciso, antes de mais nada, vedar o Báltico à URSS e nesse caso, o papel do Panzergruppe 4 é proteger o flanco leste do Grupo de Exércitos Norte. Ao contrário, para Hoepner, o objetivo principal é tomar Leningrado. O compromisso adotado – a divisão do ataque em dois eixos – não satisfaz a ninguém e enfraquece a todos.

Consciente dos limites do personagem, Hitler manifesta por Leeb uma confiança relativa e mostra mesmo para com ele uma frieza visível. Embora o quartel-general de Leeb em Waldfriede não esteja distante de mais de 100 km da "Toca do Lobo" (o posto de comando do Führer na Prússia Oriental), Hitler não pensa nem por um segundo em encontrar o comandante do Grupo de Exércitos Norte – para evitar que ele se perca em conjeturas quanto às diretrizes muitas vezes bastante vagas que o Führer lhe dá. Leeb, por exemplo, quebra a cabeça com a "diretriz 18", que não especifica se ele deve atacar Leningrado de frente ou encurvar sua trajetória para o Norte e ficar disponível para bifurcar em direção a Moscou. Hitler visita Leeb, em seu quartel-

O cerco de Leningrado

general, uma única vez, em 21 de julho de 1941. Nessa data, Leeb, que prometeu tomar Leningrado antes do fim do mês, está a ponto de fracassar. Hitler chega de avião com seus conselheiros e sua guarda, o marechal Keitel, oficiais da Wehrmacht e da SS. A prova de que essa visita não o satisfez em nada e de que sua confiança em Leeb continua limitada é que o Führer envia Paulus três dias depois para tomar conhecimento de seu diagnóstico a respeito do setor comandado por Leeb – e após alguns dias, é Keitel que vem, por sua vez, supervisionar as operações no local.

Vsvad, pequeno porto de pesca

Em janeiro de 1942, ao atacar ao sul do lago Ilmen, os soviéticos dão um pontapé no formigueiro de Vsvad, pacata aldeia de pescadores às margens do rio Lovat, mas que é também uma etapa estratégica para a única rota que vai de Staraia Russa até o lago. Ocupada pelo 290º Batalhão de caçadores de tanques da Wehrmacht há quatro meses, a aldeia vive ao modo alemão e se satisfaz com esse *modus vivendi*. A população russa coabita com o inimigo em harmonia, combatendo os milicianos, quando necessário.

No Ano-Novo, o chefe da milícia local, um certo Nikolaievitch, alerta o capitão Pröhl de que algo está para acontecer. Movimentos inabituais, rastros de esqui mais numerosos e a luz do farol de Jelesno, acesa a noite toda, confirmam o aviso. Embora em estado de alerta, o capitão é pego de surpresa. Ele deixa seus homens saírem da aldeia para se ocuparem de suas tarefas habituais, enquanto um cortejo de homens e de veículos camuflados avança silenciosamente sobre Vsvad.

O cerco de Vsvad começa em 8 de janeiro. É a vez de os alemães serem sitiados e submetidos a um dilúvio de fogo. Batalhões de esquiadores soviéticos, "órgãos de Stalin", aviação de caça e tanques investem contra a aldeia, mas Vsvad resiste. Hitler cumprimenta os defensores e ao mesmo tempo informa que nenhum socorro é possível, e dá a Pröhl a autorização (excepcional) de se retirar.

Em 18 de janeiro de 1942, 11º dia do cerco, o termômetro cai para -51°C. Os alemães recuperam, nos cadáveres dos russos mortos, gorros de pele, botas

178

de feltro e casacos de pele. No dia seguinte, um combate corpo a corpo se prolonga por oito horas durante a noite, as perdas alemãs chegam a 17 mortos, mas os soviéticos devem desistir.

Em 21 de janeiro, enfim, depois de 13 dias infernais, Pröhl decide se retirar. Sua retirada é uma das piores do Grupo de Exércitos Norte. Os homens – tanto os alemães quanto os milicianos soviéticos – devem atravessar o gelado rio Lovat, andar até o farol, depois sobre o lago, numa temperatura de -40°C. Uma retaguarda de soldados alemães fica no local e continua a atirar para dar tempo ao grosso da tropa de evaporar-se na imensidão cinzenta. Na dianteira, o avanço na neve espessa esgota a primeira fileira de soldados. A cada meia hora, é necessário substituir o grupo da dianteira, pois mesmo os mais fortes não resistem. Enfim, ao término de um percurso de 14 horas de marcha, com neve até a cintura, os sobreviventes, extenuados, caem nos braços de uma patrulha... espanhola.

Acampados do outro lado do lago Ilmen, completamente gelado, os espanhóis não hesitaram em calçar os esquis, carregar os trenós e pôr-se a caminho para se juntarem aos alemães. Numerosos combates contra tropas de assalto siberianas provocaram atrasos e muitas perdas, tanto que, dos 205 homens que partiram, não mais do que 34 encontraram os sobreviventes do cerco de Vsvad, antes da hecatombe final. Com efeito, prosseguindo seu caminho, os dois grupos se dirigem para o leste de Ujin quando um novo combate provoca mais perdas em suas fileiras, reduzindo o número de espanhóis a 12. Para compreender a presença dessa Divisão inesperada, é preciso se reportar a sete meses antes, na Espanha.

As desgraças da Divisão *Azul*

Madrid, 24 de junho de 1941: jovens estudantes "nacionalistas" desfilam na capital espanhola, reivindicando participar da guerra contra o bolchevismo. O ministro Ramon Serrano Suñer – cunhado de Franco e organizador do encontro de Hendaye de 23 de outubro de 1940 entre o Caudilho e Hitler – torna-se seu porta-voz: "A Rússia é culpada! Culpada de nossa guerra civil! Culpada do assassinato de José Antonio Primo de Rivera, nosso fundador! Culpada do

O cerco de Leningrado

assassinato de tantos camaradas e de tantos soldados nossos durante a guerra de agressão provocada pelo comunismo russo." De uma só vez, Suñer invoca Primo de Rivera, ícone dos nacionalistas, fuzilado durante a Guerra Civil e, principalmente, fundador da Falange. Suñer sabe, com efeito, que é nas fileiras dessa formação fascistizante que certamente será ouvido.

Franco observa. Prudente, ele soube evitar a guerra até então e conseguiu adiar essa decisão. Com isso, ele mantém, ao mesmo tempo, uma dívida para com Hitler, que o apoiou durante a Guerra Civil de 1936-1939, e uma revanche pendente contra a URSS, que acolheu tantos refugiados republicanos espanhóis durante esse período.

A ruptura do pacto germano-soviético e a manifestação madrilena lhe proporcionam a ocasião de agradecer a Hitler por ter bombardeado Guernica, mas, como ele não pretende se comprometer totalmente, limita-se a sair de sua neutralidade para um *status* de "não beligerante", consentindo no envio de "voluntários". Cerca de 18 mil voluntários são então recrutados no país para partir para o Leste. Eles formam a Divisão *Azul*, criada em 20 de julho de 1941, cuja cor remete à camisa dos falangistas e cujo ritmo de assalto é o canto dos falangistas *Cara el sol con la camisa nueva...*

"Juro que obedecerei de maneira incondicional a Hitler, o Führer do Reich germânico e de seu povo, comandante supremo dos exércitos, e estarei pronto como um bravo soldado a arriscar minha vida para cumprir meu dever." A divisão espanhola presta juramento de fidelidade ao ditador alemão, com a fórmula de base modificada a fim de especificar sua aplicação somente "na batalha contra o comunismo".

A Divisão, treinada na Baviera, ressuscita o tema da cruzada, tão caro aos nacionalistas durante a Guerra Civil. Para ela, a grande cruzada europeia contra o comunismo começou do lado Báltico e ela se acha incorporada ao 18º exército do Grupo de Exércitos Norte. Seu general, Agustin Muñoz Grandes, é um herói da guerra do Marrocos e da Guerra Civil Espanhola. Ele posa em seu QG diante de um cartaz de touradas. Hitler o recebe solenemente em seu quartel-general da Prússia Oriental.

As notícias da época imortalizam seu aperto de mãos, após a entrega de duas distinções, a cruz de ferro, de início, e depois as folhas de louro.

O batismo de fogo da Divisão *Azul* acontece em 12 de outubro de 1941 no setor de Novgorod, onde ela ajuda a completar o cerco de Leningrado. Depois, os espanhóis (aos quais se uniram algumas centenas de portugueses) se instalam entre os dois grandes lagos do norte. Explorando sua imagem de católicos praticantes, as notícias, sob controle alemão, se comprazem em mostrá-los participando de trabalhos de recuperação das igrejas. Filmá-los quando retiram todo o feno e o rebanho que os soviéticos guardaram naqueles locais, é uma boa ocasião de lembrar a barbárie do inimigo e a cortesia do ocupante. Os espanhóis limpam as igrejas, as reabrem e organizam missas, nas quais o serviço de propaganda filma mulheres soviéticas usando véus imaculados. Ao lado dessas atividades pacíficas, eles também auxiliam os alemães em momentos de luta, como se viu nas piores horas de Vsvad.

A artéria vital

Em Leningrado, em 22 de janeiro, o Comitê do Estado para a Defesa decide evacuar 500 mil pessoas em quatro meses. São bocas a menos para alimentar, doentes a menos para cuidar e feridos a menos a hospitalizar; ao mesmo tempo, alguns especialistas vão transferir-se para as fábricas deslocadas para o Ural. Mas fazer partir tanta gente, em estado de fraqueza física, demanda uma organização suplementar. Uma vez mais, é preciso improvisar, tudo o que as autoridades soviéticas parecem ter recusado ver até junho de 1941: lista dos beneficiados, bagagens autorizadas, locais de reunião, abastecimento eventual e principalmente de água, enfim, serviço sanitário, por mínimo que fosse.

A viagem de Elena Skrjabina, que partiu em 6 de fevereiro de 1942, é emblemática da incrível epopeia que a partida de Leningrado representa. Sair de Leningrado é começar por atravessar de ônibus o lago Ladoga, mas o ônibus anda mal, enguiça a cada cem metros, a tal ponto que os pobres viajantes acabam muitas vezes passando a noite no veículo imobilizado no meio da nevasca. Os que sobrevivem à noite gelada devem, então, enfrentar uma nova prova, escapar aos constantes ataques aéreos dos alemães que transformam o ônibus, enfim consertado, em alvo e finalmente em fogueira.

Alguns dias depois da calamitosa viagem de Elena, em 23 de fevereiro de 1942, Vera Inber, em visita à frente de batalha no lago Ladoga, também é testemunha dos bombardeios incessantes na região:

O cerco de Leningrado

...Eu nunca tinha visto chamas assim – dir-se-ia enormes colchas de cor púrpura envoltas em fitas de fumaça e que rolavam no espaço. Não tínhamos ainda nos recuperado de um, e outro bombardeio recomeçava: as bombas caíam bem perto, e os mais terríveis eram os obuses que os alemães lançavam copiosamente em cada carro. Nossa DCA se mostrava nitidamente insuficiente. Todos se estenderam sobre a neve, até os militares. Quanto a nosso caminhão, alguns desceram, outros preferiram ficar. Sitchev da 212ª fábrica, eu mesma e outros dois representantes, ficamos ali sob a folhagem (o que era a maior tolice que se poderia cometer) tremendo e curvando a cabeça cada vez que as explosões de obuses assoviavam perto de nós. [...] Mas nossa tolice, no fim das contas, mostrou-se uma astúcia estratégica. Explicaram-nos que os alemães poupavam nosso caminhão porque acreditavam que se tratava de um veículo abandonado. [...] Partimos para visitar a enésima Divisão de Artilharia e entregar um número recente do jornal *A Batalha Decisiva* que publica a ordem do dia de Stalin...

É por pura sorte que alguns conseguem chegar a seu destino em tais condições. Elena está entre esses, e alcança Cherepovets, sem, no entanto, estar livre de aflições. Lotada de refugiados, a cidade não está em melhor situação do que Leningrado, e qualquer parada por ali não pode passar de três dias. Após esse prazo, cortam-se os víveres ao exilado. No entanto, para ir embora, é preciso que haja um trem. Ora, quase não há trens, e quando chega um, está lotado.

Resta, então, para os mais afortunados apostar na generosidade de parentes mais ou menos afastados e já cansados e esgotados pelo afluxo dos refugiados ou, o que é o caso de Elena, com a benevolência de um funcionário que aceita prolongar (não por muito tempo) a distribuição de cartões de racionamento.

Finalmente, com perseverança, o exilado abre caminho até um vagão, que, isso não é de todo difícil, pode se revelar mais hospitaleiro que as cidades servidas pelo trem. É assim que Elena, tendo subido a bordo de um trem-hospital mais confortável que a média, decide... não mais descer. Ela consegue ser admitida como secretária, com tempo para recuperar sua saúde, tanto quanto sua família, comendo (enfim) e dormindo. Assim ela evolui entre Vologda, Kirov e Perm, multiplicando suas idas e vindas e penetrando sempre mais para leste. Ao sair dessa viagem dantesca, ela muda de direção para o sul, indo para o Cáucaso, parando nas estações de Liske, Rostov, Mineralnye Vody e descendo em Pyatigorsk, entre o mar Cáspio e o mar Negro, onde tem família. Ela se estabelece na cidade até que esta seja tomada em 9 de agosto de 1942.

Nessa louca travessia da URSS, a exilada deixa no caminho atrás de si um filho muito doente para ser transportado, uma mãe morta "no hospital", estabelecimento que, por vezes, não passa de uma simples tenda armada em meio a um campo de neve.

O mesmo acontece com máquinas e utensílios deixados para trás na cidade e necessários ao bom funcionamento das fábricas deslocadas. Entra então em cena um certo Alexis Kossyguin, vice-presidente do Conselho dos Comissários do Povo da URSS desde 1940, responsável pelas indústrias de consumo. Ele conhece Leningrado perfeitamente; e não é por acaso: ele nasceu, estudou, depois trabalhou como engenheiro nessa cidade, e galgou os diferentes escalões até tornar-se diretor-geral da fábrica têxtil Oktyabrskaya (Outubro) e enfim assumiu a direção do departamento da indústria e dos transportes do Partido. Ele chegou mesmo a ser prefeito da cidade, logo, é uma escolha acertada. Esse homem de 38 anos ama sua cidade e, desde que chegou a Leningrado, em 22 de janeiro, dá início a sua tarefa. Para os habitantes removidos, ele manda organizar cantinas do outro lado do lago e implementa seu transporte. Para o material, ele também toma cuidados.

Paradoxalmente, o inverno apresentou como única vantagem permitir o encaminhamento de 45 mil toneladas de mantimentos pelo lago congelado. Na perspectiva da primavera e do desastre que a acompanha, é preciso repensar a organização. Leningrado continua isolada do resto da URSS, exceto por um estreito cordão que a liga à vida. Sua população, apesar das rações, está no limite de suas forças. As autoridades planejam constituir reservas, o que, a priori, parece extravagante, uma vez que falta tudo e que o equipamento é utilizado ao máximo de seu rendimento. É, entretanto, a decisão adotada. É preciso, então, criar uma nova estrada de ferro entre Voibokalo e Kabona. Trinta e quatro quilômetros que vão dar acesso a hangares recém-construídos e encurtar a rota para permitir acelerar o tráfego dos caminhões sobre o gelo.

O cerco de Leningrado

A água

No início do ano de 1942, Vera Inber escreve: "A água gelada arrebenta os canos subterrâneos. A falta de energia elétrica imobiliza essa água, a impede de escapar do frio que acaba dominando tudo".

Já há muitas semanas o inverno que se abateu sobre a cidade a estrangula e a paralisa. Na imensa escassez dominante, uma coisa permaneceu por muito tempo, mesmo que parcialmente, intacta, a água. Corria da bica quando as canalizações não haviam sido despedaçadas pelos bombardeios e, se faltava, podia sempre ser encontrada na casa de vizinhos. Enchia, do mesmo modo, os encanamentos do aquecimento urbano, e espalhava, lá onde era ainda possível, um calor benfazejo.

Mas desde que o mazute começa a faltar, as centrais elétricas foram afetadas, o sistema pouco a pouco se paralisou. As caldeiras param, para não mais voltar a funcionar. Por falta de combustível, com certeza, mas também porque o gelo compromete a rede complexa que abastece a cidade. Os encanamentos explodem, e o mesmo ocorre quanto ao fornecimento de água. De um dia para outro, os leningradenses se acham na impossibilidade de ter o que beber, de se lavar, de lavar sua roupa.

Nas ruas, cuja superfície, por vezes, está comprometida pelo rompimento dos encanamentos, a água congela em gêiseres imóveis. Há grupos que se reúnem e quebram o gelo, para levá-lo e derretê-lo. Principalmente as mulheres, silhuetas que se tornaram clássicas, envolvidas por uma superposição de roupas e de xales, com trapos enrolados nos dedos, põem-se em ação e amontoam, em recipientes de todos os tipos, os blocos que elas tentarão derreter num fogo escasso.

Nos canais, quando o gelo não está nem muito grosso nem muito fino, algumas pessoas se arriscam em frágeis trenós nos quais estão dispostos baldes. Põem-se a serrar ou a quebrar (mas isso é mais perigoso, e alguns se afogaram quando o gelo cedeu) a placa gelada; com o auxílio de cordas, muitas vezes improvisadas, mergulham os baldes que se enchem de água. As mãos ficam roxas de frio, os dedos inchados e dormentes. Mas não há escolha. Uma cidade inteira cuja rede hidráulica era o orgulho de seus habitantes está reduzida a expedientes de eras passadas. E isso, uma vez mais, é o que se pode dizer, sem que nenhuma autoridade se apresente. Por vezes, na verdade, um caminhão-cisterna se coloca na margem, mergulha seus tubos sob a placa, bombeia a água que logo é redistribuída, sob pena de vê-la congelada nos canos. Mas também, nesse caso, essas intervenções duram pouco. A gasolina é uma mercadoria rara, e até inexistente, assim, não se pode "desperdiçá-la" numa tarefa que se pode executar, embora sofrendo com dor, à mão.

A todos os transportes improvisados aos quais se dedicam os habitantes de Leningrado vêm, pois, acrescentar-se os da água. E quantos morreram ao carregar o precioso líquido ou ao tentar fazê-lo chegar aos andares mais altos.

Na fábrica Kirov

Há uma coisa que as autoridades soviéticas não vão hesitar em mudar de lugar e que é mais difícil ainda de deslocar do que a água: as fábricas. Dentre as numerosas fábricas situadas na segunda cidade industrial do país, há uma que é mais simbólica do que as outras. Com certeza pela extensão de suas instalações, pela quantidade de seus operários (30 mil antes da guerra), por sua produção, mas também por sua história. Trata-se da fábrica Kirov, batizada com o nome do líder soviético assassinado em 1934, que antes era a fábrica Putilov, florão do capitalismo russo em expansão no final do século XIX. Seus operários já se tinham distinguido quando da Revolução de 1905, depois, contribuíram vigorosamente para a Revolução de fevereiro de 1917.

Ausentes da hagiografia soviética, as execuções sumárias de 200 de seus trabalhadores, em 17 e 18 de março de 1919 na fortaleza de Schlüsselburg, fazem com que seja um lugar sensível dentre todos. Em 10 de março daquele ano, uma assembleia geral dos operários havia adotado uma proclamação que exigia principalmente a liberdade das eleições nos Sovietes e nos comitês de fábrica, assim como a libertação de todos os militantes dos "autênticos partidos revolucionários" (mencheviques e socialistas revolucionários). Lênin, aparecendo em pessoa em 13 de março para dirigir-se aos grevistas, fora acolhido aos gritos de "Abaixo os judeus! Abaixo os comissários!". As consequências não se fizeram esperar por muito tempo: em 16 de março, destacamentos da Tcheka, ancestral do NKVD, haviam tomado de assalto as fábricas Putilov. Novecentos operários haviam sido presos. Conhece-se o destino de 200 deles.

O cerco de Leningrado

Isso significa que o comportamento da fábrica está, desde então, sob alta vigilância. Situados perto da porta de Narva, no meio do bairro Lênin, praticamente na frente de batalha, seus imensos prédios sombrios são o alvo constante dos bombardeios do inimigo. E seu pessoal fez parte dos primeiros convocados para deter a ofensiva alemã. A "Divisão Kirov", que lutou corpo a corpo contra o avanço nazista, logo passa à legenda da resistência da classe operária leningradense contra o invasor. São seus operários e os de outras fábricas que forneceram os efetivos desses "batalhões operários", quando Jdanov e Popkov declararam que Leningrado estava em perigo. A "Divisão Kirov" adquiriu fama nos combates de Luga, Novgorod ou Uritsk. Ela perdeu, aí, muitos dos seus.

Antes da guerra, a produção do complexo industrial era diversificada, armamento (sendo o berço dos primeiros tanques de assalto KV em 1939), material de engenharia civil, motores, tratores. Com o cerco e após a evacuação de uma parte dos operários e das máquinas, a fábrica se dedicava ao conserto dos equipamentos militares e à fabricação de projéteis e de minas. A partir de então, em sua maioria são as mulheres que trabalham nos ateliês, tendo os homens partido para construir as defesas da cidade, e depois para a frente de batalha. Apenas aqueles que têm um emprego muito qualificado ficaram em seus postos de trabalho, quando não foram evacuados: operários, técnicos e engenheiros. É claro que, no ápice da ofensiva, não se fez muita diferença, e muitos dos que teriam sido mais úteis no ateliê do que na linha de fogo partiram, muitas vezes para não mais voltar.

A fábrica tem também, em seu ativo, o fato de ter assegurado sua própria defesa contra eventuais ataques de paraquedistas, tão temidos no início. E são suas próprias brigadas de proteção que lutaram contra os incêndios, enquanto uma parte de suas máquinas era transportada para o outro lado do Neva para escapar, na medida do possível, dos bombardeios de baterias alemãs instaladas a apenas alguns quilômetros de distância da fábrica.

Em outubro é decidida a evacuação para o leste dos 2 mil primeiros operários e de um pouco mais de 500 máquinas. O movimento prossegue por vários meses, pois, com a queda de Tikhvin, nenhuma linha da estrada de ferro funciona mais. É preciso esperar a primavera para prosseguir com as transferências e retomar a construção, principalmente dos tanques, tão indispensáveis à continuação da luta em todas as frentes.

No local, a fábrica não escapa à fome e ao frio. Não há mais mazute, nem eletricidade, ou quase nada, nem matérias-primas. Em 15 de dezembro, toda atividade cessa. De qualquer forma, o pessoal está exausto. Mesmo "privilegiados", os operários só dispõem de rações miseráveis. A fábrica prepara uma espécie de sopa de levedo que não é nutritiva e o pessoal de Kirov, como o restante da população, morre pouco a pouco de fome. A fábrica cria seu próprio cemitério e os operários permanecem muitas vezes no local porque não têm mais forças para se deslocar, porque não há quase o que comer em casa e porque ali faz menos frio.

Quando, pouco a pouco, no início de 1942, o trabalho é retomado, é principalmente para tentar consertar os equipamentos danificados. O trabalho é organizado por pequenas equipes que atuam, tanto quanto possível, ao abrigo dos bombardeios, sem, no entanto, conseguir escapar a todos. Essas perdas quase cotidianas acrescentam-se àquelas causadas pela "distrofia". Muitos morrem em seus postos de trabalho.

"Distrofia"

Se existe um termo que permanecerá indefectivelmente ligado ao cerco de Leningrado e a seus efeitos é "distrofia". Um nome aparentemente erudito (do grego $\delta \upsilon \sigma$ [dys], que expressa uma ideia de "dificuldade", de "mau estado", e de $\tau \rho o \varphi \acute{\eta}$ [trophé], "nutriente, crescimento") para referir-se a uma coisa simples: os efeitos devastadores da fome sobre os corpos, de que o ventre inchado das crianças subnutridas é a imagem mais tristemente característica.

Semana após semana, a desnutrição faz estragos. Os ossos aparecem, as rótulas, os omoplatas, os cotovelos, as mandíbulas se projetam sob a pele encarquilhada, cinzenta, ressecada por falta de vitaminas e de gorduras. Alguns perdem 10, 20, 40 kg em poucos meses. Os edemas, as doenças – disenteria, tifo, pneumonia –, a fraqueza moral se desenvolvem pela subnutrição. O primeiro passo para a morte é o abandono da higiene cotidiana, ainda mais difícil de fazer porque o gelo condena muitos lavatórios e porque o frio não é propício à limpeza.

A fome visceral, obsedante, lancinante, que corrói as entranhas, não os abandona nem de dia nem de noite. Em seu *Diário do cerco*, Lidya Ginzburg constata:

O cerco de Leningrado

Durante esse período de profundo esgotamento, tudo ficou claro: era a alma que sustentava o corpo. O automatismo dos movimentos, os reflexos condicionados, sua correlação normal com os impulsos mentais, tudo isso havia desaparecido. Evidenciava-se, assim, que a posição vertical não era inerente ao corpo humano: era preciso que a vontade consciente controlasse o corpo, pois de outro modo, ele cairia como do alto de um rochedo.

E prosseguia de maneira mais crua:

> Acontecem todos os tipos de operações repugnantes num corpo alienado: degenerescência, ressecamento, inchaço – mas não como naquelas boas e velhas doenças, porque aí as coisas acontecem em tecidos necrosados. Isso acontecia às vezes sem que a pessoa atingida soubesse. Ele está inchando, diziam, mas ainda não sabe disso. Por um tempo, as pessoas ignoravam se estavam inchando ou ganhando peso. Depois, percebiam que estavam com as gengivas inchadas. Aterrorizados, passavam a língua, depois o dedo. Impossível deixar de fazer isso, principalmente à noite. Ficavam estendidos, com uma sensação de que havia algo duro e escorregadio, a ausência de dor aumentando o sentimento de angústia: tinham na boca uma camada de tecidos mortos. [...]

Inchados, deformados ou de uma magreza atroz, andando como zumbis, os homens e as mulheres da cidade não são mais do que a sombra de si mesmos. Para muitos, a última energia é dedicada, numa semiconsciência, à busca vã de alguma comida suscetível de prolongar a vida. Movem-se com um cansaço indefinível, o dos grandes doentes e dos moribundos. Nos hospitais da cidade, quando não são pura e simplesmente cadáveres que são levados para o necrotério, são seres letárgicos que se estendem sobre as camas, muitas vezes improvisadas, sem nada poder, pois na maioria das vezes é tarde demais para ajudá-los. Mas como um médico não pode se contentar em ver morrer seu paciente, são feitos verdadeiros estudos. Estuda-se a distrofia, embora não haja, na realidade, muita coisa a descobrir, a não ser que um ser humano, não alimentado ou mal alimentado, perece.

Dentre os milhares de certidões de óbito expedidas durante o cerco pelo Comissariado do Povo no Interior, instância que registra as mortes, a famosa "distrofia" aparece na mais alta frequência. O professor Tchernoruski produz, assim, uma série de observações sobre suas diferentes manifestações e suas consequências sobre a saúde. Múltiplas fotos são tiradas nos centros médicos e os hospitais apresentam praticamente as mesmas patologias que aquelas que se desenvolvem no mesmo momento nos campos de concentração nazistas implantados na quase totalidade do território europeu. De fato, a política nazista de extermínio da população de Leningrado pela fome é da mesma natureza que aquela utilizada em toda parte para eliminar os inimigos do Reich.

Aliás, de maneira muito profissional, os sitiantes, que recolhem informações sobre o estado das populações de Leningrado, fazem o balanço da situação alimentar a partir dos interrogatórios dos prisioneiros soviéticos. Assim, eles calculam o tempo ainda necessário para eliminar essa população. Entre os meses de janeiro e março de 1942, quando a "grande ceifadeira" já havia agido em milhares de habitantes da cidade, qualquer que fosse a categoria à qual pertencessem, os leningradenses receberam cotidianamente entre 403 e 1.009 calorias para uma necessidade fisiológica normal de cerca de 3.200 calorias; eles perderam entre 20% e 40 % de sua massa corporal. Tudo isso, evidentemente, para os que ainda viviam. Os outros já povoavam os cemitérios ou estavam enterrados em fossas comuns.

A revanche de Demiansk

Um mês depois do cerco de Vsvad, os soviéticos partem para o ataque do 16º Exército Alemão ao sul de Leningrado. Para limitar o envio de reforços inimigos fixando ao máximo suas forças, Jukov desencadeia simultaneamente uma ofensiva ao norte de Moscou. No limite do Grupo de Exércitos Norte e do Grupo de Exércitos Centro, o general Andrei Eremenko lança seu 4º Exército de Choque, realiza uma entrada e abre uma profunda brecha. O 3º Exército de Choque aproveita para avançar rapidamente para o interior da defesa alemã. Uma onda de choque soviética submerge os alemães, embora alguns pontos-chave (geralmente entroncamentos ferroviários) continuem entre suas mãos. É o caso de Demiansk, onde o relevo – as colinas do Valdai – é vantajoso para a defesa. Prosseguindo em sua penetração, os soviéticos vão além da cidade, pressionam os alemães a se retirar em debandada e cercam os retardatários. A pinça soviética se fecha em 8 de fevereiro de 1942 sobre as retaguardas alemãs, que não tiveram tempo de fugir através de bosques e dos pântanos: seis

O cerco de Leningrado

divisões, dentre as quais a 3ª Divisão SS Totenkopf e a 290ª Divisão são feitas prisioneiras. O bolsão situado no meio do funil formado pelos lagos Ilmen e Seliger e banhado pelo rio Yavon mede 3 mil km^2, nos quais gravitam cerca de 96 mil combatentes alemães, cerca de 10 mil paramilitares e 20 mil cavalos. O general responsável por seu destino é o conde Walter Graf von Brockdorff-Ahlefeldt. Veterano de Verdun, ele comanda o 2º Corpo do Exército na URSS. Graças às façanhas da Luftwaffe, poderá abastecer seus homens. Quanto aos infelizes civis soviéticos que vivem ali e se acham também no bolsão, deverão arranjar-se, isto é, em sua maioria, deverão morrer de fome.

Em março de 1942, o general von Seydlitz-Kurzbach decide forçar o destino. Ele deixa Staraia Russa e percorre 40 km para voar em socorro de Brockdorff-Ahlefeldt. Como ocorre com frequência na Rússia, nessa época do ano, que corresponde ao final do inverno, o tempo é caprichoso. As nevascas e o frio glacial (-30°C) alternam-se com uma subida brusca de temperatura, depois com um novo resfriamento.

A operação Brückenschlag ("cais de ponte") se afirma, se desgasta, se afirma de novo. Levado pelas ondas de lama, o equipamento atola, depois desaparece e, ao mesmo tempo, por falta de macas, feridos estendidos diretamente no chão morrem afogados e asfixiados. Rio largo e caudaloso, o Lovat torna-se perigoso.

Em 28 de abril, os esforços conjugados dos grupos Seydlitz, Ilgen e Zorn acabam por dar resultado: os salvadores de Demiansk atravessam o Lovat e abrem um corredor de abastecimento de 4 km de largura e 12 km de comprimento. Esse corredor, chamado de Ramujevo, consolidado ao longo dos meses, salva os sitiados, embora o bolsão propriamente dito não seja evacuado logo, permanecendo os homens ali até o inverno seguinte. A violência dos combates incita o comando a enviar várias divisões alemãs para o sul do lago Ilmen para dar apoio a Demiansk.

Longa e sangrenta, essa batalha exige, de ambas as partes, uma coragem e uma abnegação excepcionais. Do lado alemão, encontra-se a SS. Essa ponta de lança da cruzada contra o bolchevismo, que já teve um papel determinante em vários momentos cruciais do cerco (em Dünaburg, na vizinhança de Chimsk durante a crise de julho de 1941, em Tchudovo), contribui uma vez mais para a saída da crise. Embora suas forças ao norte (a Totenkopf e a Polizei-division) representem uma porcentagem derrisória da totalidade dos soldados, sua reputação de salvadores, de "bombeiros" de Hitler, se confirma de tanto que é enviada como reforço em todos os momentos mais quentes das batalhas. Sua crueldade, que também ganha fama, do mesmo modo não se desmente. Ela tem por hábito fazer cada vez menos prisioneiros e fuzilar os russos que captura. Por seu turno, os soviéticos não dão trégua e com frequência torturam os prisioneiros SS antes de executá-los.

Do lado russo, salvo impedimento, os feridos voltam para a frente de batalha. Em março e abril, os russos se aventuram numa operação de paraquedismo das mais arriscadas. Centenas de paraquedistas saltam em pleno centro do bolsão, na direção de Lyschkowo, enquanto outros se infiltram nas linhas alemãs na direção de Wereteika, no pântano de Newij gelado, entre Pustynia e Nory. Em 21 de março, o 54º Batalhão de esquiadores ataca Dobrosli e as 1ª e 204ª Brigadas de Paraquedistas chegam ao aeródromo e às cercanias de Demiansk, mas os alemães não desistem.

Demiansk marca uma data na história militar: pela primeira vez, uma ponte aérea abastece um Corpo do Exército de cerca de 100 mil homens. À razão de 100 voos por dia, com mais de 400 Junker e bombardeiros Heinkel pouco adaptados a missões de transporte, fazem mais de 33 mil saídas, trazendo cotidianamente 60 mil toneladas de víveres e de munições. Eles também evacuam 34 mil feridos à custa de perdas elevadas de equipamentos (entre os quais cerca de 120 trimotores Ju 52) e pilotos. O salvamento de Demiansk tem uma consequência essencial para os planos de Hitler e, logo, para o conjunto da frente russa, pois leva o ditador a acreditar que Stalingrado pode ser abastecida pelo ar sem atentar para o fato de que se trata de uma ponte aérea de uma amplidão diferente.

Demiansk prova que, apesar de sua reputação de invencibilidade, a SS paga um pesado tributo à guerra, a tal ponto que seu agitado comandante, Theodor Eicke, e o comandante do 9º Regimento SS engajado na Finlândia denunciam, os dois, lacunas na preparação dos recrutas para as condições muito específicas da Frente do Leste:

> Os reforços não são fisicamente experimentados. Os homens deixam os leitos aquecidos das casernas protetoras pela região selvagem da Rússia, pelas florestas pantanosas e sem fundo, nas quais são subitamente expostos, sem abrigo, a um frio intenso. [...] Esfaimado e enregelado, o jovem soldado deve se enterrar no solo.

Sem preparação suficiente e solicitada constantemente, a Totenkopf reclama um descanso, principalmente depois dos dois meses passados no bolsão de Demiansk, e acaba deixando o Leste para ir para a França no final do verão de 1942.

No momento em que começa o ataque de Demiansk e após esforços sobre-humanos, a nova via Voibokalo-Kabona entra em serviço. Ela transporta as mercadorias num sentido, e no outro, pessoas refugiadas.

Em 22 e 23 de fevereiro de 1942, datas nas quais foram atacadas as instalações de Gikharevo, 72 bombardeiros e 7 caças são mobilizados para essas incursões, mas são combatidos pela aviação vermelha e pela DCA. Mas o que salvou os soviéticos foram as más condições atmosféricas. É somente no final do inverno que os alemães retomam seus ataques, menos intensos. Enquanto isso, as condições do solo mudaram.

Desde o primeiro dia, antes mesmo que o transporte seja feito sobre o gelo, a aviação alemã castiga os comboios, quando não é a artilharia, se estiver disponível. O lento desfile dos veículos, com a maioria deles, entretanto, camuflados de branco, é um alvo privilegiado para os predadores da cruz gamada. As bombas quebram o gelo, as metralhadoras destroem os caminhões, matam muitos motoristas que não têm outra saída a não ser se jogar, quando têm tempo, para fora de seus caminhões. Mais audaciosos, soldados alemães equipados como Gebirgsjäger, os caçadores alpinos da Wehrmacht, tentam ataques para interromper a rota do lago. Mais tarde, quando o trânsito sobre o gelo não for mais possível para o abastecimento de petróleo, os soviéticos constroem um oleoduto no fundo do lago.

Operação Raubtier

Por cerca de um mês, observando os movimentos em torno de Liuban, Hitler e Küchler planejam a operação Predador (Raubtier). O contra-ataque alemão à progressão soviética começou em 15 de março, com temperaturas sempre abaixo de zero. Aviões de assalto e Stukas enxameiam o céu. Para Raubtier, a Frente de Leningrado é desguarnecida. As tropas estacionadas nos subúrbios da cidade abandonam suas posições e percorrem 200 km de caminhão em direção ao sul. Está acabada a confortável monotonia cotidiana diante de Leningrado, os homens reencontram o inferno de fogo, a algazarra permanente, o medo de ver o inimigo surgir a cada momento. Posicionados na margem oeste do rio, uns se movimentam para o sul – arriscando-se a serem pegos em sanduíche entre as forças soviéticas de Liuban e as de Pogostié ao sul do lago Ladoga – outros sobem para o norte.

Marchando face a face, paralelamente ao eixo Novgorod-Tchudovo, os dois grupos acabam por reunir-se e cercar os soviéticos numa tenaz. A junção acontece em 19 de março, na rota florestal Erika, uma das três que permitem abastecer os soviéticos. Com a manobra bem-sucedida, 180 mil soldados soviéticos se acham prisioneiros do bolsão.

Furioso em ver a armadilha cerrar-se sobre suas tropas, em abril de 1942, Stalin demite o general Klykov e acredita encontrar o homem providencial na pessoa do general Vlassov, filho do povo e bolchevique convicto, "salvador de Moscou", condecorado com a ordem de Lênin e com a ordem da Bandeira Vermelha.

O eixo Yamno-Yeglino soviético corta perpendicularmente o eixo Novgorod-Tchudovo controlado pelos alemães. No ponto de cruzamento, os alemães bloqueiam a estrada, os soviéticos que partiram para Yeglino e Lubian são abastecidos a conta-gotas por caminhos transversos conhecidos apenas pelas populações locais, isto é, estreitos e tortuosos. Logo que foi promovido, o general Vlassov é feito prisioneiro com 14 divisões de artilheiros, 3 divisões de cavalaria e várias brigadas no bolsão de Myasnol Bor. Ele volta à carga várias vezes com suas brigadas siberianas e seus blindados para tentar romper o ferrolho de Erika. Os combates transcorrem em bosques espessos, onde os movimentos do inimigo são imprevisíveis por falta de recuo e num terreno ora coberto de neve, ora inundado e lamacento. Na primavera, as estradas se transformam em riachos. Os veículos rodam dentro de 50 cm de água – os homens ficam molhados até os joelhos. Chuvas diluvianas caem então e aumentam ainda mais a umidade. Mergulhados num verdadeiro pântano, os homens apodrecem no local, a pele roída de hematomas, irritações e coceiras, pois os mosquitos proliferam. Sua condição é tão insuportável que os ataques suicidas se multiplicam.

Em começo de abril, a liberação de algumas vias de acesso não melhora em quase nada a situação dos soviéticos. Com as condições meteorológicas e a artilharia alemã condenando o tráfego sobre as rotas de abastecimento reabertas, a Stavka decide abandonar a ofensiva sobre Liuban e desiste então de trazer alívio para Leningrado. Em maio, o 2º Exército de Choque se retira, abandonando atrás de si muitas armas e equipamentos. Apesar dessa derrota, Hitler não considera que os dados estejam lançados e precisa ainda da ajuda dos finlandeses. Ele chega a se deslocar para vir comemorar o aniversário de Mannerheim e lhe oferece como presente uma nomeação para o grau de marechal da Finlândia. Um pouco como Franco, seu homólogo espanhol, Mannerheim se arranja para que o encontro aconteça o mais longe possível dos locais oficiais, como no quartel-general em Mikkeli, ou na capital Helsinque. Ele ocorre, então, em 4 de junho de 1942, num vagão de trem parado em plena floresta próximo ao campo de aviação de Immola, no sudeste da Finlândia.

Algumas fotos imortalizaram o instante. Foto nº 1: num convívio de bom alvitre, Hitler brinca de equilibrista atravessando um fosso sobre duas tábuas. Foto nº 2: Mannerheim, com 75 anos, de culote para a prática de equitação, botas de esporas, quepe, cruz de ferro e cruz da Liberdade (*Frihetskorsets orden*) em torno do pescoço apresenta a Hitler oficiais finlandeses alinhados em fila indiana. Apertos de mão e sorrisos. Foto nº 3: Mannerheim apresenta a Hitler o presidente finlandês Risto Ryti, raro indivíduo nesse mundo de uniformes a usar roupas civis: jaqueta e chapéu de feltro escuro. Foto nº 4: a foto oficial, os dois homens trocam olhares enviesados. Para parecer mais favorecido, Hitler, que é muito mais jovem (53 anos), mas também muito mais baixo que Mannerheim (que mede mais de 1,90 m), usa calços nos calcanhares e pediu a seus fotógrafos para achar um ângulo favorável. Após um discurso de felicitações e as festividades habituais, Hitler volta para a Alemanha. Passou cinco horas na Finlândia sem nada obter.

Em 28 de julho de 1942, a longa Batalha de Volkhov – três meses e meio – se encerra com a vitória dos alemães: a Wehrmacht afirma ter tomado 650 peças de artilharia, 170 tanques, 3 mil máquinas de guerra e 33 mil soviéticos. Os restos do exército Vlassov, esfaimados e em farrapos, são perseguidos; a perseguição torna-se um massacre. Em uma das aldeias do bolsão do Volkhov, os alemães acabam capturando o próprio Vlassov. Atribuindo sua humilhação às deficiências do governo soviético na Frente de Leningrado, o antigo "salvador de Moscou" muda de lado e vai formar um exército de libertação da Rússia sob a proteção dos alemães. A aliança com Vlassov não compensa a defecção de Mannerheim.

Pierre Vallaud

A primavera

De ambos os lados, a primavera de 1942 marca uma mudança de estado de espírito. De fato, no início, o avanço alemão foi tão brutal e tão rápido que a resistência ficou sufocada. A quantidade impressionante de prisioneiros soviéticos (700 mil durante as três primeiras semanas de guerra; mais de 2 milhões antes do fim do ano de 1941) pegou de surpresa o Exército Vermelho. Os soviéticos ficaram paralisados e, uma vez ocupado o país, é quase impossível reagir. De fato, logo que uma região é tomada, os alemães desmantelam a administração existente, executam os recalcitrantes e dissolvem todos os círculos, todas as associações que poderiam constituir um berço de oponentes.

De início, aliás, não é certo que a população tenha somente desejado se opor aos alemães, que encarnam o inimigo, com certeza, mas também o libertador de um regime muitas vezes execrado. A maioria dos camponeses, por exemplo, aplaude a reabertura de pequenas feiras rurais e a supressão do sistema de agricultura coletiva dos sovkhozy e kolkhozy*, que ainda não completaram 15 anos de existência e cuja implementação aconteceu no terror e no sangue. O trauma ainda é recente.

Tolice, arrogância ou desprezo pela "Untermensch bolchevique", os soldados alemães desdenham essa oportunidade e logo se alienam da população em vez de ganhar sua simpatia. O decreto contra os comissários proíbe, por exemplo, toda espécie de aliança com os militantes comunistas experientes, os que estão entre os primeiros a avaliar a incompetência e as fraquezas do Estado soviético. Obrigados a ser mais belicosos do que nunca no momento em que mais desacreditam, os militantes criam pontos de resistência comunistas, pois é sua única escapatória a uma morte certa, ainda mais que a repressão contra eles cresce cada vez mais. A partir de 1942, a Sipo (*Sicherheitspolizei*) e o SD são encarregados de exterminar todos os comunistas das regiões ocupadas, embora não tenham sido acusados de nenhum ato de resistência.

A essa política sistemática de terror acrescentam-se as restrições de uma conduta logística da guerra cada vez mais incerta. Como em muitos países eu-

---

* N. T.: "Sovkhoz" designa a fazenda estatal. "Kolkhoz" é um termo que designa a propriedade rural coletiva.

ropeus ocupados (a Polônia, a Bélgica, a França, a Holanda, a Dinamarca...), as necessidades crescentes do Reich levam a requisições maciças de trabalhadores e de bens estrangeiros – 4,2 milhões de pessoas serão obrigadas a ir para a Alemanha. Paralelamente, os ocupantes esvaziam os campos de seus estoques e de suas colheitas. As cotas impostas por Berlim lembram aos camponeses soviéticos os piores momentos do 1º plano quinquenal (1928-1933). Sinal de que o Reich realmente precisa de braços, em 18 de maio de 1942 os alemães colocam seu antissemitismo radical em surdina. O chefe da Gestapo, Müller, envia uma carta a Karl Jäger, comandante da Sipo de Riga, em que diz que os "judeus e judias de 16 a 32 anos aptos ao trabalho devem ser excluídos das medidas especiais". Claramente, em vez de serem assassinados, são encaminhados para os trabalhos forçados até que venha a morte.

A requisição de mão de obra tem por efeito imediato, aqui como nos outros lugares, incitar um grande número de jovens a formar um maquis e a engrossar as fileiras da resistência. O movimento miliciano se estrutura então com a criação de um estado-maior central dirigido de Moscou e encarregado de ligar organicamente o exército clandestino ao exército regular.

Os soviéticos se mobilizam cada vez mais a serviço da grande guerra patriótica. Entre as "regiões dos milicianos", que representam os piores perigos para os alemães, acha-se Porkhov ao sul do *oblast* de Leningrado. Ali, nas retaguardas do inimigo, agrupam-se soldados em fuga, camponeses ameaçados de morte, comissários políticos pouco inclinados a morrer por nada e novos chefes infiltrados na retaguarda para estruturar esses combatentes segundo o desejo do estado-maior.

Os franco-atiradores

Noite e dia, a postos em emboscada, escondidos sob uma janela, ocultos nas árvores e estendidos sobre os galhos como leopardos, eles mantêm o dedo no gatilho e aterrorizam os soldados: são os "franco-atiradores". Um tiro, uma morte. A tática ideal é viciosa. Ela consiste em bater na vítima sem que ela saiba. É preciso feri-la suficientemente para imobilizá-la, mas não demais, para que ela sobreviva e possa incitar seus colegas a vir ajudá-la e, então, expô-los por sua vez ao golpe fatal.

Na Frente Norte, é mais uma vez a Guerra de Inverno que preparou Barbarossa e a lenda dos franco-atiradores nasceu com um finlandês, Simo Häyhä. Esse atirador de elite, cognominado de "morte branca", atuava com um traje de camuflagem a temperaturas que oscilavam entre -20°C e -40°C. Utilizando um modelo de fuzil semelhante ao Mosin-Nogant, que é bem conveniente a sua baixa estatura (1,52 m), ele eliminou mais de 500 soldados soviéticos, quando uma bala no maxilar pôs fim às suas façanhas e o condenou ao *status* de "ferido de guerra" até sua morte.

Após esse prelúdio, a grande época dos franco-atiradores é a Batalha de Stalingrado, quando numerosos camponeses vão provar que sabem caçar outra coisa além de ursos. A propaganda soviética não se cansa de cantar louvores, destacando seus feitos: Anatoly Chekhov (265 mortos), Maxim Passar (236 mortos), Nikolai Illin (216 mortos), Abzalov (200 mortos), Viktor Medvedev (216 mortos)... O mais famoso de todos é Vassili Zaitsev (1915-1991), taciturno pastor do Ural, cujo Mosin-Nogant matou cerca de 150 alemães (242, segundo a propaganda soviética e mesmo 1.126 em quatro meses contando os serviços de seus 30 aprendizes franco-atiradores). O desafio, e depois o duelo que opôs Vassili a um general alemão nas ruínas fumegantes de Stalingrado, fascinou o mundo inteiro.

Além disso, com os atiradores de elite estão várias mulheres; os alemães não esperavam encontrá-las nessa posição: muitos franco-atiradores soviéticos são do sexo feminino. Quer se chamem Ludmila, Roza, Valentina, quer tenham sido formadas para os Jogos Pan-soviéticos de 1936, ou na Academia Central de Formação das Mulheres Atiradoras de Elite, essas combatentes fazem misérias. A loira Roza Chanina (1924-1945) fez parte dessas estrelas do Exército Vermelho, que não abandonava nunca seus binóculos e seu fuzil de longo alcance. Ela morreu em combate na Prússia Oriental.

Em Leningrado, os franco-atiradores, homens e mulheres misturados, não deixaram de envenenar a vida cotidiana dos alemães. Na frente de batalha, ninguém mais ousa fazer um gesto sem tremer, principalmente os alvos privilegiados, isto é, os soldados mais úteis: os graduados, os carregadores de todos os tipos (de rádios, de água, de sopa...) que privarão seus colegas do "tesouro" transportado, os técnicos, os agentes de ligação. Torna-se perigoso isolar-se na natureza até para fazer a barba à luz do sol, aliviar-se de uma necessidade natural ou procurar madeira para se aquecer, tarefa para a qual a distância até os gravetos ainda disponíveis aumenta a cada dia. O tempo em que os oficiais se deslocavam em veículos conversíveis e os condutores de tanques abriam a escotilha para deixar entrar um pouco de ar e rodavam, despreocupados, debruçados na torre aos primeiros raios de sol, faz parte do passado.

Como o aço dos capacetes não é resistente ao tiro, não deixa de ser uma vitória para os soviéticos obrigar os alemães a viver de cabeça baixa. Semelhante a uma espada de Dâmocles, essa situação desgasta os homens e os paralisa a tal ponto que Alexander Werth, observando as posições dos alemães pelo telescópio em Uritsk, se espanta: "Todas pareciam completamente abandonadas e sem ninguém. 'É por causa de nossos 'snipers', eles não põem sequer o nariz de fora. É à frente de batalha em que nossos 'snipers' estão mais ativos.'" No norte, os franco-atiradores constituem uma tal ameaça, que o comandante SS Theodor Eicke autoriza os oficiais da Divisão a retirar suas insígnias vistosas demais.

Hortas e degelo macabro

Na primavera de 1942, a "estrada da vida" tendo permitido, pouco a pouco, trazer sementes, os leningradenses começam a plantar, de início em jardins públicos, depois nas fábricas, nas repartições, nos hospitais, depois nos terrenos baldios deixados pela destruição dos imóveis. Semeia-se, prepara-se a terra, ara-se, plantando primeiro repolhos e beterrabas, base da alimentação russa, depois batatas e outros tubérculos e, enfim, tudo o que cai na mão e pode ser consumido. Os mais otimistas se arriscam a guardar uma parte de suas escassas reservas para plantá-las, apostando que resistirão o bastante para se beneficiar dos produtos de uma colheita que pode parecer bem longínqua quando se conta tudo em dias e os corpos estão tão enfraquecidos.

De início, as colheitas são magras, mas desde o outono de 1942, alguns podem comer o fruto de suas plantações. Não haverá jamais o bastante, e, uma vez mais, o partido toma pouco a pouco o lugar das iniciativas individuais e, fiel a seus velhos reflexos, edita o que seriam cotas de produção: 1.500 m^2

devem produzir 800 kg de repolhos, 700 kg de beterrabas, 120 kg de pepinos, 130 kg de cenouras, 350 kg de nabos, 50 kg de tomates. Assim sendo, essas estranhas hortas são guardadas noite e dia para evitar, muitas vezes sem sucesso, as pilhagens. Com isso, reaparecem então o *bortsch* do pobre, preparado com beterrabas, mas sem carne, sem cogumelos e, claro, sem creme de leite..., o *chtchi*, que se tornou um caldo transparente de repolho sem outros ingredientes, nem mesmo gordura azeda, e outros pratos de legumes mais ou menos insípidos.

Para regar as novas plantas, não falta água, mas sua qualidade nem sempre é boa. Com a primavera, o degelo intervém, espalhando água em toda parte, nas ruas, nos porões, nos abrigos. Inúmeros vazamentos jorram dos cantos mais inesperados. O mais repugnante, os cadáveres que o gelo conservou intactos até o começo da primavera de 1942 entram em estado de putrefação. A água salobra propaga as doenças que o frio deteve e as epidemias são uma ameaça. Essa perspectiva leva as autoridades a uma vasta campanha de limpeza que dura dois meses. Deixemos, contudo, a conclusão para Vera Inber: "7 de abril de 1942: Dia muito cansativo. Começou pela manhã. Nicolas Ivanovitch vem nos anunciar um caso de tifo na Casa dos Estudantes... Infeliz I. D. [seu marido, médico], ficou pálido de espanto! É o que ele sempre temia".

Sinfonia nº 7

Do lado soviético, alguns lutam contra o fascismo com armas tão eficazes quanto pacíficas. É o caso do compositor Shostakovitch, que começou em 19 de julho de 1941 a compor sua sinfonia nº 7, destinada a tornar-se, para todos, a Sinfonia de Leningrado.

> Eu quis escrever uma obra sobre os homens de nossa cidade, que se tornarão heróis no combate que travam com o inimigo em nome da vitória. [...] Ao trabalhar nessa nova sinfonia, pensei na grandeza de nosso povo, em seu heroísmo, nas maravilhosas ideias humanistas, nos valores humanos, em nossa natureza soberba, na humanidade, na beleza [...]. Dedico minha Sétima Sinfonia a nosso combate contra o fascismo, a nossa vitória inelutável sobre o inimigo e a Leningrado, minha cidade natal.

O cerco de Leningrado

É o que ele escreve no *Pravda* de 19 de março de 1942. A obra é executada pela primeira vez em 5 de março de 1942 em Kuibychev, sob a batuta de Samuel Samossud. Em 22 de março, ela é executada em Moscou diante de uma multidão considerável, que não sai de seu lugar apesar de um alerta aéreo.

As 192 obras, dentre as quais 9 sinfonias, 8 óperas, 16 cantatas e 5 balés, criadas durante o cerco de Leningrado, não terão o mesmo sucesso. A de nº 7, em contraste, torna-se imediatamente um símbolo mundial. Logo de início, ela desperta o entusiasmo nos Estados Unidos, onde é regida, em 19 de julho de 1942, por Toscanini e irradiada pelas 2 mil estações da NBC. Quanto a seu autor, Shostakovitch, ele aparece na capa da revista *Time* de uniforme de bombeiro. Apenas durante a temporada 1942-1943, a sinfonia é executada 62 vezes em solo americano e não por qualquer um: Kussevitski, Stokowski, Mitropoulos, Ormandy, Monteux...

No *Leiningradskaia Pravda* de 11 de agosto de 1942, o musicólogo e compositor Valerian Bogdanov-Beresovski, amigo de Shostakovitch, escreve:

> Quarta-feira, 17 setembro de 1941. Nesta noite, estive na rua Skorodokov com I. Kotchurov, G. Popov e A. Pelssin, a convite de Shostakovitch. No caminho, nos perguntávamos sobre a natureza dessa nova obra, que surgiu em condições tão singulares. Falamos do caráter específico e da responsabilidade de uma sinfonia dedicada à grande guerra nacional.
> As imensas páginas da partitura abertas sobre a escrivaninha revelavam a importância da formação orquestral. Shostakovitch tocou para nós a nova sinfonia com nervosismo e intensidade. Ele se esforçava visivelmente para destacar todas as nuances da paleta orquestral. A emoção foi colossal. [...] De repente, ouvimos o uivo estridente das sirenes na rua. Quando terminou o primeiro movimento, o compositor pediu, então, a sua mulher e a seus dois filhos para irem para o abrigo, mas ele mesmo recusou interromper-se. Acompanhado das sombrias explosões da DCA, ele nos apresentou o segundo movimento e nos mostrou os esboços do terceiro; para finalizar, ele tocou novamente o que já estava pronto. [...]

Sobre essa obra que, visivelmente, lhe era muito cara, e para a qual Shostakovitch trabalhou com afinco, ele declara ao *Moskovski bolchevik*, em 19 de abril de 1942:

> Eu me lembro de todas as datas até aquele dia; terminei o primeiro movimento em 3 de setembro, o segundo em 17 de setembro e o terceiro em 29.

Trabalhei dia e noite. Por vezes caíam bombas nas vizinhanças, e a defesa antiaérea entrava em ação. Mas eu nunca interrompi meu trabalho, nem por um instante. Em 25 de setembro, festejei meus 35 anos – e naquele dia, trabalhei ainda mais intensamente do que de costume. Meus amigos me asseguraram de que as páginas que escrevo são bastante expressivas.

E ele prossegue:

Fui avisado de que devia deixar a cidade. Eu me recusava terminantemente, ainda mais que uma atmosfera de luta reinava em toda parte. Mulheres, crianças e velhos mostravam uma coragem excepcional; jamais esquecerei o heroísmo dessas pessoas que viviam sob uma chuva de bombas. As mulheres, principalmente, se comportaram de maneira admirável durante o cerco da cidade.

No início do mês de outubro, Shostakovitch e sua família foram evacuados para Moscou, depois para Kuibychev, onde o compositor terminou seu trabalho em 17 de dezembro de 1941. Mas era preciso a qualquer preço que a sinfonia fosse executada na cidade mártir. Assim, um avião conseguiu levar a partitura para a cidade. Karl Eliasberg, o diretor da orquestra da rádio, foi o encarregado de organizar o concerto. Alguns músicos, engajados na linha de frente, foram chamados para participar dos ensaios. A data do concerto foi fixada para 9 de agosto, quando os nazistas tentavam novamente se apoderar da cidade.

Anos depois, M. Patkovski fez um depoimento em *Kultura* (5 de novembro de 1967):

O exército se encarregou dos últimos preparativos do concerto [...]. Alguém procurou para o maestro um colarinho recém-engomado para a camisa de seu traje; era então mais fácil conseguir um fraque do que batatas. Os músicos chegam de uniforme, e trocam de roupa no vestiário. Viam-se capotes e cinturões pendurados nos armários, carabinas e pistolas encostadas nas paredes [...] As pessoas chegaram em pequenos grupos ou isoladamente. Por itinerários usualmente frequentados, eles vinham dos bairros afastados da cidade, fazendo longos desvios para evitar os locais onde havia cartazes com a seguinte inscrição: "Ande pelo outro lado da rua. Riscos de tiro de artilharia." Eles então atravessavam a rua para ir pelo lado seguro e olhavam o reboco e os parapeitos se desmancharem, as pedras caírem das paredes dos prédios metralhados. Avançavam com prudência, o ouvido atento ao estrondo da batalha e às detonações das explosões vizinhas, perguntando-se se os tiros não estavam mais próximos da rua em que se encontravam, a fim de chegar mais rapidamente à grande sala cheia de colunas onde acontecia o concerto.

No *Leningradskaia Pravda* de 11 de agosto de 1942, Bogdanov-Beresovski, que se encontrava na plateia, é testemunha de que o concerto "transcorreu num clima de impetuosidade e paixão – como um comício, grandioso e solene – como um dia de festa nacional". Quanto a Vera Inber, ela escreve:

> 9 de agosto de 1942. A sala da Filarmônica estava tão cheia quanto antigamente nos concertos de antes da guerra e do começo desta. Os músicos pareciam emocionados, a começar por Eliasberg, o maestro.
> Eu ouvia a sétima de Shostakovitch com a impressão de que era de Leningrado que ele nos falava. Esse barulho de ferragem cada vez mais próximo dos tanques alemães que avançam sobre nossa cidade, nós o ouvimos agora, mas o desenlace ainda está por vir. Sim, sim, tudo virá... tudo aquilo de que Tikhonov nos fala: "Para que a vida, esse grande mestre inspirado, penetre/ o murmúrio das folhas/ Como a voz do Atlântico se mistura aos cantos do Tâmisa e do Neva."

O descontentamento

A magia de um concerto não pode fazer esquecer as desgraças do tempo. As medidas de toda espécie tomadas para defender a cidade, em particular as diversas ordens de mobilização nos postos mais variados, criam muitos descontentes. Achar-se convocado de um dia para o outro para uma unidade de combate e não ter nem treinamento adequado, nem armamento à altura dos compromissos para os quais se é chamado não entusiasma ninguém, nem mesmo os membros mais obstinados do partido. Muitos deles, de fato, tomam consciência dos limites de uma organização a qual aderiram e que sustentaram com convicção ou por oportunismo, mas que, naquele momento, demonstra sua ineficácia, e mesmo seu malefício.

Os comícios e as reuniões de massa mascaram mal a inquietação geral alimentada – se é que se pode dizer isso para uma cidade que morre de fome – por informações lacunares e contraditórias. A evidente improvisação que preside a todas as decisões administrativas reforça os medos e as dúvidas.

É claro que ninguém ousa se queixar em voz alta da situação no momento em que a URSS está em perigo e onde a própria cidade corre o risco de cair nas

Pierre Vallaud

mãos do inimigo. E poucos têm a coragem de se furtar às novas obrigações que se impuseram a uma população não somente já habituada a obedecer, mas também às sanções que sofrerá em caso, mesmo apenas na aparência, de resistência. A cidade, como o resto da URSS, conheceu os expurgos e cada um sabe que ninguém está imune às represálias das quais o regime fez seu principal meio de "mobilização".

É, pois, em ordem que desfilam nas ruas da cidade os batalhões operários, equipados com objetos disparatados, os pelotões encarregados dos incêndios ou de limpar as ruas após os ataques aéreos, os bombeiros e os vigias mais ou menos novatos. Os responsáveis sanitários, conformados com sua situação – quase sempre sem nenhum recurso, isto é, sem medicamentos para socorrer os doentes e os feridos que chegam da frente de batalha e todos os que, abatidos pela fome e pelo frio, desfalecem em seus estabelecimentos não aquecidos e não abastecidos –, organizam-se como podem.

A propaganda está ali para registrar esse elã patriótico. Os trabalhadores assim convocados são fotografados, filmados e elogiados nas rádios e nas gazetas oficiais (na realidade todos os órgãos de imprensa o são) onde os jornalistas demonstram o entusiasmo habitual diante dessa bela "unidade do povo".

A situação, entretanto, é muito mais sombria e a imagem de uma população unida no heroísmo, organizada pelo partido e inspirada pelo camarada Stalin aparece como parte de uma lenda à medida que se investiga a realidade dos relatos policiais e a repressão que pesa sobre todos os que não se submetem.

Sobre Stalin diz-se pouca coisa, e parece até que seus retratos raramente estão presentes na cidade no momento em que expô-los é obrigatório. Os retratos mais expostos – e unicamente nos lugares oficiais – são os dos responsáveis locais (Jdanov, por exemplo, e mais tarde Jukov).

A propaganda também se ocupa do Exército Vermelho, cujos componentes, como todo mundo sabe, sofrem revés após revés e cujos generais se sucedem em grande velocidade. Vorochilov, protegido stalinista incompetente, é substituído por um Jukov meteórico, pois sua ida e volta Moscou-Leningrado-Leningrado-Moscou só dura um mês (ele havia chegado em 13 de setembro de 1941), sendo substituído por seu adjunto, Ivan Fediuninski, por sua vez substituído por Mikhail Chosin, a quem sucede, em junho de 1942, o general A. Govorov.

O cerco de Leningrado

Os "trabalhadores intelectuais"

De maneira natural, na "pátria dos trabalhadores", os intelectuais são postos a serviço de todas as causas, ainda mais na cidade que ainda pensa ser a capital intelectual da Rússia soviética e que é dirigida pelo teórico do "realismo socialista", Jdanov. E ai daqueles que se recusarem.

Num primeiro momento, homens e mulheres, de todos os tipos, foram mobilizados em desordem sem levar em conta suas capacidades físicas, intelectuais ou mentais. Muito rapidamente, entretanto, uma vez passada a estupefação inicial que acompanha a agressão hitlerista, a ordem inerente a um regime do tipo que domina na União Soviética "conduz" – para usar o termo oficial – a uma "reorientação das designações".

Assim é que os operários qualificados não são mais absurdamente enviados para a linha de frente para morrerem, mas recolocados em suas fábricas. Quanto aos trabalhadores intelectuais, seu destino varia. Se os cientistas e os médicos escaparam em grande parte à hecatombe do início, beneficiando-se das medidas de evacuação para a retaguarda, para poder contribuir com o esforço de guerra, outros – escritores, poetas, artistas – ficaram desperdiçando seu talento cumprindo tarefas de fortificação, de bombeiro ou de espião, e depois colocando-se, mais ou menos espontaneamente, a serviço da resistência ao inimigo.

Classicamente, alguns dentre eles, pode-se dizer, continuam seu trabalho mantendo-se "em seu posto", em particular nos teatros ou nas salas de concerto, o que é uma maneira de opor ao agressor o que resta de vida. Ora, o que há de mais insolente e de mais promotor de esperança que continuar a tocar ou representar sob os bombardeios como se nada houvesse? Tanto quanto possível, as salas de espetáculos – com exceção do período de enorme escassez em que tudo fica paralisado – anunciam seu programa nas colunas Morris das grandes avenidas. E aparecem sempre espectadores para ocupar, às vezes de maneira um pouco esparsa, as salas geladas. De todo modo, há um inegável caráter de bravata em representar Carmen de Bizet em pleno ano de 1942.

Outros se mostram mais militantes. Houve escritores, por exemplo, que sem deixar de escrever, se propõem a fazer leituras literárias na frente de batalha ou então nas fábricas.

Num impulso magnânimo, Anna Akhmatova, figura trágica da *intelligentsia* russa, cujo filho foi aprisionado na "Cruz", uma das prisões da cidade, e cujo marido foi fuzilado em 1924, esquece as perseguições do regime e põe todo o seu talento a serviço da pátria russa como o faz igualmente Olga Bergholtz em outra ocasião.

Anna escreveu: "Tu te verias, trecentésima, com teu pacote na mão, derretendo com tuas lágrimas quentes o gelo do ano-novo...", ela que não tem mais, e com razão, nenhuma ilusão quanto às virtudes do regime, escolhe cuidadosamente suas palavras em seu poema publicado no *Pravda* de 23 de fevereiro de 1942: "Que importa morrer de balas inimigas,/ que importa perder seu teto?/ Mas nós te conservaremos, discurso russo,/ Nobre palavra russa."

Vera Inber, ao mesmo tempo que escreve seu *Diário*, compõe um longo poema à glória de Leningrado, celebrando o martírio de seus habitantes: *O Meridiano de Pulkovo*. Ela lê seus textos na rádio. Grandiloquência e *pathos*, ao que parece, fazem vibrar a fibra patriótica dos leningradenses.

Nikolai Tikhonov, aliado por interesse ao "realismo socialista", se distingue com *Kirov está conosco*, momento de bravura que pretende galvanizar os trabalhadores da cidade. Texto que deixa incertezas quanto à sua qualidade literária. Que cada um julgue:

Diante das casas bombardeadas e das portas arrancadas
Sob a abóbada rachada do céu, Kirov percorre as ruas em alerta e com barricadas de Leningrado.
Esse soldado justo e encolerizado
Anda lentamente nessa cidade que ele adora.
As fábricas Kirov, mergulhadas na escuridão e no frio glacial, parecem uma fortaleza sombria e austera.
Não há nem fissuras, nem fumaça, nem discussões.
Todos sonham com repouso, mas perderam o sono.
Os semblantes dos operários, tensos e suados, parecem determinados e poderosos.
As oficinas foram atingidas por ataques aéreos e incêndios as consumiram.
O trabalho continua
Faze o que tens de fazer
Não te deixes abater pelo cansaço e pelo medo
Se por acaso a coragem lhes faltava,
Um homem velho entre eles se fazia ouvir.
Ele havia trabalhado aqui toda a sua vida, esse homem velho,
E eis o que ele lhes diz:

O cerco de Leningrado

"Nossa sopa é rala e o pão vale ouro, concordo
Mas, para compensar, temos a força e a coragem.
Deixemos o cansaço para depois
Seus bombardeios não lhes serviram de nada
Então, agora, nos fazem passar fome, os corajosos!
Eles isolam Leningrado da Rússia para fazer de nós os escravos da cidade.
Mas isso não vai acontecer!
É por isso que, nas santas margens do Neva, os trabalhadores russos morrerão, mas não desistirão, jamais!
Protegeremos a frente de batalha com uma armadura e furaremos o bloqueio
Não é à toa que esta fábrica leva o nome do camarada Serguei Kirov!

Felizmente, os leningradenses, que leem muito durante o cerco – em todo caso, é o que afirma, entre outros, o músico Karl Eliasberg –, têm outras coisas de que se ocupar além de Tikhonov, e desfrutam em particular Tolstoi ou Dostoievski.

E aqueles que não têm livros em casa recorrem à Grande Biblioteca, situada no ângulo das avenidas Nevski e Sadovaia. Lugar simbólico da resistência da cidade, ela jamais será fechada, mesmo nas horas mais sombrias do cerco. As obras e os documentos mais preciosos, como em todas as instituições culturais de Leningrado, foram colocados num abrigo. Os candidatos à leitura, entre cinquenta e sessenta por dia segundo os períodos, podem ler no local, mas lá não tem aquecimento. Alguns aí escrevem, como Mariya Machkova, bibliotecária, que conta em seu diário os horrores do cerco, principalmente os cadáveres não recolhidos aqui ou ali na cidade e até nos apartamentos. Ali ou em outros lugares, poetas, filósofos, escritores continuam a escrever na maior parte do tempo sobre assuntos intemporais, maneira que encontraram de se abstrair do horror ambiente.

Os pintores e os desenhistas também dão sua contribuição. Vladimir Serov, por exemplo, que chega mesmo a expor em Moscou, após ter pintado quadros que exaltam o combate dos soviéticos na Grande Guerra patriótica (*O desembarque no mar Báltico* de 5 de outubro de 1941) ou rememoram os grandes feitos em armas da Rússia eterna (*A batalha sobre o gelo*, que comemora uma batalha de 1242 no lago Peipus), se lança na realização de cartazes: "Nossa causa é justa, a vitória será nossa!" Tudo no mais puro realismo socialista.

Por vezes, desenhar não é coisa fácil: Anna Ostrumova-Lebedeva, embora habilitada a desenhar no âmbito do projeto "Leningrado na Grande Guerra patriótica", escreveu: "Tentei hoje fazer um pequeno esboço, eles me impediram e me conduziram ao cerco do NKVD. Tive de suportar um interrogatório severo e totalmente injustificado, que concluiu, por sugestão deles, que eu deveria parar de desenhar até segunda ordem." É preciso dizer que nem tudo é bom para ser representado. Jakow Rubantschik, num *Diário* de 132 páginas, desenha cenas de rua pungentes. Na mina de chumbo, ele surpreende um caminhão transportando caixões, como se fossem barris de bebidas. O veículo estacionado diante de uma loja de serviços fúnebres tem como comentário: "Depois do ataque aéreo. Entrega de mercadorias frescas."

Em 25 de dezembro de 1941, embaixo de um desenho a tinta, ele escreve: "Hoje as rações de pães passaram de 125 a 200 g. A sentinela diz: 'Alegrem-se, mulheres, hoje aumentaram a ração de pão.'"

Em março de 1942, ele não teme caçoar de uma espécie em via de proliferação em Leningrado, os saqueadores de cadáveres. Um morto está deitado de costas diante da vitrine da livraria internacional, com um pé descalço. Comentário: "Diante da livraria 'Livro internacional', às 9 horas da manhã. Morto de inanição e de frio. O gatuno não conseguiu tirar as botas de feltro: já é dia."

A suavidade do grafismo contrasta com a violência do que é representado sem ênfase. O mesmo se dá com Alexei Pachomov. Ele que ilustrava livros para crianças desenha então cadáveres descarnados expostos no necrotério do hospital Erisman. Faz numerosos desenhos acentuando a desumanização do cerco, como um croqui de julho de 1942, representando habitantes da cidade atrelados a um carrinho cheio de baldes, puxando-o e empurrando-o. Homens transformados em animais de carga.

Os fotógrafos percorrem as ruas e fixam na película as cenas que, no futuro, serão o testemunho dos sofrimentos da cidade sitiada. São eles: Vassili Fedosseiev, Vladimir Kapustin, Georgi Konowalov, David Trachtenberg, Boris Utkin.

Estamos longe dos clichês (embora talentosos) de Evgeni Khaldei, cuidadosamente divulgados naquele momento, que exaltam sempre o heroísmo militar e o patriotismo ostensivo dos soviéticos. Como se salvar sua vida ou a dos seus, levar socorro a seu próximo, proteger a cidade que se ama ou a fábrica onde se trabalha não fosse suficiente para ser admirável. Em suas fotos, lê-se o calvário de um povo, no dia a dia, que é suficiente para merecer respeito. E que não precisa de nenhuma ideologia para ser exaltado.

Nikolai Chandogin ilustra bem isso, ele que há muito tempo é colaborador do órgão de imprensa do Exército Vermelho em Leningra-

O cerco de Leningrado

do e, desde 1938, fotógrafo para a agência Tass. Com a guerra, ele dedica todo o seu tempo à *Krasnaja Swesda* (*A Estrela Vermelha*), o jornal do exército, na cidade e depois na frente do Báltico. Retrata mulheres em formações cerradas, com armas no ombro, marchando, cantando, no bairro de Smolny; barragens antitanques metálicas sob a neve; balões cativos contra os ataques aéreos levados por soldados diante do arco de triunfo da Praça do Palácio; posição de DCA no pórtico da catedral Santo Isaac; minúscula criança sobre esquis diante do famoso cartaz proclamando: "Aniquilemos o monstro alemão!"; trenós carregados de cadáveres puxados na neve pelos parentes; habitantes distróficos segurando com a mão um magro pedaço de pão: várias facetas de um mesmo drama fixadas por sua objetiva.

Enfim, deve-se a Boris Kudojarov, autor de mais de 3 mil fotos tiradas durante o cerco, a mais patética de todas, que representa crianças feridas pelos bombardeios.

Restam os caricaturistas, sem dúvida mais comprometidos com a propaganda propriamente dita, dentre os quais (e principalmente) o célebre "Kukryniksy", nome coletivo derivado da combinação daqueles dos três caricaturistas, Mikhail Kupriyanov, Porfiri Krylov e Nikolai Alexandrovitch Sokolov, a partir de 1924, todos colaboradores da famosa revista *Krokodil*.

Dessas obras, desenhos, pinturas, fotos, caricaturas, sobressai a humilde coragem de toda uma população que luta por sua sobrevivência e que não se via como heroica. Nada de *slogans* grandiloquentes como nos cartazes de propaganda exibidos nos muros de Leningrado.

Todos esses talentos participam da resistência da cidade, sem se deter na lancinante questão colocada desde o início da revolução, e também sem dúvida, do "*status* do intelectual".

Reconhecido, Jdanov cuida dos mais idosos dentre eles, como testemunha Anna Ostrumova-Lebedeva, surpreendida, em 20 de janeiro de 1942, pela entrega em seu domicílio de uma quantidade de comida variada e abundante da parte do camarada comissário.

Pierre Vallaud

Operação "Nordlicht"

Depois de sua vitória diante de Sebastopol (em 1º de julho de 1942), Erich von Manstein é enviado a Leningrado, a 2 mil km mais para o norte, com os restos de um 11º Exército aureolado por seus assaltos bem-sucedidos contra a fortaleza. Em vez de confiar-lhe a tarefa de acompanhar o 6º Exército de Paulus, que se dirigia a Stalingrado, o que seria prudente, Hitler prefere encarregá-lo de uma missão que é essencial para ele, apesar de suas tergiversações: apoderar-se de Leningrado. Será a operação Nordlicht (que se pode traduzir por "Luz do Norte" ou "Aurora boreal") uma grande ofensiva adotada sem levar em conta a opinião de Küchler, chefe do Grupo de Exércitos Norte, que continua a pensar que "aniquilar a cidade pela fome" é a melhor opção.

Em 27 de agosto de 1942, Manstein ainda se ocupa dos preparativos – a transferência da artilharia pesada tão útil em Sebastopol –, quando os soviéticos lançam sua ofensiva. Tomado de surpresa, ele vai em socorro do general Lindemann e é obrigado a defender a Linha do Volkhov quando deveria avançar sobre Leningrado. A Batalha do lago Ladoga é intensa de 27 de agosto a 2 de outubro de 1942. Os alemães capturam 12 mil soviéticos com 300 peças de artilharia, 500 morteiros e 244 tanques, mas contam 26 mil mortos. As perdas, o tempo gasto, muito menos favorável em outubro do que em agosto, e as restrições operacionais os obrigam a desistir de seus projetos. Nordlicht não será realizada.

Em 25 de outubro, Manstein, impotente, recebe a ordem formal e militar de deixar tudo para trás e partir para o sul. Passando de Leningrado para Stalingrado, ele se junta ao novo Grupo de Exércitos do Don.

Fiel observador desses contratempos em cascata, Lucien Vidal-Naquet, um dos criadores da rede de resistência do Museu do Homem, prevê, em 15 de setembro de 1942 em seu *Diário*, que Hitler se arrisca a cair em sua própria armadilha:

> Muitos sinais me mostram (ou eu estou muito enganado) que a Alemanha está prestes a tremer em suas bases. Hitler terá encontrado na campanha de Rússia o Waterloo em que sucumbirá sem nenhuma dúvida. [...] Hitler não fez na Rússia uma guerra ideológica; ele se lançou sobre a Rússia como um homem preso quebra os vidros de uma janela; ele precisava de matérias-primas que a política não lhe assegurava. [...] Tudo demonstra

O cerco de Leningrado

que ele agarrou não a presa, mas a sombra; ele ocupa as mais ricas planícies da Rússia, mas o que ele espera, mais do que a privação de petróleo para os russos, é seu próprio abastecimento. Ora, tudo leva a crer que esse abastecimento não acontecerá.

Como para confirmar essa intuição, menos de dez dias depois Hitler se mostra cada vez mais confuso. Ele desloca de um lado para outro da frente de batalha seis melhores trunfos, como Manstein, transferido sem sequer iniciar a partida. Ele procura desesperadamente o homem providencial. Enfim, em 24 de setembro de 1942, querendo encontrar um bode expiatório como de hábito, ele destitui o general Halder, chefe do estado-maior, general da Wehrmacht desde o início da campanha a Leste.

Não desistindo, em outubro-novembro de 1942, os soviéticos não deixam de castigar as tropas alemãs, lançando ofensivas de menor envergadura. Em 8 de novembro de 1942, o anúncio do desembarque anglo-americano nas costas da África do Norte abala todos os campos. Os Estados Unidos intervêm de maneira cada vez mais ativa no conflito mundial. Para os alemães, é preciso agir rápido.

Feliz natal de 1942!

No final de dezembro de 1942, o ar vibra com as tradicionais mensagens de Natal, mas ninguém as ouve, nem Leningrado agonizante, nem Berlim, no ápice de seu esplendor, como capital de um império que se estende de Capbreton ao Volga.

Na Rádio Vaticano, o papa Pio XII, em uma de suas raras intervenções, denuncia os horrores cometidos "contra centenas de milhares de pessoas, que, sem nenhuma culpa, e muitas vezes apenas por sua nacionalidade ou sua raça, são condenadas à morte ou a um extermínio progressivo". Nas ondas da BBC, de Gaulle celebra "esse dia de Natal de 1942, [em que] a França vê, no horizonte, reaparecer sua estrela". Nas atualidades do cinema, a voz da Alemanha na França quer fazer crer que soldados franceses e alemães lutam pela mesma causa:

Em toda a Europa se eleva a prece de Natal, nossos homens participam dos combates na frente do Leste [música de trompetes e imagens de combatentes vestidos de branco desfilam, dando a impressão de um exército bem equipado, o que não é sempre o caso]. O que sustenta nessas batalhas desumanas aqueles que suportam o terrível inverno russo, o frio, o sofrimento, é a convicção de que eles preservam uma Europa inteira contra o perigo de uma Europa bolchevique [marcha fúnebre]. [...] O parto de uma Europa mais justa e mais tranquila muitas vezes exigiu o sacrifício supremo. [...] [cantos religiosos].

Em Leningrado, do lado alemão, os soldados enfrentam, da melhor maneira que podem, esse inverno suplementar na estepe russa. Eles fabricaram decorações de Natal, cortaram estrelas de zinco e guirlandas em papel jornal, no qual se imprimem notícias em que mais ninguém acredita. O responsável pelo abastecimento prometeu-lhes uma ração suplementar, mas isso não é suficiente para revigorá-los. Eles têm a nostalgia dos doces perfumes de pão de mel, de vinho quente e de canela. A cerca de 1.500 km dali, as mandíbulas da tenaz soviética se fecharam com força sobre Stalingrado (onde a temperatura é de -20°C em 12 de dezembro): mais de 300 mil alemães caem na armadilha. O *Reichsmarschall* Göring assegurou aos cativos de Stalingrado que poderia entregar a eles 500 toneladas de víveres e munições por dia, mas esse número é totalmente irreal. A Luftwaffe não consegue jogar de paraquedas mais do que 20 a 50 toneladas de mantimentos. Os soldados começam a comer os cavalos. "Em Stalingrado, os gonzos do destino giraram", dirá Churchill. Apesar dos esforços da propaganda para dissimular a situação, o fracasso da Batalha de Stalingrado acaba por se espalhar e repercute no moral das tropas que cercam Leningrado.

Leningrado, lado russo. Quem ainda tem força para desejar esse "Feliz Natal" que o calendário ortodoxo festeja 13 dias depois dos católicos? Os leningradenses sonham com um bom fogo de lenha, litros de vodka, patês recheados, arroz, cogumelos e com a especialidade de Noel, pato recheado de maçãs! Elena Kochina se levanta de madrugada para partir em busca da garrafa de vinho prometida pelas autoridades. A rádio divulga mensagens otimistas, que não enganam ninguém, pois o estado do abastecimento é ainda deficiente.

O cerco de Leningrado

O cerco se eterniza

O tédio é muito grande diante de Leningrado. A cada dia, no acampamento alemão, recomeça uma vigilância sem fim interrompida por vezes pela detonação de uma granada, um tiro de morteiro, uma rajada de metralhadora ou o assobio de um projétil, vindo de surpresa explodir a alguns metros dos homens. A grande atividade é a vigilância. O tempo todo, sentinelas montam guarda em torno da cidade, perscrutam o horizonte de binóculo, esticam os periscópios e observam ao longe os habitantes de Leningrado.

Se os leningradenses vão e vêm como formigas, os próprios alemães levam uma vida de ratos, enterrados em suas trincheiras. Seu cotidiano é muito pouco atraente, principalmente quando o termômetro desce bastante abaixo de zero, e que é preciso cavar fossos na neve gelada. Mesmo com tempo bom, cumprir a tarefa de escavar, cavar o solo com pá e picareta, cortar troncos de árvore com machado, montar paredes de terra com traves e tábuas, construir pequenas chaminés feitas com latas de conserva e depois ficar no fundo de seu buraco e contemplar a estepe que se estende a perder de vista atrás de si – eis que não é muito atraente.

De um lado a outro, em Leningrado, comer é a grande questão do dia. A obsessão de uns é a distração dos outros. Para os sitiados, é preciso se desdobrar em astúcia para não morrer de barriga vazia. Para o sitiante, a refeição é o prazer do dia, embora os soldados sempre se queixem da intendência e da monotonia dos cardápios. O que não fariam os sitiados para ter em seu prato uma migalha do trivial alemão: a sopa quente, sistemática à noite, a ração de carne bovina ou de porco, as batatas, às quais se acrescentam por vezes uma fatia de pão preto, manteiga, queijo, chocolate e um líquido amarronzado para a "hora" do café.

Em Leningrado, como o inimigo não penetra na cidade, jamais haverá combate em cada rua, cada fábrica, cada casa. A guerra urbana, *Rattenkrieg* ("guerra de ratos"), tão temida, não acontecerá, mas, reverso da medalha, a inação acaba por ser pesada para alguns. Temeridade fanática, farsa irresponsável ou crise de nervos, um camarada do soldado Wilhelm atravessa a *no man's land* coberta de neve que o separa do inimigo e joga uma granada num bunker adversário. A reação dos soviéticos não se faz esperar, cães adestrados

Pierre Vallaud

especialmente, com cargas de dinamite presas nas costas, correm para as linhas alemãs e dá-se a explosão.

Na Frente de Leningrado, se estão entediados, também se coçam muito... A tropa carece cruelmente de higiene. Os homens estão cheios de piolhos, na virilha, no ventre, nas axilas. Usam semanas a fio as mesmas roupas, mudam uma vez por semana os trapos que enfiam em suas botas para se aquecer, raramente partem para a retaguarda para tomar um banho e devem se arranjar com uma bacia de água, quando têm, e sabão. À medida que o tempo passa, o acesso às latrinas (*Donnerbalken* – "casa do trovão"), que são buracos sobre uma tábua de madeira, se degrada e o odor torna-se pestilento. Quando chove, os deslocamentos no pântano tornam-se penosos, a lama invade tudo e a umidade cola as roupas na pele. As coceiras e as irritações se multiplicam, os soldados se coçam de fazer sangue. Quando neva e o frio é intolerável, fica perigoso baixar a calça.

Para não desmoralizar as tropas, estas são periodicamente autorizadas a deixar o local. Em função da atividade da frente de batalha, o soldado alemão pode, com efeito, refugiar-se nos bunkers da retaguarda, aquecer-se, descansar, jogar cartas ou xadrez, beber, escrever para seus parentes e ouvir música. De tempos em tempos, também, ele obtém a autorização para se distrair em Krasnogvardeisk, a cidade de prazeres do exército alemão, onde acontecem competições esportivas, espetáculos e divertimentos de todos os tipos, com Junker levando mulheres de vida fácil provenientes dos países ocupados.

Como as trincheiras alemãs e soviéticas estão face a face, a proximidade favorece as trocas intempestivas com as linhas adversárias: infiltração de espiões disfarçados com o uniforme inimigo, incursão de milicianos, introdução de informantes esgueirando-se de uma linha à outra. Isso intensifica a guerra psicológica. Os russos instalaram alto-falantes, que transmitem durante todo o dia uma trilha musical (rica em cantos revolucionários) entremeada de mensagens de propaganda em alemão que convidam os soldados a desertar ou a se render. Quando fazem prisioneiros, os soviéticos lhes arrancam o nome de seus companheiros e quando há uma ação, ameaçam o adversário chamando-o pelo nome. Ouvir insultos e ser interpelado assim pessoalmente em plena batalha tem o dom de congelar de medo os soldados.

Ao longo dos meses, o Exército Vermelho castiga a Wehrmacht a fim de afrouxar o círculo de ferro que faz pressão sobre Leningrado, enquanto esta última mantém intacta sua ação sobre a cidade. Todo esse dispêndio de energia se mostra em vão. Os ataques aéreos e as baterias alemãs que dominam a cidade do alto das colinas despejam 100 mil bombas e outro tanto de projéteis, mas essa tempestade de fogo causa menos de 1% das perdas civis em 1942. Leningrado, bem defendida por sua DCA, fora de alcance dos alemães, não está transformada em campo de ruínas. A linha de frente quase não se mexe. Em Uritsk, por exemplo, o avanço alemão praticamente bloqueado às portas da cidade não progrediu nem um metro durante todo o ano de 1942.

"Kirov Hotel"

São 10 horas da noite, a temperatura é de -30°C em janeiro de 1943. O sargento Dimitri percorre os últimos cem metros que o separam da posição para a qual ele foi designado, a exatamente 1 km ao norte de Gatchina, no posto 117. A única coisa que ele sabe: o observador que o precedia morreu no dia anterior, vítima de um atirador de elite da Wehrmacht. Ele soube disso por seu fornecedor de alimentos, uma jovem mulher, membro dos Komsomols, que salta de um posto a outro para levar o necessário a esses isolados.

Desde então, não há nada nem ninguém para alertar, se for o caso, os combatentes sobre reforços ou sobre uma ofensiva. Felizmente, ali na frente, há várias semanas, os alemães não parecem querer se mexer, somente marcar presença e impedir qualquer movimento nas linhas, mantidas a muito custo pelo Exército Vermelho. Dias inteiros podem assim passar sem trocas de tiros, sem que a tensão diminua, no entanto.

Uns encaram os outros, observam-se mutuamente, e uns liquidam os outros quando podem. Dos dois lados a tropa se comporta como num recinto para praticar o tiro ao alvo. Armado de binóculos, com uma pistola e duas granadas, Dimitri se sente muito só; há mais de meia hora ele deixou a última trincheira ocupada por homens e mulheres da Opolchenie. Pouco ou mal armados, eles fazem número, contudo, e sua presença tranquiliza. Agora, o sargento rasteja sobre o solo gelado, fica mais perto das dobras do terreno. Ele tem a impressão de que as batidas de seu coração são ouvidas a léguas de distância. Se não está enganado, a silhueta das datchas semidestruídas indica que ele atingiu o objetivo. Mas naquela noite tão opaca, ele não tem certeza de nada. Ninguém foi realmente capaz de descrever o lugar onde ele imagina chegar. A *priori*, a casamata se situa logo depois das ruínas da última casa, cuja única chaminé ainda domina a paisagem e que ele distingue com dificuldade.

Dimitri para e se esforça para ouvir, não se trata de atravessar as linhas soviéticas e se jogar nos braços do inimigo. Primeiro, nada, depois, logo à frente – a quantos metros? Ele não saberia dizer – um assobio. Como ele sabe que nenhum companheiro se encontra mais no setor, trata-se então de um alemão. Seu *alter ego*, provavelmente, e seu adversário. Bem tranquilo desde que eliminou seu oponente, ele também deve estar isolado à frente das linhas alemãs. Assobiando, deve estar tentando se tranquilizar, mas indica, apesar da atmosfera esponjosa da noite, a direção do lugar em que ele se encontra. Dimitri continua a rastejar, e pela última vez ele olha a agulha luminosa vacilante de sua pequena bússola – tomada ao inimigo – que lhe foi confiada pelo tenente Samarin; a pá de trincheira que ele leva em seu cinturão o atrapalha em seu avanço e risca o chão. Ele a retira e a introduz entre o arnês e o cobertor enrolado preso a suas costas. Ele distingue logo depois do canteiro que fica ao lado da datcha, protegido pelos vestígios de uma cerca de tábuas, a entrada do porão de uma cabana. Quatro degraus, com uma lona servindo de porta, o sargento carrega sua pistola. Nunca se sabe. Ele se coloca ao lado da abertura e, num segundo, ilumina os locais com sua lanterna. Ninguém, ou melhor, nenhum intruso perigoso. Ele se abaixa e examina os lugares: o cadáver daquele que ele substitui está ali, jogado para trás, de olhos abertos, com um buraco vermelho no meio da testa, os braços separados como num gesto de acolhida. Está sem o capacete, seu fuzil está apoiado contra a parede do abrigo. Seu cobertor está enrolado num canto. E, como preparado para ele, uma espécie de fogareiro improvisado, uma lata de conserva aberta está pousada ao lado, cheia de um líquido escuro, caldo que o morto devia estar pronto para tomar. Paradoxalmente, Dimitri não sente nada, a não ser – tudo é relativo – que faz mais calor no abrigo. Enquanto seu oponente alemão não tiver notado que lhe designaram um novo vizinho, ele ficará tranquilo. Ao menos, com tempo para se organizar. Nada de luz, nada de cigarro, nem fogo no fogareiro, e antes de mais nada, na maior discrição, vedar a seteira, sem, no entanto, fechá-la totalmente. Dimitri afasta o cadáver e o coloca perto da saída. Logo, ele se apropria dos locais. Ele já está acostumado, por duas

O cerco de Leningrado

vezes ele foi ferido em locais semelhantes, e de cada vez, sem qualquer meio de comunicação, ele alcançou as linhas na retaguarda arrastando-se, e desde que se recuperou, foi enviado como vigia de ponta. Um posto do qual poucos escapam. O sargento se senta encostando as costas na parede, tentando ser o mais silencioso possível, puxa para cima a gola de seu casco de pele, calça as luvas, coloca o fuzil de seu predecessor entre as pernas e se apronta para dormir. Acima dele, como na maioria das casamatas que se espalham pela frente de batalha diante de Leningrado, balança um pequeno cartaz no qual uma mão vingadora escreveu: "Kirov Hotel".

Operação Iskra

Para os alemães, 1943 marca a mudança na guerra: a partir desse ano, eles não fazem mais uma guerra de usura, de trincheiras, uma guerra estática, mas uma guerra dinâmica, muito mais mortífera e cuja iniciativa muitas vezes lhes escapa. Em toda parte, suas forças devem dobrar-se diante dos assaltos do Exército Vermelho; em toda parte, exceto diante de Leningrado.

Em 12 de janeiro de 1943, na cidade reclusa, os soviéticos tentam mais uma vez acabar com o cerco. É a operação Iskra ("A Faísca", do nome do jornal de Lênin).

As tropas da Frente de Leningrado (general Govorov) e as da frente do Volkhov (general Meretskov, 2º Exército de Choque) se lançam ao assalto num mesmo impulso a fim de reduzir o ângulo de ataque Schlüsselburg-Sinyavino formado pela frente alemã. Os marechais Jukov e Vorochilov coordenam a ação. Após uma violenta preparação de artilharia, surpreendidos por uma chuva de bombas e de obuses, os alemães, de início, opõem uma fraca resistência; ao mesmo tempo, o 67º Exército (Frente de Leningrado) se dirige para leste, para se unir ao 2º Exército de Choque (Frente do Volkhov). Os dois exércitos quebram as defesas alemãs e penetram longe atrás das linhas de combate. Depois, os alemães se recuperam e, de ambos os lados, chegam reforços ao campo de batalha, travando combates cada vez mais mortíferos. Não somente os soviéticos se sacrificam em massa, pois seus chefes sabem que, a longo prazo, sua superioridade numérica lhes garante a vitória, mas, além disso, a partir de então o Exército Vermelho dispõe de um armamento maciço e eficaz, principalmente os "órgãos de Stalin", que despejam um dilúvio de fogo sobre o adversário, aterrorizando-o antes de matá-lo. Pela primeira vez, seu ataque é decisivo. Na manhã de 18 de janeiro de 1943, o ferrolho de Leningrado é aberto, elementos do Exército Vermelho de Leningrado e do Volkhov operam uma junção. Abrem um corredor terrestre de uma dezena de quilômetros de largura ao sul do lago Ladoga. Essa conquista melhora consideravelmente o abastecimento em equipamentos, munições e víveres da cidade, desde então ligada ao exterior por uma via férrea construída em terra firme e não mais somente sobre uma placa de gelo. O primeiro trem entra na estação em Leningrado em 7 de fevereiro. O preço a pagar por essa vitória é elevado e mesmo desproporcional: dos 302.800 homens engajados, os soviéticos registram um terço de perdas (33.940 mortos e desaparecidos, 81.142 feridos), 41 blindados, a mesma quantidade de aviões e 417 peças de artilharia. Do lado inimigo, não menos de 21.500 alemães caíram sob os golpes dos milicianos. Além disso, a cidade ainda continua sob o cerco e os alemães a mantêm guardada pela força de seus canhões.

A capitulação alemã e, pior que isso, a rendição do marechal Paulus em Stalingrado em 2 de fevereiro de 1943 produzem um golpe terrível no moral dos soldados. A propaganda relança seu mais antigo cavalo de batalha, a "ameaça bolchevique", mas ela não consegue mascarar o essencial: em primeiro lugar, o fracasso da estratégia de resistência encarniçada de Hitler, herdada da Primeira Guerra Mundial ("não recuamos"), que seria um sinal de inferioridade militar. Em segundo lugar, a demonstração de que a estratégia seguida no Leste era errada, inclusive o cerco de Leningrado. Em terceiro lugar, a primeira derrota completa do Exército alemão, ainda mais que se tratava de sub-homens. Enfim, a desobediência às ordens de Hitler por um comandante de prestígio, e um sacrifício inútil.

Capturado pelos russos e desgostoso por causa da inflexibilidade do Führer, Paulus aceita até colaborar com o inimigo. Como consequência mais importante, aumenta a contribuição econômica americana ao esforço de guerra soviético, pois Washington passa a ter certeza, com Stalingrado, de que o Exército Vermelho conseguirá triunfar contra os invasores.

Em 10 de fevereiro começa a Batalha de Krasny Bor, para a qual uma parte da Divisão *Azul* chegou no mês anterior. Então sob a direção do general

O cerco de Leningrado

Emilio Esteban Infantes, ela trava um combate difícil. Durante três horas, a artilharia soviética ataca os alemães e os espanhóis a descoberto e mal abrigados por farrapos de trincheiras inacabadas. Os bombardeios espalham-se pelos campos. Os obuses de fragmentação explodem no ar, liberando uma chuva de fragmentos mortíferos. Quarenta e quatro mil soldados de infantaria soviéticos avançam, então, com o apoio dos tanques, e procuram expulsar o inimigo da estrada de ferro Leningrado-Moscou. O Exército Vermelho queima tudo em sua passagem e dizima as fileiras adversárias. Age com a energia do desespero. Como o destacam as *Memórias* de infantes alemães:

> Nós vimos muitas vezes os soldados russos, logo que seu objetivo era alcançado, esquecer seu dever e perder um tempo precioso. Contra-atacando rapidamente, podíamos surpreendê-los com frequência... Nós os atacávamos no momento em que já estavam abrindo latas de doce ou garrafas de conhaque.

Os soldados soviéticos são motivados na medida em que estão esfaimados, pois na maioria das vezes só se alimentam dos víveres que tomam do inimigo ao atacarem seus bunkers. Pior que isso, atacam seus próprios companheiros encarregados do abastecimento, em plena estrada, assassinando-os, tomando tudo o que veem e engolindo tudo o que podem. No ar, ameaças, longínquas ou próximas, rondam e roncam, ataques de Il-2 Sturmovik, depois de Polyarkov-2, apelidado de "máquina de serrar" por causa do barulho estridente de seu motor, semeiam o pânico. A Divisão *Azul* perde 3.645 homens (contra 11 mil soviéticos mortos), mas não se rende. Em 18 de fevereiro, num célebre discurso no Sportpalast, em Berlim, o ministro da Propaganda, Goebbels, convoca à guerra total, mas a Alemanha não tem mais os meios necessários.

Recuperada em abril, a *Azul* parte para descansar, e depois Franco, sob a pressão dos Aliados, lhe ordena que volte para a mãe pátria em outubro de 1943. Somente 2.300 fanáticos recusam-se a voltar e se reúnem numa "legião *Azul*", que vai continuar acampada diante de Leningrado. No total, a aventura a Leste custa à Espanha cerca de 1.200 mortos e 8.000 feridos.

Pierre Vallaud

O artilheiro francês

Há aqueles que realmente não escolheram estar presentes ao cerco de Leningrado, são os "contra a vontade", os originários da Alsácia-Lorena alistados à força na Wehrmacht e enviados para a Frente Russa. Não eram mesmo partidários do nazismo! Nascido na Lorena junto ao Mosela, alistado de início aos 18 anos no RAD (Reichsarbeitsdienst – serviço do trabalho do Reich), incorporado depois ao exército aos 20 anos, Pierre W.* passa por uma formação militar perto de Coblence, recusa-se a seguir a escola dos oficiais de Potsdam, é enviado a Darmstadt, depois a Bamberg na Baviera, dali a Königsberg e depois a Pleskau. Passa algum tempo em Gatchina, cujo castelo ainda não está destruído nem totalmente esvaziado. Artilheiro, ele é posicionado diante das linhas russas. Ele observa, do outro lado, as idas e vindas dos soviéticos e participa das trocas regulares de tiros. É tudo o que consegue ver de Leningrado, e jamais lhe dirão que os habitantes dali morrem de fome aos milhares. Nessa parte da frente, sua vida é, no fim das contas, bastante confortável. Os combates não são de uma violência extrema, os soldados estão bem alimentados e dormem aquecidos ao calor das largas chaminés, características das casas russas. É aí que o comando lhe propõe pela segunda vez que ele se torne oficial. Sua nova recusa lhe vale uma sanção imediata. Ele é transferido para uma companhia disciplinar e deve ir, unicamente pela estrada de ferro, a Surgawino, cidade a 20 km a sudoeste do lago Ladoga, onde restam apenas alguns idosos e uma cabeleireira requisitada pelos alemães. Ali, a situação é diferente. Dependente da 4ª Companhia da 28ª Divisão, sob as ordens do coronel von und zu Aufsetz, ele integra um grupo de artilheiros, cinco homens e um sargento (a metade dos efetivos normais), depois se instala diante do inimigo que está a algumas dezenas de metros. Para descansar, o grupo dispõe apenas de um abrigo apertado, onde todos dormem sentados. Não há nenhuma possibilidade de acender fogo apesar do frio (frequentemente de -30°C); lavam-se com a água de um caneco, pois a água é escassa nessa parte da frente de batalha e está fora de questão derreter a neve aquecendo-a como

---

* N. A.: Recolhemos o testemunho de Pierre W. em janeiro de 2010.

O cerco de Leningrado

em Gatchina. Quanto ao abastecimento, é providenciado a cada dia por um dos homens do grupo. O encarregado deve andar vários quilômetros através da floresta, massacrada pelos projéteis, para chegar até as *gulaschkanone* ("cozinhas rolantes") e trazer a sopa e o resto.

Uma faixa estreita de *no man's land* o separa do inimigo e alguns rolos de arame farpado constituem sua única proteção (além de sua temível metralhadora pesada MG 42). De sua posição, ele ouve o canto das mulheres russas que também servem de soldado.

12 de junho de 1943. O *Gefreiter* ("cabo") W. sofre a primeira ofensiva de envergadura dos soviéticos. Após uma preparação de artilharia à qual se misturam os tiros de projéteis de todos os calibres, os órgãos de Stalin, os morteiros, os projéteis 80 mm que fazem explodir os sacos de areia colados às paredes do abrigo, os soviéticos atacam em massa. Às pressas, os alemães reúnem armas, explosivos e pás cortantes. Com o dedo crispado sobre o gatilho de sua metralhadora (1.800 tiros por minuto), Pierre atira sem parar sobre as ondas sucessivas de soldados que se lançam ao ataque gritando "Hurra, Stalin!". Centenas e centenas de inimigos se lançam em sua direção, eliminados uns após outros. Parece que todos os povos da URSS marcaram encontro ali: tártaros, mongóis, russos, caucasianos... Os que recuam são abatidos pelos homens do NKVD. Outros ataques se sucedem, alguns agressores acabam morrendo nos arames farpados a apenas alguns metros de onde ele estava. Outros utilizam cadáveres a guisa de escudos. Depois, é o refluxo acelerado pelos tiros dos Stukas. Os soviéticos, para poder recuar, abatem os homens do NKVD. Pierre é ferido, seu sargento aciona com todas as suas forças a manivela do telefone de campanha: *Ein Krankenpfleger!* Um enfermeiro! *Verbandkasten!* Caixa de curativos! Urra este último ao ver o ferimento. Enfim, Pierre é levado.

Após algumas semanas de convalescença, ei-lo de novo na mesma frente. A vigiar um inimigo cuja presença se faz sentir cada vez mais.

Em 31 de julho de 1943, a preparação de artilharia é ainda mais aterrorizante. O Gefreiter pensa que é o anúncio de uma ofensiva de envergadura, talvez até uma ofensiva com O maiúsculo. E ele está certo. O roteiro é sempre o mesmo, sendo que dessa vez Pierre descobre seu primeiro T34. O monstro fica imóvel num caminho ligeiramente elevado. Nessas regiões pantanosas, eles não se aventuram fora das veredas, temendo ficar atolados. Pierre vê o tanque apontar lentamente seu canhão em sua direção. Ele vê a saída do projétil e se encolhe. No inferno provocado pela deflagração do projétil, dois soldados soviéticos, que participavam do assalto, caem à sua frente, ensanguentados. Pierre sente uma dor, um líquido quente corre sobre as costelas, seu braço está praticamente arrancado. Ele ainda tem força para fazer um curativo, para fazer prisioneiros os dois agressores, e para se retirar sob uma chuva de tiros. Só lhe resta andar sozinho por mais de 10 km com o braço ensanguentado através de florestas e pântanos para chegar a um posto de socorro. De seu grupo, ele é o único sobrevivente do inferno de Leningrado. Em Wiesbaden, última pausa para o convalescente, ele se evade para a França.

O começo do fim

Ao longo do ano de 1943, os alemães não abandonam o terreno, mas não conseguem deter o movimento de recuo, principalmente depois da formidável batalha de tanques que, em julho, opõe os dois exércitos diante de Kursk e termina pela quase destruição da ponta de lança mecanizada alemã, impedindo a partir de então toda estratégia ofensiva. O desembarque dos Aliados na Sicília, no mesmo mês, a tomada de Messina e a saída de Mussolini anulam o eixo Roma-Berlim contra os Sovietes – velho objetivo, cujas tentativas de realização haviam ocupado todo o período entreguerras. Eles resultam na declaração de guerra da Itália contra a Alemanha, em 13 de outubro de 1943, e obrigam Hitler a transferir unidades de elite para a Itália e a desguarnecer a Frente Leste. Os alemães não têm mais nenhuma base de bombardeiros pesados na região de Leningrado, eles foram abatidos e seus aeroportos foram deslocados para Pskov e para Vitebsk e mesmo para mais longe ainda. As principais bases aéreas alemãs estão situadas em Tosna, Siverskaia e Gatchina, ao sul de Leningrado.

Ao final de 1943, outra formação SS se encontra diante de Leningrado sitiada. É a Divisão "Nordland", composta de alguns milhares de noruegueses e de dinamarqueses, de algumas centenas de suíços, de dezenas de suecos e mesmo de um punhado de britânicos. Ainda não está suficientemente instruída, e suporta o terrível inverno soviético. Posicionada diante de Orianenbaum, bolsão soviético inexpugnável durante todo o conflito, ela não consegue, tanto quanto as outras, fazer sair os soviéticos. Ao contrário, logo após o ataque

O cerco de Leningrado

de janeiro de 1944, é ela que recua, atingida violentamente pelo assalto do 2º Exército de Choque. Ela combate na base de quatro contra um. A situação da Divisão se torna crítica. Seguida de perto pelo inimigo, ela se mantém em Narva durante seis meses, depois bate em retirada através dos países bálticos antes de ser evacuada por mar em direção à Pomerânia em 1945.

Temendo que, num tal contexto, a hora da vingança tenha soado para os soviéticos, Küchler propõe um recuo sobre a Linha Panther. Essa linha de defesa se compõe de sólidas e profundas fortificações, que correm ao longo do eixo Narva, lago Peipus, Pskov e Ostrov. As posições mais bem fortificadas das forças soviéticas se elevam, por um lado, diante do 42º Exército da Frente de Leningrado, ao sul das colinas de Pulkovo e, por outro lado, diante do 59º Exército da Frente do Volkhov, ao norte de Novgorod. Mas Hitler não aceita; ao final do ano de 1943, Küchler não tem outra escolha a não ser esticar suas 40 divisões de infantaria ao longo dos 750 km que separam Polotsk e o golfo da Finlândia. O 18º Exército Alemão do general Georg von Lindemann está acampado diante de Leningrado e o 16º Exército está estacionado ao sul do lago Ilmen.

Há um testemunho fundamental sobre a situação de Leningrado ao final do ano de 1943, o de Alexander Werth, já citado. Correspondente de guerra britânico para a BBC e o *Sunday Times*, ele nasceu nessa cidade, fala a língua russa, viveu o início da guerra na França e é então a personalidade mais adequada para relatar o que acontece na cidade sitiada.

Presente na URSS desde julho de 1941, ele solicita, em novembro de 1942, por intermédio do embaixador de Sua Majestade, a autorização para ir para Leningrado. A essa solicitação, Molotov responde pessoalmente por uma recusa explicitada da maneira mais clara: "No momento não podemos autorizar Alexander Werth a visitar Leningrado. Evitamos divulgar demais as dificuldades sofridas pelos leningradenses. Essas dificuldades, até agora, só foram evocadas de maneira muito parcial pela imprensa e pelas atualidades cinematográficas." É o mínimo que se possa dizer!

Apesar disso, em setembro de 1943, quase um ano depois de sua solicitação, Werth pôde ir a Leningrado, ficando ali pouco menos de uma semana. Sua estada foi cuidadosamente preparada pelas autoridades, que não o largam em momento nenhum.

Cinco dias bem intensos que lhe permitem encontrar oficiais e leningradenses – selecionados a dedo – e esboçar um quadro da cidade após dois anos de cerco: as ruas, os jardins-hortas improvisados, os apartamentos vazios, a casa na qual viveu quando criança, os locais de prestígio cercados de barricadas e parcialmente atingidos, as fábricas Kirov, a União dos Escritores, a biblioteca, o Soviete local de Narva. No entanto, apesar das ameaças alemãs, ele tem a ocasião de admirar a coragem tangível dos habitantes, dos orgulhosos Komsomols, a firme determinação de todas aquelas e de todos aqueles encontrados ao acaso (?) nas ruas ou nas visitas. Sem esquecer os relatos "edificantes" de uns e outros: salvamento aqui, captura de um aviador alemão ali, socorro acolá, ato de bravura no trabalho ou de abnegação sob as bombas.

Um dos momentos provavelmente mais espantosos relatados por Werth, tendo em vista o que a cidade passou, havia apenas alguns meses, e os horrores da frente de batalha, é o da visita a casas de acolhimento dos adolescentes de 14 a 18 anos de idade:

> Eles estão muito bem alimentados aqui, e além disso, têm muitas distrações, levantam às oito horas; fazem cinco minutos de ginástica, depois fazem seu desjejum: comem *Kacha* ou um prato de legumes ou um bolo de arroz, tomam chá com pão e manteiga. De maneira geral, damos-lhe muito que comer – carne e peixe, trinta gramas de manteiga por dia, queijo e presunto, uma boa quantidade de açúcar, uma barra de chocolate, e mesmo, às vezes, uma barra de chocolate inglês, se isso lhe interessa! Eles adoram o chocolate inglês. Depois do desjejum, eles têm aula de música ou de dança, para os que querem; os outros saem para passear ou jogam futebol, vôlei ou ainda bilhar. Além disso, existe uma excelente biblioteca.

É o que afirma a responsável pelo local. Também é expressiva, quando visita a ilha Krestovski, uma passagem cheia de serenidade em meio a um universo de violência, após a descrição de fortificações construídas com placas de cimento extraídas do grande estádio:

> Uma vez mais, confesso, eu estava menos interessado nos detalhes técnicos dessas fortificações do que no espetáculo que se oferecia a meus olhos. Ela estava ali, a janela da Rússia para a Europa. Era um esplêndido dia de outono; um vento suave soprava do Báltico e nos trazia eflúvios marítimos. [...] Atrás de nós, à esquerda, erguia-se Leningrado, com a cúpula marrom da catedral Santo-Isaac e as duas torres, a da fortaleza e a do Almirantado; e dominando a linha do horizonte, as chaminés das fábricas a leste. Ao fundo, distinguia-se um braço do Neva com águas de um azul intenso; finas marolas brancas vinham chocar-se à pequena embarcação presa à margem plana.

O cerco de Leningrado

Dessa leitura, depois dos horrores verificados ao longo do período em que o cerco se manteve, identifica-se uma espécie de otimismo quanto aos trunfos de que a cidade dispôs e dispõe para resistir.

Não se pode, evidentemente, duvidar de tudo o que Werth descreve, de quem a sinceridade e capacidade de observação são insuspeitas. Nota-se que, apesar do fato de que o inimigo ainda está às portas da cidade, ninguém mais morre de fome, os doentes e feridos são tratados, as crianças, inclusive os órfãos, estão amparados e frequentam a escola, as hortas improvisadas contribuem para o abastecimento, as fábricas, mesmo sob a ameaça das bombas, funcionam. Que o moral está em alta, que a palavra é – pelo menos parcialmente – livre, embora frequentemente as visitas à cidade se assemelhem àquelas que eram organizadas pela célebre agência de viagens oficial "Inturist" para os camaradas e companheiros de estrada da URSS.

Nenhum indício, evidentemente, da menor dúvida quanto à direção política ou de queixa quanto a "falhas" de sua defesa.

Isso não impede que sobressaia, dessa leitura, o estranho sentimento de estar, involuntariamente para seu autor, na origem de uma parte da mitologia que vai pairar sobre a história do cerco da cidade: sua "heroicização".

Em sua introdução à última edição do livro, Nicolas Werth, seu filho – e, sem dúvida, nosso melhor especialista em História da Rússia contemporânea, a quem se deve imensos avanços quanto ao conhecimento do fenômeno stalinista –, escreve:

> No livro *A Rússia em guerra* [obra citada por nós anteriormente], escrito vinte anos depois, Alexander Werth aprofundou e refinou sua análise do "espírito de resistência" específico de Leningrado. Este teria sido alimentado, segundo ele, ao mesmo tempo por "uma profunda afeição dos leningradenses à sua cidade, uma cidade amada por seu passado histórico e, na *intelligentsia*, por seus notáveis círculos literários" e pela "grande tradição proletária e revolucionária à qual os operários se mantinham particularmente ligados".

Pierre Vallaud

Janeiro de 1944: a liberação!

Apesar das tentativas repetidas dos soviéticos, eles só puderam alargar em alguns pontos o corredor que liga a cidade ao resto da Rússia. Para quebrar o cerco, os combatentes são 2,7 vezes mais numerosos que os alemães e dispõem de 3,6 vezes mais peças de artilharia (sem contar os foguetes, os famosos Katiuchas – os órgãos* de Stalin – que acabavam de sair das fábricas do Ural), 6 vezes mais tanques e 6 vezes mais aviões.

O único efeito-surpresa previsto em seu plano é o desembarque discreto de numerosos soldados no litoral do bolsão de Oranienbaum, com o nevoeiro do inverno favorecendo a manobra.

Os dois exércitos agirão de maneira coordenada. Ao norte, a Frente de Leningrado, conduzida por Govorov, parte de Orianenbaum, enquanto no centro a Frente do Volkhov conduzida por Meretskov se moverá em torno de Novgorod. Quanto à 2ª Frente do Báltico, mais ao sul, deve intervir em apoio, investindo sobre a zona Pustochka-Idritsa, e depois progredir em direção a Opotchka e Sebej. Na véspera do dia D, operações de despistamento causam perturbação de norte a sul do *front* e levam a acreditar que alguma coisa se prepara na altura de Kingisepp, Mga ou ainda Tchudovo.

A verdadeira ofensiva começa na noite de 13 de janeiro por bombardeios e pelo fogo intenso da artilharia instalada nos navios ou na costa. Na madrugada de 14 de janeiro de 1944, o 2º Exército de Choque deixa Orianenbaum e ataca na direção de Ropcha. Confundidos pelo dilúvio de bombas e de projéteis, o Grupo de Exércitos Norte, comandado pelo marechal de campo Küchler (18º e 16º Exércitos) não reage de imediato, e só depois se restabelece. Isso não impede que os soviéticos avancem e o 18º Exército Alemão, que conta com 168 mil homens, 4 mil e 500 canhões e morteiros (além da DCA e dos foguetes) e com cerca de 200 tanques e canhões de assalto, fique preso numa manobra em pinça diante de Leningrado.

Em 15 de janeiro, o 42º Exército Soviético, descendo das colinas de Pulkovo depois que um dilúvio de projéteis se abateu sobre o inimigo (220 mil projéteis

---

* N. T.: Trata-se de uma comparação com o instrumento musical formado por tubos e acionado por teclados e pedais, de uso mais efetivo nos cultos religiosos cristãos.

O cerco de Leningrado

lançados do solo e dos navios), se depara com forças alemãs resistentes. Em 16 de janeiro, ele retoma Alexandrovska, a última estação mais simbólica do bonde de Leningrado, e se dirige para a estrada Krasny Bor-Tsarkoie Selo (Pushkin) para cortar a rota. Em 17 de janeiro, com os soviéticos próximos a Ropcha, a brecha aberta na linha alemã chega a 24 km, e algumas tropas alemãs recuam para se reagrupar: é o começo de uma prática que vai se tornar um hábito até o final da guerra. Em 19 de janeiro, o 42º Exército Soviético toma Krasny Bor e também uma das colinas-chave do escudo de Leningrado, Voronya, verdadeiro bunker recheado de baterias pesadas e protegido por campos de minas e redes de arame farpado. Na noite de 19 de janeiro, principalmente, o inimaginável acontece: soldados do 42º Exército e do 2º Exército de Choque trocam apertos de mão, e na manhã seguinte, os dois exércitos efetuam sua junção na região de Ropcha, depois cercam os alemães na zona Peterhof-Strelna. As tropas soviéticas capturam mais de 1 mil homens, 265 canhões, 159 morteiros, 274 metralhadoras, 30 tanques, 18 depósitos de munições e outros equipamentos de guerra. Dentre as peças de artilharia tomadas ao inimigo, os soviéticos se apoderam de 85 canhões pesados que haviam servido para bombardear Leningrado.

Na extremidade sul da Frente de Leningrado, na própria noite do ataque principal contra os alemães, a 2ª Frente do Báltico, o exército de apoio acampado à margem do Volkhov se movimenta. Com pouca sorte ao norte de Novgorod, ao sul, o 59º Exército consegue atravessar o lago Ilmen tomado pelo gelo e se instala em sua margem ocidental. Ele ameaça sitiar os alemães em Novgorod e consegue barrar a rota dos reforços despachados às pressas para a cidade. É assim que o 54º Exército, situado um pouco mais ao norte junto ao Volkhov, ataca Liuban para aliviar o 59º Exército, que aproveita para avançar num terreno arborizado e pantanoso e cortar as estradas para Novgorod, para depois, enfim, tomar a cidade em 20 de janeiro, fazendo mais de 3 mil prisioneiros e capturando 182 canhões, 120 morteiros, 635 metralhadoras e 263 veículos motorizados.

Na última semana de janeiro de 1944, os soviéticos voam de vitória em vitória, retomando Pushkin, Gatchina, Liuban, Tchudovo e Mga. O trem retoma a linha Moscou-Leningrado. Ao longo de sua reconquista, os soldados descobrem que podem contar com dezenas de milhares de milicianos que perseguem os alemães com eficácia. Eles atravessam o curso inferior do Luga em vários lugares. O inimigo está agora afastado a mais de 100 km de Leningrado. O bloqueio da cidade é retirado. Na noite de 27 de janeiro, cerca de 300 canhões atiram uma salva para festejar o fim do cerco. Na cidade, a alegria se expande.

Em 15 de março, as operações se concluem com uma vitória do Exército Vermelho. Hitler destitui Küchler, que ousou bater em retirada e, logo, desobedeceu às ordens, e o substitui por Model. No verão de 1944, entretanto, Leningrado ainda está rodeada pelos finlandeses ao norte. As frentes de Leningrado e de Carélia (em cooperação com a frota do Báltico e com as flotilhas dos lagos Ladoga e Omega) acabam afastando os finlandeses em 125 km no istmo de Carélia e de cerca de 240 km na Carélia do Sul. Com essa última vitória, toda ameaça está afastada de Leningrado.

A partir de então, os cadáveres que cobrem as estradas nas vizinhanças de Leningrado trazem o uniforme alemão, e o equipamento abandonado está marcado com a cruz gamada. Prisioneiros da Wehrmacht são exibidos nas ruas da cidade. Lamentável coorte de estropiados, esmolambados, dentre os quais alguns tentam fazer boa figura apesar de tudo, enquadrados por alguns soldados do Exército Vermelho armados de fuzis, munidos de uma longa baioneta.

A multidão se reúne pouco a pouco para vê-los passar, alguns os seguem, os insultam, cospem ou tentam bater neles. A escolta os protege sem convicção. A hora da grande revanche chegou.

Para os "traidores" também. Eles são "julgados" em grupos, condenados à morte, levados em caminhões e conduzidos à forca. Os veículos recuam, os condenados, com as mãos amarradas, estão em pé na carroceria. Passam uma corda em torno do pescoço de cada um. Os caminhões dão a partida e, aos punhados, os prisioneiros caem no vazio, agitam-se num último sobressalto e ficam aflitivamente pendurados. A multidão que se reuniu para assistir ao macabro sacrifício está satisfeita? De todo modo, ela fica ali por um momento, de início a uma distância respeitosa, e depois alguns se encorajam e observam mais de perto os corpos dos inimigos.

Não muito longe, sem demora, brigadas de mulheres, principalmente mulheres, penduradas no primeiro ou no segundo andar, acabam de demolir alguns imóveis, desimpedem as ruas, recuperam as linhas de bonde.

Mais além, a fila voltou a se formar diante das lojas, como antes, mas agora, mesmo que seja preciso esperar, pode-se encontrar o que comer. Na cidade, alguns apartamentos permanecem vazios, seus ocupantes jamais retornarão. Os cemitérios reabrem e os lugares onde foram enterrados os mortos são esquadrinhados para dar uma sepultura decente a todas aquelas e a todos aqueles para quem o cerco tenha sido fatal. Um silêncio pesado reina soberano.

O cerco de Leningrado

O fantasma do imperador

Se existiu um homem cuja sombra planou sobre essa campanha do Leste, ele foi Napoleão I. A comparação entre o imperador e Hitler provoca a indignação dos admiradores do primeiro. Entretanto, ninguém pode evocar Barbarossa sem pensar nessa aproximação.

Do lado alemão, é Guderian, o especialista da arma blindada, que confessa em suas *Memórias* ter pensado em Napoleão desde que soube, por ouvir dizer, do projeto de ofensiva contra a URSS:

> Não conhecendo o segredo dos deuses, eu só podia esperar que Hitler não pensasse seriamente em atacar a Rússia, e que todos aqueles preparativos não passavam de um blefe. O inverno e a primavera de 1941 foram para mim um verdadeiro pesadelo. Eu me debrucei no estudo das campanhas de Carlos XII da Suécia e de Napoleão I, de cada página saltavam as dificuldades do teatro em que corríamos o risco de nos engajar.

Do lado soviético, Molotov, como vimos, quando fez sua declaração oficial na rádio em 22 de junho de 1941, refere-se ao imperador. Ele chama o povo russo a esmagar "o arrogante Hitler", como no passado havia esmagado Napoleão. A campanha do imperador, que com uma diferença de 48 horas começou praticamente na mesma data, é uma referência preciosa, que permite exaltar o heroísmo, galvanizar as tropas e provar a superioridade do povo russo.

À primeira vista, as semelhanças são inúmeras. Nos dois casos, trata-se de dois dirigentes no ápice de sua potência que pretendem conquistar a Rússia, trata-se de mobilizar um exército considerável (mais de 600 mil homens para Napoleão, 3 milhões para Hitler), de vencer um adversário que pratica a política tradicional da terra arrasada, deixando o agressor sem teto, sem aquecimento e sem abastecimento.

Além disso, o ataque segue as mesmas rotas. O grosso das tropas de Napoleão passa por Kovno (Kaunas) antes de entrar na Rússia, a estrada de Kovno-Leningrado é um dos grandes eixos de progressão do Grupo de Exércitos Norte. Entre uma invasão e outra, Kaunas era a capital da Lituânia. Quanto a Tilsit, berço da cultura e da tradição lituanas, é ao mesmo tempo a cidade que marca uma paz adquirida com esforço ao tempo de Napoleão e a estação de chegada à frente de batalha e de partida para os soldados alemães em permissão ao longo da operação Barbarossa.

Dos dois lados, os soldados se distinguem por um verdadeiro heroísmo. Na passagem do rio Berezina, os engenheiros do general Eblé sacrificam suas vidas para construir uma passagem para os restos do Grande Exército.* Três quartos das tropas em ação perecem naquela aventura. Em Vsvad ou em Demiansk, a retaguarda alemã se sacrifica em massa.

A semelhança não se dá somente quanto ao desenrolar das operações, mas também quanto a sua lógica. Por que Napoleão e Hitler, tanto um quanto outro, cometeram o erro de chegar tão tarde em Moscou e, principalmente, de não se retirar mais depressa? Nos dois casos, um terceiro "general" se envolve na batalha e atua como um desmancha-prazeres: o inverno. O frio mata mais homens do que as balas. Nem pele de carneiro, nem luvas forradas de lã podem dar conta. Esquecer a boina de lã e pôr o aço do capacete diretamente sobre a cabeça é expor-se a uma morte fulminante. O rigor das temperaturas torna os ferimentos insuportáveis e liquida os feridos antes que possam ser recolhidos do campo de batalha.

O frio mata os homens e paralisa a ação. O gelo emperra as armas, solidifica o óleo das culatras, bloqueia as rodas dos tanques, faz explodir os motores, imobiliza os ponteiros das bússolas, faz parar os trens, abafa a voz dos rádios. Com a falta de abastecimento, as rações diminuem e se reduzem a meio pão por dia, a manteiga chega congelada, o pão é cortado a machado. Em tais condições, os homens não se lavam mais, ficam cheios de parasitas, enfraquecidos pela diarreia, cobertos de trapos. A aguardente não é mais suficiente para aquecer nem os corpos nem os espíritos.

O momento fatídico é o retorno da frente de batalha. Uma vez retiradas botas e luvas, quantos soldados não deixam de sentir um artelho, um dedo ou uma mão? Com falta de água quente, despejam água fria, faz-se uma massagem. A dor do congelamento é insuportável, às vezes o sangue volta a circular, às vezes ele se recusa, e é necessário amputar o membro afetado. O frio complica a retirada, alonga marchas já antes intermináveis porque todo homem que se senta para descansar não se levanta mais. O frio explica um terço das perdas

---

* N. T.: Designação do Exército de Napoleão que invadiu a Rússia.

O cerco de Leningrado

do exército alemão e a metade dos 200 mil mortos do Grande Exército. Os soldados de Hitler foram mais bem protegidos, mas as roupas quentes para substituir os uniformes de verão que chegaram de quatro a seis semanas depois do início do inverno, pelo menos, existiram. Capacete, poncho, casaco branco e calça branca protegem. Os deslocamentos são feitos de esqui, o que evita afundarem-se na neve, e os bunkers-refúgios da retaguarda lhes permitem descansar.

O "general" inverno abate homens e animais, os cavalos digerem com cada vez mais dificuldade os telhados de palha que substituem o capim e a aveia, agonizando na neve. A única boa notícia para os homens ao ver um cavalo cambalear, depois desabar, é que eles acabam ganhando um dia de alimentação.

Última semelhança, enfim, nos dois casos a aventura acaba mal, numa retirada mortífera, uns perseguidos por patrulhas de cossacos, outros pelo Exército Vermelho. Os mortos são legião, os feridos, e o que é menos grave, as armas, são abandonados aos milhares. De volta ao país, Napoleão dirá aos ministros: "A sorte me ofuscou. Estive em Moscou. Eu pensava em assinar um tratado de paz. Fiquei ali por um tempo longo demais." Ele dirá ao Senado: "Meu Exército sofreu perdas, mas foi pelo rigor prematuro da estação." Napoleão não sobreviverá politicamente à derrota.

Hitler também não. Apesar das aproximações possíveis, Barbarossa não tem nada a ver com a campanha de Napoleão. Primeiramente, o imperador perde por causa da brilhante estratégia militar da terra arrasada e de fuga do general russo que se chama Kutusov (1745-1813). Uma tela de George Dawe o representa como um vencedor: uniforme de colarinho engomado vermelho, dragonas douradas, casaco de tecido cinza, revestido de pelica, o peito repleto de condecorações e ornado com uma echarpe de seda azul. Os mais fervorosos defensores do imperador, entretanto, afirmam que ele adotou essa hábil tática de esquiva apenas porque estava aterrorizado com Napoleão.

Em seguida, Napoleão perde diante de um inimigo inferior em número, enquanto Hitler perde diante de um inimigo superior em número – as 146 divisões alemãs se lançaram ao ataque com seus 3 milhões de homens. Estas se encontraram diante de 139 divisões soviéticas e 29 brigadas autônomas, ou seja, 4,7 milhões de homens. O que vai impressionar o comando alemão é a extraordinária capacidade dos soviéticos em recompor as divisões à medida que os alemães as eliminam. É assim que, com o avanço do conflito, aparecem no campo de batalha não eslavos, mas mongóis. A URSS apela para todas as suas repúblicas e o adversário fica acuado.

Enfim, Napoleão concentra toda a sua ação em Moscou; é dali que, em 18 de outubro de 1812, após uma manobra russa que o obrigou a deixar a cidade, a retirada começa, enquanto os alemães imobilizam uma parte de suas forças diante de Leningrado.

Deve-se acrescentar, evidentemente, que o Grande Exército não é a Wehrmacht, que o imperador não era dotado nem da Waffen SS, nem do Einsatzgruppen e que ele não considera seus adversários como "sub-homens" a exterminar.

No momento crítico, na reunião decisiva de 20 de dezembro de 1941 na "Toca do Lobo", Guderian, sozinho contra todos, suplica a Hitler que a frente de batalha retorne para o Oeste. A obstinação de Hitler em recusar deve-se, certamente, um pouco a Napoleão. Para o Führer, a palavra "retirada" evoca o espectro de 1812 e ele replica: "Se eu concordar com a sua retirada, ela não cessará mais, a tropa fugirá. E, com esse frio, com a neve espessa e as estradas congeladas, abandonarão primeiro as armas pesadas, depois as leves, jogarão fora os fuzis. E, por fim, não restará nada."

"Os de Leningrado"

Raros privilegiados e alguns protegidos à parte, ser um sobrevivente do cerco de Leningrado exigiu tais sacrifícios e uma tal vontade que parece um milagre. De cada vez, para sobreviver, esses homens e essas mulheres foram confrontados com escolhas incertas, e tiveram de decidir, sabendo que uma escolha errada os conduziria diretamente para a morte. Como na roleta-russa, Elena Skrjabina teve de decidir aceitar ou recusar uma primeira evacuação logo no início do cerco. Gerindo o abastecimento de víveres de sua família, a cada dia ela devia decidir se corria para uma loja ou para outra no outro lado da cidade. Mais tarde, já refugiada, tinha de optar pelo Cáucaso (onde talvez fosse para a dianteira dos alemães sofrer bombardeios ou ser feita prisioneira) ou a Sibéria (onde suportaria um novo inverno terrível, após o inverno sem fim do cerco).

O cerco de Leningrado

Assim, como todos aqueles salvos por milagre, os leningradenses que sobreviveram ao cerco tiveram no pós-guerra um *status* um pouco à parte. Os Estados Unidos muitas vezes os acolheram, principalmente no contexto da Guerra Fria, declarada desde 1947. Elena Skrjabina, por exemplo, após uma série de mudanças bruscas durante os últimos anos da guerra ("trabalhadora do Leste" numa fábrica do Reich, residente de um campo de trabalhadores na Polônia), teve a sorte de ver sua cidade liberta pelos Aliados e acabou sua existência nos Estados Unidos, onde se tornou professora na Universidade de Iowa e onde seu filho mais velho, Dima – o mesmo que quase morreu umas dez vezes –, tornou-se médico numa grande cidade americana.

Epílogo: o caso de Leningrado

Uma coisa é certa, a maior parte dos atores do cerco de Leningrado pagou sua ação com sua vida. Para Stalin, nenhum papel lhe agrada: os que perdem são "traidores" e sabotadores, os que ganham podem lhe fazer sombra. O general Pavlov, comandante do Grupo de Exércitos Oeste, é detido em 4 de julho de 1941 e executado em 22 de julho, por não ter sabido resistir ao inimigo, quando ele praticamente não recebeu a ordem de fazê-lo e, além disso, não dispondo dos meios necessários. Na outra ponta da hierarquia, não se deve esquecer a sorte do capitão do navio Kazakhstan, verdadeiro herói, mas executado por "fraqueza", "covardia" e "deserção". Um exemplo entre tantos outros. Para os que sobreviveram ao cerco e que permaneceram na URSS, em contraste, não há mais milagre. Com toda razão, Leningrado e seus habitantes se acham no direito de se sentirem orgulhosos por terem vivido essa provação fora do comum, e para muitos, com coragem, abnegação e constância. Ao lado dos relatos desse período sinistro, outras iniciativas vão tornar perene a memória do cerco. Ao final de 1943, o Soviete militar da Frente de Leningrado encomendou uma exposição sobre "A defesa heroica de Leningrado". O mais insignificante objeto, o menor depoimento concreto sobre as condições do cerco, os atos de heroísmo, as imagens dos habitantes de Leningrado são recolhidos para que ninguém ignore o que foram esses 900 dias e os que se

Pierre Vallaud

seguiram. A exposição foi inaugurada em abril de 1944 nos locais do Museu Agrícola da cidade, perto do Jardim de Verão. Em janeiro de 1946, segundo aniversário do fim do bloqueio, a exposição se transformou em "Museu da Defesa de Leningrado". Em 1947, uma grande exposição sobre "O inverno da fome de 1941-1942" atraiu multidões. Mas, dessa vez, é muita honra para uma cidade que não deve muita coisa a Stalin. A exposição seguinte, "A façanha de Leningrado", foi condenada por "falsificação da história" e o diretor do museu foi preso. Enfim, o museu que incomoda foi fechado em 1949. Pouco a pouco, tudo o que lembra de perto ou de longe o martírio da cidade vai sendo, tanto quanto possível, apagado, e a história passa a ser, na melhor das hipóteses, um episódio como tantos outros no relato oficial da Grande Guerra patriótica.

Na União Soviética de Stalin, cada ato paga um preço alto ao sabor dos delírios do ditador. O cerco de Leningrado, as carências que ele revela, a autonomia de fato que a cidade teve de assumir, a autoridade que esses 900 dias puderam conferir a alguns de seus defensores, só fizeram inquietar um homem que vivia sob o signo da suspeita.

Para que Stalin apareça então como o "grande arquiteto da vitória", é preciso que outros cedam o lugar, mesmo secundário, ao qual lograram aceder.

O homem forte de Leningrado, ao longo do bloqueio, e também depois, foi Jdanov. Consciente do risco que esse *status* representava, ele mesmo procede a uma reavaliação das personalidades da cidade, começando pelos intelectuais, visto que ele é especialista nisso. Ele não hesita em espalhar uma quantidade de injúrias e maledicências sobre alguns deles. São as revistas *Zvesda* e *Leningrad* as primeiras a passar por reenquadramento violento. E, claro, aqueles que colaboram com essas publicações escrevendo textos, a começar, por exemplo, pela desafortunada Anna Akhmatova, acusada de representar o "pântano reacionário e vazio de ideias" e de produzir uma "poesia de freira ou de fornicadora, ou antes, de freira e fornicadora em quem a fornicação se alia à prece". As acusações sujas de Jdanov deploram que a "falta de vigilância" as tenha deixado chegar àquele ponto, apesar de ter sido ele mesmo o responsável pelo partido até 1944. Mas ele não parou por aí: alguns meses depois, resolveu atacar os músicos, a tal ponto que o próprio Shostakovitch, considerado intocável, foi arrastado na lama.

Os livros que são escritos sobre o cerco são expurgados, censurados e atacados. Apenas algumas obras unicamente militares, glorificando a "cidade

O cerco de Leningrado

fortaleza", são autorizadas e promovidas, enquanto outras qualificam pudicamente a fome como uma simples "falha de abastecimento".

Apesar de seu zelo em depurar os dirigentes de Leningrado, em eliminar as testemunhas, Jdanov ficou preocupado, pois enquanto responsável pelo Kominform, ele sofreu derrota após derrota. Todos esses gestos de subserviência e boa vontade não se mostram suficientes para impedir que ele seja o próximo bode expiatório de Stalin. A ameaça é iminente, e atinge, aliás, seu próprio filho. Este último é obrigado a fazer uma autocrítica no *Pravda* algumas semanas antes de ser executado, em 31 de agosto de 1948, por ter sido crítico em relação a Lyssenko. Finalmente, Jdanov, cardíaco há muito tempo, morre abruptamente e seu desaparecimento (provocado, segundo alguns) o poupa, na verdade, do fim que teria sido o seu não fosse a intervenção do destino.

É então sobre outros personagens, de menor envergadura, mas que viveram o cerco, que se abate a ira do déspota, mais precisamente sobre Kuznetsov e Piotr Popkov. Em dezembro de 1948, acontece a conferência regional do Partido Comunista de Leningrado. Para eles, a sorte está lançada. Na grande tradição dos expurgos, eles serão arrastados na espiral infernal da acusação indébita, da autocrítica transformada em confissões, do processo à condenação ditada antecipadamente e à execução sem possibilidade de apelação. A sorte desses dois é mais ou menos representativa daqueles que foram chamados de "grupo de Leningrado", acusados de terem desenvolvido atividades de "fracionamento" para com o partido e de terem partilhado os postos entre si após a guerra.

De fato, põe-se em funcionamento uma máquina de reprimir e de eliminar, semelhante à dos anos 1930, de tal modo que, para alguns dos condenados, as acusações de traição remontam àqueles anos.

Em alguns meses, é pelo ataque à memória (com o museu), ao espírito (com os artistas e os intelectuais) e aos homens (com a eliminação dos responsáveis políticos) que a cidade é subjugada. A cidade que havia sido considerada "heroína da União Soviética" é posta, desde então, sob alta vigilância.

Conclusão

O relato do cerco de Leningrado – tal como é possível reconstituí-lo, e apesar das inevitáveis aproximações devidas à natureza das fontes, a começar pelo número de vítimas e a diferença entre as que morreram de fome e as que foram vítimas, principalmente, de bombardeios – deixa uma imagem bastante nítida: centenas de milhares de homens e de mulheres prisioneiros numa cidade por uma soldadesca decidida a exterminá-los pela fome, um despreparo absoluto para um tal ataque e uma improvisação de todos para tentar sobreviver a uma agressão fora das normas. A conjunção da determinação de um inimigo impiedoso, mas que escolheu não se apoderar da cidade, da resistência de cidadãos que não tinham grande coisa a perder tendo em vista a sorte que eles sabiam ser a sua em caso de derrota, de autoridades obrigadas a agir apesar das fraquezas do sistema, a onipresença de organizações políticas que se consideravam a alma da resistência e condições materiais e climáticas rigorosas: tais são suas principais características.

Mas talvez isso não seja o essencial. De Leningrado, os soviéticos fizeram, durante muito tempo, um dos símbolos do espírito de resistência do "povo soviético" durante a "Grande Guerra patriótica". Um heroísmo sustentado pelo amor a um sistema e a um líder.

Pode-se duvidar do fato de que os comícios organizados pelo partido nas fábricas ou em outros lugares tenham tido um efeito decisivo sobre o espírito

O cerco de Leningrado

de resistência. Também não foi a Sinfonia de Leningrado de Shostakovitch, apesar de sua grandiloquência, que os galvanizou, não mais do que o lirismo dos escritores e dos poetas. Quanto aos cartazes, aos *slogans* e aos comunicados radiofônicos, o que se pode fazer é questionar seu efeito e também a credibilidade de certas iniciativas, como a da União dos Escritores, que pretendia conseguir comida dos kolkhozianos recitando poemas em troca...

Ora, o que se pode dizer?

Leningrado, do lado soviético, é o símbolo das taras do regime stalinista. Essa trágica aventura, tanto quanto se possa demonstrar, é a condenação nos planos material, político, ideológico de todo um sistema.

O que salta aos olhos é uma cidade sem reservas de alimento e sem defesa apropriada. Uma economia rígida e sem imaginação, incapaz de responder às circunstâncias, apesar de suas pretensões em prever tudo graças à planificação. Uma sociedade de penúria, que fica de joelhos desde os primeiros efeitos da agressão sofrida que, no entanto, era previsível (e para alguns, "prevista", o que é pior). Um exército sem armas, ou em reconstrução, no qual as ordens políticas prevalecem sobre as realidades técnicas e militares. Um exército com organização deficiente, confiando a generais políticos menores a imensa responsabilidade da defesa. Um cérebro, de início ausente, e depois absurdamente onipresente, cheio de empáfia e incapaz da menor autocrítica. Diante de um estado de coisas tão desastroso, observa-se o triunfo dos arranjos de última hora. E isso, em todos os níveis. Com as vantagens e os inconvenientes que isso comporta, principalmente num país no qual, há mais de vinte anos, a iniciativa individual é amordaçada, e mesmo reprimida. É, no entanto, inicialmente uma sistemática de arranjos individuais que começa a funcionar, compensando a ausência de autoridades que se precipitam e tomam medidas imediatistas, nas quais o contraditório chega às raias do absurdo. Os arranjos escusos do poder tomam pouco a pouco o lugar da organização e, com a ajuda da camuflagem, decisões são tomadas às pressas, e algumas são mortais, apresentadas como a obra de uma vontade superior de desígnios impenetráveis.

Na realidade, em Leningrado, mais do que em qualquer outro lugar, o que triunfa é o espírito de sobrevivência. É toda a população de uma cidade que luta de costas para a parede, segundo o que Alexander Werth atribui a Vsevolod Vichnievsky, dramaturgo e diretor da revista *O Estandarte* (*Znamja*):

236

Os leningradenses sempre souberam que lutavam para salvar sua pele. O general Malwersted, da ss, não deixara planar nenhuma dúvida: se tomasse a cidade, ele começaria um gigantesco expurgo e 400 mil pessoas seriam liquidadas ou torturadas até a morte. [...] Os alemães sempre tentaram nos causar medo. Eles afirmavam que o marechal von Küchler, que havia reduzido Varsóvia a cinzas, faria o mesmo com Leningrado.

Com mais forte razão, os 200 mil judeus que ainda moram na cidade.

Na realidade, é o ódio a um inimigo que o bombardeia, que o faz passar fome, que o mata, que galvaniza o povo de Leningrado, enquanto ainda tem forças.

Só depois é que outros fatores intervêm. Primeiramente a pátria, mas o que ela representa ainda nessa época? A pátria soviética, sem dúvida, mas para uma minoria. A pátria russa, para a maioria – daí, a propósito, o fato de que Stalin reabilite, sem constrangimento, aquilo que havia mandado exterminar: o exército czarista, seus uniformes, suas insígnias e suas referências, os heróis da história da Grande Rússia. Em seus discursos, ele faz referência, com uma aparente convicção, a Ivan, o Terrível. Em 7 de novembro de 1941 – quem diria? – ele exclama, por exemplo, ao dirigir-se ao Exército Vermelho: "Que vocês possam ser inspirados pelas corajosas personalidades de seus ancestrais: Dimitri Donskoy, Alexandre Nevsky, Kuzma Minin, Dimitri Pozharsky, Alexandre Suvorov, Mikhail Kutusov!"

Seguindo a mesma veia nacionalista, no sentido mais retrógrado do termo, ele reinventa um "comitê eslavo" e organiza congressos pan-eslavos.

Outro pilar importante, embora a quase totalidade das igrejas da cidade tenha sido transformada em entrepostos e a mais importante em Museu do Ateísmo, Stalin devolve à ortodoxia todo o seu lugar. O ditador está bem consciente de que, mesmo reprimida, ela continua a ser uma das molas mestras da identidade russa. Stalin não se engana. Ele reabre locais de culto, deixa-lhes uma prensa e permite que seu clero se expresse e que suas ovelhas vão à missa. Resultado tangível em Leningrado: as igrejas coletam fundos substanciais (mais de 2 milhões de rublos ao final de 1941), que vão precisamente financiar a coluna de tanques "Dimitri Donskoy" e a unidade aérea "Alexandre Nevsky".

Resta a cidade: os leningradenses amam sua cidade, são orgulhosos dela, de sua história, de sua cultura... Mas daí a se deixar matar...

No entanto, durante e após a guerra, é ao partido que cabe a parte do leão. É claro que, para alguns, habituados à sua liderança, para outros que

O cerco de Leningrado

acreditam nela ou ainda, para todos os que são seus aliados, ele desempenha um papel importante. Além disso, trata-se da única estrutura (com suas organizações-satélites) que, apesar da bagunça generalizada, pode fazer reinar certa ordem (ainda que fosse pela força, o que é muitas vezes o caso) e organizar a reação.

Sendo assim, o que se pode dizer de maneira razoável? É, sem dúvida, a combinação de todos esses fatores num mesmo indivíduo, ou de uma parte deles, que explica a resistência de Leningrado. Sem concordar com a opinião de Olga Bergholtz, que vê no cerco um castigo divino por todas as torpezas do regime soviético e dos desvios da Revolução. Pode-se duvidar do pretenso "entusiasmo leninista" (e, portanto, stalinista) de uma cidade que conheceu a repressão das greves dos operários das fábricas Putilov ou dos marinheiros de Cronstadt, reprimidas no sangue, e que sofreu os expurgos que se seguiram ao assassinato de Kirov em 1934 (isso tudo tendo acontecido 15 ou 20 anos antes), para se levantar como um único homem e fazer frente ao inimigo...

Se os habitantes dessa cidade foram mesmo heróis, para alguns, eles foram em sua maioria, sobretudo, mártires.

Cronologia do cerco de Leningrado

1941 – JUNHO

13 - Comunicado da agência Tass desmentindo os rumores de um conflito iminente entre a Alemanha e a URSS.
15 - F. Kuznetsov, general comandante da região militar especial do Báltico, solicita a entrega com urgência do equipamento encomendado há vários meses.
17 - Mobilização do Exército finlandês.
18 - F. Kuznetsov decide pelo blecaute das cidades e dos objetivos militares, mas é removido por Jukov em Moscou.
Berlim: o embaixador soviético Dekanozov solicita uma audiência com Ribbentrop, ministro das Relações Exteriores alemão.
19 - Jdanov sai de férias em Sotchi no mar Negro. A. Kuznetsov, secretário do partido, assume a substituição.
21 - Discurso radiofônico de Hitler dirigido a seus soldados do Leste.
22 - Ofício de Timochenko e Jukov, do ministério da Defesa em Moscou, à 0h30.
2h: Recebimento do ofício por Leningrado.
2h: O coronel Golovskin, responsável por Taurage, ordena a seus homens que ocupem seus postos de combate.
2h30: F. Kuznetsov, após receber a ordem de alerta, dá instruções: ocupação das posições avançadas, distribuição de munições, preparação de campos de minas e de fossos antitanques. Proibição de abrir fogo ou mesmo de reagir.
3h: Ofício lido pelo general Nikichev ao conjunto dos secretários do partido: ataque provável em 22 ou 23 de junho. As instruções endereçadas às forças aéreas e terrestres estipulam que se deve: ocupar "discretamente" os locais fortificados nas zonas de fronteira na noite de 21 de junho; dispersar os aviões militares mas também civis e camuflá-los; pôr as unidades em "alerta reforçado" e as unidades de DCA em alerta; preparar o

O cerco de Leningrado

blecaute. Mas não se deve tomar nenhuma medida suplementar sem ordens expressas. (O QG do 4º Exército de Kobrin só o recebe por volta de 5h30 da manhã.)

3h: Berlim: O embaixador soviético é convocado à Wilhelmstrasse. Ribbentrop lhe comunica a tomada de "medidas defensivas". De volta à embaixada (4h em Berlim, 6h em Moscou), ligação impossível.

3h: Irrupção das hostilidades. Os alemães atacam as unidades de cobertura dos 8º e 11º Exércitos Soviéticos. Segundo o plano inicial, Leeb deve apoderar-se de Leningrado em quatro semanas (ou seja, em 21 de julho). As unidades de primeira linha já estão sob o fogo quando elas recebem suas ordens.

4h: O PC de Taurage recebe os primeiros obuses.

4h30: O general Sobennikov, encarregado da defesa do litoral da Prússia Oriental, envia algumas unidades para a fronteira.

5h: A. Kuznetsov é informado por Moscou dos bombardeios de Minsk, Kiev, Murmansk e Sebastopol.

5h: O general Nikichev, de volta de Smolny, reúne seus chefes de Unidade e lhes ordena que executem as ordens de mobilização cujas modalidades todos ignoram.

Manhã: declaração de Hitler sobre a cooperação germano-finlandesa.

Moscou: o embaixador alemão, Schulenburg, ao retornar à embaixada da Alemanha, envia um ofício a Berlim depois de fazer "advertências" a Molotov. Os soviéticos creem que se trata de uma tentativa de chantagem.

5h30: Schulenburg anuncia a ofensiva a Molotov, que protesta.

7h15: a diretriz nº 1 de Timochenko e Jukov é enviada (quatro horas depois do início das hostilidades). Trata-se de "atacar e de liquidar as forças inimigas" que haviam penetrado em território soviético. Proibição de atravessar as fronteiras.

8h: O Rukhno, cargueiro misto estoniano, é o primeiro navio afundado no porto de Leningrado.

11h: Abertura das portas do Hermitage ao público.

Meio-dia: Discurso de Molotov. Edição especial do *Leningradskaia Pravda* retomando as moções votadas pelas organizações e fábricas. Discurso de Molotov. Leningrado sob a lei marcial. A região militar do Báltico é reorganizada e passa à condição de Frente Noroeste. Em Moscou, o almirante A. Kutzenov, secretário de Estado na Marinha, permanece toda a manhã sem ordens e sem informações, principalmente sobre a situação em Libau, Tallinn e Hangoe.

14h: As guardas-fronteiras recuam para Skaudvilé.

16h: Primeiras instruções do exército para Taurage.

20h: O general Brandenberger (8º DB) se apodera, em Aragal, de duas passagens sobre o rio Dubisa.

23 – 1h45: Primeiro alerta aéreo em Leningrado. O comitê executivo e o escritório do partido da cidade promulgam a ordem de formar 10 mil equipes de luta contra incêndio. O diretor do Hermitage ordena a retirada das obras para serem protegidas em abrigos.

24 – O 56º Corpo Blindado de Manstein apoderou-se das pontes de Ulmerge (a 170 km da fronteira germano-russa). Organização de batalhões de aniquilamento (contra eventuais paraquedistas) pelos comitês do partido da cidade e do *oblast*.

A 291ª Divisão de Infantaria, comandada pelo general Herzog, apodera-se de Kretinga.

Pierre Vallaud

25 - Muitos refugiados das zonas de fronteira atravancam as estradas.
O coronel Lohmeyer parte para o ataque a Libau (505º Regimento de Infantaria).

26 - 8h: Os tanques alemães chegam a Dvinsk e controlam as pontes sobre o Dvina (Duna).
Tomada do aeródromo de Siaulai.
Os alemães tomam Kovno.
Autorização pelo Presidium do Soviet supremo para acrescentar três horas de trabalho e para a supressão de todas as folgas.
A Finlândia declara guerra à União Soviética.

27 - Retorno de Jdanov a Leningrado. Ordem do dia nº 1 de organização da defesa civil (vigília permanente, organização dos alertas, blecaute, combate a incêndio...). Toque de recolher de meia-noite às 4h. Proibição de entrar na cidade sem salvo-conduto. Ordem de mobilização de toda a população.
Determinação das construções para a defesa de Leningrado.
Criação do exército de Opolchenie, constituído de "voluntários" civis, de 200 mil homens e ordem de formar imediatamente os recrutas para o combate.

28 - O *Leningradskaia Pravda* previne contra os agentes inimigos e o falatório prejudicial (crime contra a pátria).

29 - Tomada de Liepaja (Libau).
Parada do Grupo de Exércitos Norte (da Alemanha).
Criação de um conselho militar e de um Estado-maior da Opolchenie. Evacuação de 15.192 crianças em 10 trens (a maioria para Pskov e Novgorod).

30 - Medidas complementares de luta contra incêndio.
Criação do Comitê de Defesa do Estado presidido por Stalin (Stalin, Molotov, Vorochilov, Malenkov, Beria), dispondo de todos os poderes em todos os domínios.
Início do ataque contra Riga.

JULHO

2 - Retomada da ofensiva alemã, resistência encarniçada do Exército Vermelho.
Balvi é tomada, os alemães atravessam a Linha Stalin e apoderam-se da ponte de Tisino intacta.

3 - Stalin se dirige aos soviéticos após um longo silêncio. Numerosos comícios retomam suas palavras. A Divisão Totenkopf tem dificuldades para tomar Rezneke.

4 - Abandono do plano de formação de recrutas para 15 divisões e implementação imediata de 3 divisões.
O general Krüger e seus homens são os primeiros a entrar em Ostrov.
Kuznetsov chega com 24 horas de atraso às portas de Pskov. Retirado do comando por incompetência, cede seu lugar a Sobennikov.

5 - Criação de 79 batalhões (Opolchenie), num total de 17 mil homens.

6 - 100 mil pessoas já recrutadas.
O Soviete Supremo declara as pessoas culpadas de propagação de falsos rumores passíveis de tribunais militares.
Tomada de Parnu pelos alemães.

O cerco de Leningrado

8 – Tomada de Pskov e de Opotchka (noticiada pela imprensa soviética em 12 de julho). Progressão na Estônia. Criação de uma comissão especial para acolhida dos refugiados pelo Soviete do *oblast* de Leningrado.

9 – Início das construções de fortificações ao longo do Luga.

10 – Retomada do avanço alemão em direção a Leningrado. Unidades blindadas alemãs quebram as linhas do 11º Exército ao sul de Pskov. Leeb dispõe de 33 divisões (340 mil homens), 6 mil peças de artilharia e de morteiro e cerca de 1 mil aviões. Diante dele, 150 mil soviéticos.
Ofensiva finlandesa (7 divisões de infantaria).
Implementação da 1ª Divisão Kirov.
A Divisão Totenkopf ocupa Opotchka com a 3ª Divisão de Infantaria motorizada e a 8ª Panzer.

11 – Chegada de Vorochilov de Moscou para assumir o comando militar.
Decreto sobre o controle da mobilização dos trabalhadores.
Leningradskaia Pravda: "Leningradenses, todo o país está com vocês." Racionamento da eletricidade. Desligamento de todos os telefones privados.

12 – Tomada de Porkhov (noticiada na imprensa soviética somente em 2 de agosto).
Criação da 2ª Divisão soviética.
Envio para a frente de batalha (defesa do Luga) de 4 grupos de metralhadores e de artilheiros autônomos.
Ordem de implementação de unidades de milicianos.
O comitê do Komsomol lança um concurso de produção de tipo stakhanovista.
Diretriz secreta de Moscou: as pessoas suspeitas de origem alemã, báltica ou finlandesa não devem ser soltas, mesmo após o término de sua pena.

13 – Jdanov é nomeado membro do Conselho Militar da Frente Noroeste.

14 – Os alemães atravessam o Luga em vários lugares.

15 – Parada do Corpo Blindado alemão durante três semanas. Halder informa ao Grupo de Exércitos Norte que sua missão não é apoderar-se de Leningrado, mas sitiá-la.
Criação da 3ª Divisão soviética.
Nikolai Federovitch Vatutin, chefe de estado-maior da Frente do Noroeste, ataca a 3ª Divisão de Infantaria Motorizada alemã e isola a 8ª Divisão Panzer nas vizinhanças de Chimsk às margens do lago Ilmen.

17 – Tomada de Gdov (16º e 18º Exércitos).
O comitê executivo do Soviete Municipal constitui dois "regimentos de socorro" e três batalhões de defesa civil para intervir em caso de destruições causadas por ataques aéreos.
Ordem de restaurar as casas atingidas e reparar os aparelhos de aquecimento, mas com falta de materiais.

18 – Uma bomba é lançada por um avião alemão sobre Leningrado.
Ordem de impedir os civis de fugir através das linhas alemãs. Instituição do racionamento da alimentação.
Anulação da ofensiva alemã sobre Soltsy.

19 – Diretriz nº 33: o Grupo de Exércitos Centro deve prosseguir em direção a Moscou. O 3º Grupamento Blindado é posto à disposição do Grupo de Exércitos Norte com a missão de guardar os flancos.

Os alemães alcançam a linha de fortificações Peterhof-Krasnogvardeisk.

Criação de uma 4ª Divisão soviética. O comitê executivo do Soviete de Leningrado decide que os pais devem pagar pela evacuação das crianças.

Uma diretriz, emanada do próprio Hitler, recomenda suspender o avanço em direção a Leningrado até que o 16º Exército esteja pronto para cobrir a Frente Leste do Grupo de Exércitos Norte.

20 – O estado-maior da Opolchenie ordena a formação militar de todos os homens que ainda restam em Leningrado sem fazer parte de alguma formação.

Criação da Divisão *Azul*.

Um segundo carregamento de 700 mil obras deixa o Hermitage.

21 – Os finlandeses estão em Salmi (antiga fronteira).

Decisão de criar quatro "Divisões da Guarda".

22 – Demolição das construções de madeira que ficam junto aos prédios.

Vigília permanente sobre os telhados.

Grupos de autodefesa ficam responsáveis da luta contra os incêndios. O comitê do partido da cidade (Gorkom) ordena a todos os secretários dos comitês de "raions" que coloquem em cada imóvel "organizadores políticos" (mobilização, propaganda).

23 – O chefe da defesa antiaérea assume o comando da defesa civil. Autorização de transferir a mão de obra de uma fábrica para outra.

24 – Início da implementação das Divisões da Guarda.

27 – Tomada de Tartu (16º e 18º Exércitos alemães).

Os "administradores de imóveis" tornam-se responsáveis pela defesa civil.

29 – Plano complementar para a indústria de guerra para o último trimestre de 1941.

30 – Reforço das verificações de documentos dos residentes.

31 – Os finlandeses atacam.

AGOSTO

2 – Autorização de venda de iguarias raras em duas lojas para os soldados da frente de batalha.

O 16º Exército alemão toma Kholm.

4 – Hitler encontra os generais Bock, Guderian e Hoth no quartel-general de Novyi Borisso, localidade próxima a Berezina.

6 – O 16º Exército alemão toma Staraia Russa.

7 – Ataque aéreo soviético contra Berlim.

8 – Tallinn isolada.

Término da implementação das três primeiras "Divisões da Guarda".

9 – Até 10 de agosto, a ofensiva alemã ganha um novo ímpeto. Decretos suplementares sobre a mobilização dos trabalhadores: limites de idade para as pessoas submetidas ao trabalho obrigatório. Sete dias de trabalho, um dia de repouso no interior da cidade; 14 dias de trabalho, 2 dias de repouso no exterior. Proibição de desguarnecer as empresas. Decreto suplementar sobre a "mobilização dos trabalhadores" emanado do comitê executivo do Soviete Municipal de Leningrado.

O cerco de Leningrado

10 – Plano de recuo das indústrias.
"Situação de caserna" (*Kazalmnoie pologénié*) – proibição para a mão de obra de sair da fábrica à noite.
Um total de 467 mil pessoas em média teriam sido retiradas.
Decisão de evacuar 400 mil mulheres.
Tomada de Kunda no golfo da Finlândia pelos alemães.

12 – Diretriz de Hitler sobre as prioridades: 1º Leningrado e a Ucrânia; 2º Moscou.
O Grupo de Exércitos Norte deve fazer junção com os finlandeses.
Não há ataque direto sobre a cidade. Constituição da 4ª Divisão da Guarda.

13 – Conselho militar da Frente Norte (direção da defesa do lado soviético) relata ao estado-maior geral em Moscou sobre a impossibilidade de conter o avanço alemão com os meios disponíveis.

14 – Contra-ataque soviético perto de Soltsy e afastamento dos elementos do 4º Grupo de Panzers.

15 – Tomada de Novgorod e de Tchudovo.
O Soviete de Leningrado decide evacuar 700 mil pessoas ao ritmo de 30 mil por dia.

16 – Os finlandeses cercam Vyborg, tomam Hiitola e progridem em 120 km sobre a margem ocidental do lago Ladoga.
Kingisepp cai nas mãos dos alemães.
Pela primeira vez, os soviéticos furam a Frente Alemã.

19 – Os alemães encontram-se na região de Krasnogvardeisk. Eles se voltam para o Luga ao sul para surpreender os soviéticos na retaguarda.

20 – Hitler dá a ordem de priorizar imediatamente a Ucrânia, a Crimeia e o cerco de Leningrado pelas forças germano-finlandesas.
Os soviéticos proclamam Leningrado em perigo. Apelo de Vorochilov e Jdanov às tropas da Frente Noroeste.
A cidade dispõe de abrigos antiaéreos para cerca de 1 milhão de pessoas e de 5 mil postos médicos.
Criação do Conselho Militar para a defesa de Leningrado (dissolvido em 30 de agosto por ordem de Stalin que não tinha sido consultado).
Evacuação de Novgorod.

21 – Apelo de Vorochilov e Jdanov à população de Leningrado. Esse apelo é repetido a cada dia, na imprensa, até 2 de setembro.
A cidade não tem mais do que um mês de provisões de alimentos.
Os alemães empurram os russos para o outro lado do Lovat e cortam a rota que liga Moscou e Leningrado em Tchudovo.

21 – Vorochilov e Jdanov dirigem-se à população de Leningrado.

22 – Início do ataque contra Vyborg. Vigoroso contra-ataque soviético.

23 – A Frente Norte é dividia entre a Frente de Carélia e a de Leningrado.

24 – Criação do conselho militar da Frente de Leningrado. O comitê executivo do Soviete de Leningrado mantém abertas 59 lojas de alimentação e 54 padarias.
Os alemães são senhores de Novgorod.
Os alemães chegam em Pirita.

25– Hitler explica a Mussolini que ele não quer cair na armadilha russa da tomada de Leningrado.

Pierre Vallaud

Tomada da estrada de ferro Vyborg-Leningrado pelos finlandeses.
A imprensa soviética reconhece a perda de Kingisepp.
27 – Os alemães alcançam Tosno.
Por volta de 170 mil pessoas em média foram evacuadas de Leningrado.
28 – Tomada de Tallinn pela 61ª Divisão.
Pesadas perdas na frota do Báltico.
Mannerheim rejeita o pedido alemão de levar sua ofensiva para mais longe.
Um total de 107 mil pessoas fazem parte dos grupos de autodefesa.
29 – Tomada de Vyborg.
Cerca de 636 mil pessoas foram evacuadas (inclusive cerca de 150 mil originárias dos países bálticos). As autoridades elevam o número de pessoas a evacuar a 1 milhão e 200 mil.
Nova ordem de mobilização da população para trabalhar na defesa de Leningrado.
30 – Os alemães chegam a Mga e ao Neva em Ivanovskoie (a última via férrea que liga Leningrado ao exterior é interrompida). Carta de Keitel pedindo às tropas que deixem à população uma artéria para fugir da cidade.
Halder e Brauchitsch consideram a operação inaplicável. A população de Leningrado chega a 2 milhões e meio de pessoas aproximadamente (sem contar cerca de 200 mil pessoas refugiadas das cidades e regiões ocupadas pelos alemães).
O Comitê de Defesa do Estado ordena a implementação de uma linha de abastecimento pelo lago Ladoga.
31 – Os finlandeses ocupam Mainila, antiga fronteira sovieto-finlandesa em 1939.
Recusa de Mannerheim de participar do ataque de Leningrado. A evacuação de 1 milhão de pessoas era prevista, mas somente 40 mil são evacuadas durante o mês de setembro.
Hoppe e Schwerin asseguram Mga.

SETEMBRO

1º – Primeiros projéteis sobre Leningrado. A usina hidroelétrica nº 5 é atingida, assim como estabelecimentos industriais e algumas ruas.
Criação de um regimento de bombeiros do Komsomol e de um regimento paramilitar destinado a ajudar a polícia.
Nesse mês, a organização da defesa civil contará com 196.198 membros contra 14 mil em junho (números oficiais superdimensionados). Três batalhões da Opolchenie constituídos a partir de batalhões operários são enviados à frente de batalha.
Leningrado dispõe de um estoque de produtos petrolíferos que lhe permitem resistir de 18 a 20 dias. As autoridades militares só dispõem de 10 dias de combustível para aviões e 7 para veículos motorizados.
2 – Os finlandeses se apoderam de Koivisto.
Os soviéticos recuam para a antiga fronteira fino-soviética. Editorial incitando à vingança do *Leningradskaia Pravda*.
Redução da ração de pão.
3 – O conselho militar da Frente de Leningrado ordena a mobilização de 80 mil pessoas para os trabalhos de fortificação; 100 mil soldados devem participar desses trabalhos.
Colocação de minas nas pontes e nas fábricas.

O cerco de Leningrado

4 – Viagem de Keitel à Finlândia para pedir uma colaboração reforçada. Recusa de Mannerheim.
Bombardeios mortíferos sobre Leningrado.
Vorochilov decreta oficialmente o estado de sítio em Leningrado.

5 – Hitler aceita uma ofensiva sobre Moscou, pelo Grupo de Exércitos Centro reforçado, o que vem a ser seu objetivo prioritário.
O Grupo de Exércitos Norte deve finalizar o cerco de Schlüsselburg.

6 – Diretriz 35 de Hitler: o cerco de Leningrado em cooperação com os finlandeses deve terminar em 15 de setembro para liberar as forças necessárias ao centro; bombardeio aéreo das instalações hidráulicas de Leningrado a efetuar; atravessar o Neva a leste de Leningrado e avançar sobre o Svir (manobra já recusada pelos finlandeses).
Primeiras bombas sobre o centro de Leningrado. Numerosos incêndios.
O presidente do comitê executivo da cidade, P. S. Popkov, envia uma mensagem cifrada ao Comitê de Defesa para alertá-lo quanto aos riscos que correm se não forem adotadas medidas drásticas para o abastecimento.

7 – Os finlandeses chegam ao rio Svir.
Preparação da tomada de Petrozavodsk (leste do lago Ladoga). Proclamação do Komsomol declarando que a heroica juventude da cidade sempre esteve na linha de frente nas horas de perigo.
Coleta de dinheiro e de objetos de valor.
Nessa data, 2 milhões e 500 mil cartões de racionamento foram distribuídos. Acréscimo ao pão de ingredientes tipo malte, cevada, soja etc.

8 – Tomada de Schlüsselburg, o que corta as comunicações terrestres da cidade com o resto da URSS.
Ataque aéreo sobre Leningrado. Incêndio dos entrepostos Badaiev e da fábrica de manteiga "Estrela Vermelha".
Moscou reclama a entrega de estoques de açúcar por Leningrado à cidade de Vologda.
O cerco de Leningrado se estende das margens do Báltico às do lago Ladoga.

9 – Retomada do assalto alemão contra Leningrado e ataques aéreos.
Em Leningrado, os alertas aéreos se multiplicam.
O conselho militar da Frente de Leningrado decide criar um pequeno porto em Osinovets.

10 – Tomada das colinas de Duderhof.
Combates aéreos no céu de Leningrado.
A cidade, sem novos suprimentos, pode resistir entre uma e duas semanas. O conselho dos comissários do povo da URSS promulga uma ordem sobre "as normas do abastecimento em víveres das tropas e da população de Leningrado". A ração de pão diária dos operários e empregados é diminuída em 100 g, a dos adultos sem emprego cai a 50 g... Segundo escutas telefônicas praticadas pelo 18º Exército, os serviços alemães avaliam que a situação alimentar em Leningrado é catastrófica.

11 – Tomada da costa 167 de Duderhof.
Alertas aéreos e bombardeios sobre Leningrado.

12 – Nova redução das rações de pão, carne e cereais para os civis.
Os primeiros barcos chegam a Osinovets trazendo víveres do sul do lago Ladoga.

Pierre Vallaud

13 – Alertas aéreos.
Jukov (chamado um mês depois para comandar a Batalha de Moscou) substitui Vorochilov.

14 – Comício de estudantes convidando os participantes a se engajar na Opolchenie.
Desembarque de vários regimentos de infantaria da Wehrmacht na ilha de Muhu.

15 – Um bombardeio aéreo dura 18 horas.
As usinas Elektrosila são protegidas.
Os Komsomols formam unidades encarregadas de emboscar os "homens-foguetes" e os espiões. Nova entrega de víveres pelo lago Ladoga.

16 – *Leningradskaia Pravda*: "O inimigo está às portas da cidade." À noite, chega ordem de ocupar seus postos de combate a todas as unidades operárias. Stalin e o alto comando divulgam a ordem segundo a qual todos os que se rendessem ao inimigo seriam tratados como desertores e executados imediatamente.
As 1ª e 6ª Divisões Blindadas alemãs tomam a cidade de Pushkin (Tsarkoie Selo).

17 – Tomada de Alexandrovska, última estação de bonde de Leningrado.
Os administradores de imóveis e a milícia recebem a ordem de reforçar as revistas dos documentos e dos salvo-condutos.
As autoridades reforçam que toda pessoa que abrigar um desertor será acusada diante de um tribunal militar.

19 – Alertas aéreos.
Ataque de um comboio de navios com destino a Novaya Ladoga.
A 1ª Divisão Blindada deixa o Grupo de Exércitos Norte.
Queda de Kolpino.

20 – Infiltração de oficiais alemães disfarçados de soldados soviéticos. Prisão de numerosos desertores.
Os batalhões operários de Leningrado são postos sob o "regime de caserna".
Os produtos alternativos constituem 68% dos ingredientes do pão.
Partida da 36ª Divisão de Infantaria motorizada e do 41º Corpo do Exército motorizado alemães.

21 – Apelo à população do conselho militar da Frente Noroeste, do comitê do partido da cidade e do comitê executivo do Soviete Municipal: "Ajudemos o Exército Vermelho que combate diante de Leningrado constituindo novas unidades da Opolchenie..."
Os alemães tomam Kuresaare, em Saaremaa, a maior ilha da Estônia.

22 – Hitler dá a ordem de "apagar a cidade de Petersburgo da superfície da terra".
Ordem especial de Stalin aos defensores de Leningrado.

23 – Alertas aéreos.

24 – O Grupo de Exércitos Norte desiste de continuar a avançar contra Leningrado por causa dos contra-ataques dos soviéticos.
Início do cerco de Leningrado.
Novas regras do toque de recolher: de 22h às 5h.
Venda de bebidas alcoólicas proibidas depois das 20h.

25 – Regimento de 2 mil Komsomols para manter a ordem pública e a segurança.
A administração das reservas de Estado começa a fornecer à indústria combustíveis retirados dos estoques de urgência.

O cerco de Leningrado

26 – Nova agressão na zona de Osinovets.
26 – Tentativa do 54º Exército russo para tomar Mga.
27 – Ataque aéreo sobre Leningrado.
28 – O 8º Corpo Aéreo alemão é retirado para lutar em outra frente. Restam apenas 300 aparelhos para bombardear Leningrado.
Os batalhões operários contam com mais de 36 mil membros.
Ordem nos hospitais de colocar macas próximas aos leitos.
29 – Hitler ao chefe de estado maior da Kriegsmarine: "O Führer decidiu apagar São Petersburgo da superfície da terra [...] propõe-se chegar bem perto da cidade e destruí-la por uma barragem de artilharia de todos os calibres e por ataques aéreos. [...] O problema da vida da população e de seu abastecimento não pode nem deve ser solucionado por nós. [...] Não devemos preservar nenhuma parte da população dessa grande cidade."
A frente de batalha é estabilizada em torno de Leningrado.

OUTUBRO

1º – As reservas de farinha não podem durar mais que vinte dias para a população civil e para o exército. Novas restrições alimentares para os civis.
2 – Início da ofensiva sobre Moscou.
4 – Alertas aéreos.
6 – Novos bombardeios sobre Osinovets.
7 – "O Führer determinou mais uma vez que a capitulação de Leningrado ou, mais tarde, a de Moscou, não deverá ser aceita, mesmo que seja proposta pelo inimigo. [...] Por conseguinte, nenhum soldado alemão deverá entrar na cidade. Nós devemos obrigar a dar meia volta, pelo fogo, a todos os que tentam sair da cidade atravessando nossas linhas."
8 – Os comitês executivos da cidade e do *oblast* organizam grupos encarregados da coleta de madeira no "raion" de Leningrado. O Exército Vermelho luta para retomar o controle de Uritsk.
9 – Ordem estritamente secreta ao comitê do partido do *oblast* de Leningrado. "1 – Em razão do esgotamento dos recursos alimentares locais e do estoque dos alimentos destinado à cidade de Leningrado, é proibido aos comitês executivos dos Sovietes dos deputados dos operários dos 'raions', aos comitês de 'raions' do VKP e às demais organizações locais distribuir a quem quer que seja víveres retirados dos estoques [...]. 2 – [...] Os oficiais de abastecimento estão autorizados a conseguir por iniciativa própria as batatas, legumes e outros produtos alimentares nas zonas da Frente evacuadas pela população."
Operação "Siegfried".
Batismo de fogo da Divisão *Azul* no setor de Novgorod.
18 – Os alemães marcham para o Volkhov. O 54º Exército soviético resiste.
20 – O comitê executivo autoriza as administrações a vender a madeira dos apartamentos vazios.
Toda pessoa mobilizada deve possuir uma caderneta individual de trabalho.
21 – O transporte aéreo permite o transporte de 3.300 toneladas em média.
Os alemães detêm o domínio das ilhas que fecham o golfo de Riga.
Os alemães atravessam o Volkhov.
22 – O programa de coleta de madeira fracassa.
Os alemães marcham para Tikhvin.
23 – As unidades do 4º Exército soviético abandonam Budogoschtch.

Pierre Vallaud

26 – Ataque alemão na direção de Tikhvin.

27 – O 18º Exército alemão recebe a ordem de estabelecer uma linha de campos de minas em torno das tropas para evitar um combate direto eventual contra a população civil.

31 – O comitê do partido do *oblast* de Leningrado ordena à organização de venda dos legumes e das frutas de Leningrado que extraia vitaminas das agulhas de pinheiros, obtendo 30 toneladas por dia.
Os alemães ocupam Sitomija.

NOVEMBRO

1º – Estoques de farinha para sete dias (o pão leva 32%).

4 – O Konstructor é afundado propositalmente quando só havia mulheres e crianças a bordo.

6 – Tomada de Tikhvin.
O 4º Exército soviético é dividido em três.

7 – O general Meretskov encontra-se com Stalin e com o marechal Vassilievski sem obter reforços.

8 – Hitler: Leningrado "está cercada, ninguém a libertará e ela cairá em nossas mãos".
As rações do exército são reduzidas a 2 mil calorias por dia para as unidades combatentes e a 1.600 para os demais.
Num discurso aos *Alten Kämpfer*, Hitler declara que os habitantes de Leningrado devem estar "esfaimados".

9 – O comando do 4º Exército passa para o general Meretskov.

12 – Rádio Leningrado: "Os habitantes de Leningrado têm sofrido muito ao longo desses meses de cerco, mas eles têm diante de si provas ainda mais severas, privações ainda maiores. Eles devem estar prontos para isso."
O *Leningradskaia Pravda* anuncia que o inimigo quer submeter Leningrado pela fome.

13 – A ração de pão para os operários baixa para 300 g, as das outras categorias a 150 g.

14 – Novo ataque alemão. Algumas unidades acabam por furar o dispositivo e alcançar a estrada Leningrado-Volkhov.

16 – Início do abastecimento de Leningrado por via aérea.

17 – Limitação da eletricidade aos organismos militares, do partido, da cidade, à administração... Proibição do uso de combustíveis para esquentar água nos serviços municipais.

18 – Primeiro destacamento teste sobre o lago Ladoga congelado (somente 12 cm).

19 – O conselho militar da Frente de Leningrado decide a construção de uma autoestrada militar.

20 – As rações de pão baixam para 250 g para os operários e 125 g para as outras categorias.
O gelo chega à espessura de 18 cm. Início do tráfego.

22 – Primeira coluna de caminhões vazios sobre o lago Ladoga.

23 – Transporte de 33 toneladas de mantimentos pelo lago Ladoga.

24 – O conselho militar define o itinerário da autoestrada: Osinovets-Kabona-Podborovie e Zaborié (a leste de Tikhvin). 35 km de gelo, ao todo 460 km.

25 – O número de padarias passa de 54 a 34.

26 – Requisição de 500 caminhões e 100 caminhões-cisternas pelo Soviete Municipal de Leningrado.

29 – Telegrama de Jukov agradecendo "ao povo de Leningrado pela ajuda aos moscovitas em sua luta contra os hitleristas sedentos de sangue".

30 – Proibição de fabricar pequenos fornos.

O cerco de Leningrado

DEZEMBRO

1º – Inscrição obrigatória numa loja para o abastecimento.
Ataque de Tikhvin pelos soviéticos.
4 – Os soviéticos abrem brechas nas defesas alemãs na região de Tikhvin.
6 – Os finlandeses tomam Medvejiegorsk.
8 – Retomada de Tikhvin pelo Exército Vermelho.
Criação de um regimento de Komsomols para suprir as deficiências da milícia.
9 – Confisco do "excesso de madeira".
O general Meretskov entra como vencedor na cidade de Tikhvin em chamas.
10 – Ordem de mobilização para cerca de 3 mil pessoas para o corte da madeira. Início da retirada de Tikhvin para os alemães.
11 – A Alemanha declara guerra aos Estados Unidos.
12 – 1.400 Komsomols e estudantes mobilizados para o corte da madeira. Mobilização para a retirada de detritos e para a limpeza das vias públicas.
15 – Renovação da proibição de fabricar pequenos fornos.
19 – Hitler demite Brauchitsch de suas funções e assume ele mesmo o comando.
22 – Os sobreviventes de Tikhvin chegam ao Volkhov, enquanto a temperatura desce a -52ºC.
25 – Primeiro aumento das rações de pão para os civis desde o início do cerco.
28 – Bombardeios dos setores de Kobona e Kokkorevo.

1942 – JANEIRO

5 – Jdanov fala pela primeira vez oficialmente da "estrada do gelo" (um mês e meio depois que entrou em serviço).
8 – Início do cerco de Vsvad.
9 – O comitê executivo do Soviete Municipal mobiliza a população para retirar os detritos da via férrea do lago Ladoga.
11 – Criação da linha de estrada de ferro entre Voibokalo e Lavrovo. Início dos trabalhos.
13 – O 2º Exército de Choque atravessa o Volkhov.
15 – Pela primeira vez, a estrada do gelo realiza o plano: 2 mil toneladas encaminhadas. Daí em diante a média crescerá para 1.100 a 1.500 toneladas por trajeto.
21 – Pröhl decide agir.
22 – Em Leningrado, o Comitê de Estado para a Defesa decide evacuar 500 mil pessoas.
24 – Os soviéticos se aproximam de Leningrado. Eles penetram na brecha por 3 ou 4 km e atacam em profundidade, de início, Yeglino, a noroeste, e depois Liuban, a nordeste, cidade que fica às margens da estrada Tchudovo-Leningrado. Leeb é substituído por Küchler.

FEVEREIRO

8 – A pinça soviética se fecha sobre as retaguardas alemãs: bolsão de Demiansk.
10 – Entra em serviço a rota Voibokalo-Kabona.
11 – Fim da linha de estrada de ferro de Lavrovo.
Aumento da ração alimentar civil.
22/23 – Ataque às instalações de Gikharevo.

250

MARÇO

15 – Início do contra-ataque alemão: operação Raubtier.

19 – Marchando face a face, paralelamente ao eixo Novgorod-Tchudovo, os dois grupos acabam se unindo e tomando em pinça os soviéticos, dentre os quais 180 mil são feitos prisioneiros no bolsão.

21 – O 54º Batalhão de esquiadores ataca Dobrosli e as 1ª e 204ª Brigadas de Paraquedistas chegam ao aeródromo e na vizinhança de Demiansk, mas os alemães não desistem.

ABRIL

5 – Ordem nº 41 de Hitler: submeter Leningrado e implementar o cerco junto com os finlandeses.

28 – Os esforços conjugados dos grupos Seydlitz, Ilgen e Zorn acabam tendo êxito, os salvadores de Demiansk atravessam o Lovat e abrem um corredor de abastecimento. Esse corredor, chamado de Ramujevo, salva os sitiados, mesmo que o bolsão em si não seja evacuado, pois os homens aí permanecem até o inverno seguinte.

MAIO

18 – O chefe da Gestapo, Müller, envia uma carta a Karl Jäger, comandante da Sipo de Riga: os "judeus e judias de 16 a 32 anos aptos ao trabalho devem ser excluídos das medidas especiais". Eles devem ser conduzidos aos trabalhos forçados, por exceção.

JUNHO

4 – Encontro Hitler-Mannerheim.

JULHO

1º – Depois de sua vitória diante de Sebastopol (1º de julho de 1942), a vedete da Wehrmacht, Erich von Manstein, é enviado para Leningrado.

28 – Fim da Batalha de Volkhov: vitória dos alemães.

AGOSTO

20 – Preparativos da operação Nordlicht.

27 – Ofensiva soviética.
A Batalha do lago Ladoga é travada de 27 de agosto a 2 de outubro de 1942.

SETEMBRO

24 – Destituição do general Halder, chefe do Estado-Maior Geral da Wehrmacht desde o início da campanha a Leste.

O cerco de Leningrado

OUTUBRO

25 – Manstein recebe a ordem de deixar tudo para trás e de partir para o sul. Passando de Leningrado a Stalingrado, ele alcança o recém-criado Grupo de Exércitos do Don.

NOVEMBRO – DEZEMBRO

22 – Criação da "medalha da Defesa de Leningrado" por ordem do Presidium do Soviete Supremo.

1943 – JANEIRO

12 – Operação Iskra.
18 – Término do cerco de Leningrado. As frentes de Volkhov e de Leningrado se unem.
27 – Júbilo na cidade. O fim do bloqueio é a primeira reviravolta da batalha.

FEVEREIRO

2 – Capitulação alemã e rendição de Paulus em Stalingrado.
6 – O primeiro trem que trafega na nova via construída através da brecha chega a Leningrado.
10 – Início da Batalha de Krasny Bor.
18 – Discurso de Goebbels no Sportpalast, em Berlim: apelo à guerra total.

OUTUBRO

13 – Declaração de guerra da Itália contra a Alemanha.

1944 – JANEIRO

14 – 27 – Leningrado é totalmente liberada do cerco alemão.

Bibliografia e indicação de fontes

ADM, V.; RUGE, F. *Die Sowjet-Russen als Gegner zur Zee. Analyse der Deutsch-Russischen Seekriegsoperationen in 2. Weltkrieg*, US Army Europe, Historical division, Karlsruhe. Soviet Submarine Arm, 1955 - v. II a.

AKHMATOVA, Anna. *Poème sans héros. Le cycle de Leningrad*. Paris: Gallimard, 2007.

ALEXIEVITCH, Svetlana. *Derniers Témoins*. Trad. de Anne Coldefy. Paris: Presses de la Renaissance, 2005.

AYCARD, Mathilde; VALLAUD, Pierre. *Allemagne, III Reich*. Paris: Perrin, 2008.

BARBER, D.; DZNEISKIEVITCH, A.; BOULANINE, D. (dir.). *Jizn' i Smert' v Blokirovanom Leningrade* ("Vida e morte na cidade sitiada"). Saint Petersburgo, 2001.

BLOCKADE Leningrads. Berlim, 2004. (Vários autores.)

BROUÉ, Pierre. *Histoire de l'Internationale Communiste*. Paris: Fayard, 1997.

BROVKIN, V. *Behind the Front Lines of the Civil War*. Princeton: Princeton University Press, 1994.

CARRÈRE D'ENCAUSSE, Hélène. *Nicolas II. La transition interrompue*. Paris: Fayard, 1996.

CHAMPENOIS, Jean. *Le peuple russe et la guerre*. Paris: Julliard, 1947.

CORRESPONDANCE secrète: de Staline avec Roosevelt, Churchill, Truman e Attlee, 1941-1945. Paris: Plon, 1959.

DAROFF, Anatole. *Le soleil luit quand même*. Paris: Gallimard, 1959.

DIMITROV, Gueorgui. *Journal (1933-1949)*. Paris: Belin, 2005.

EBBERLE et al. Dimitrij Sostakovic. In: *Komponisten der Gegenwart*. Munich: 1992.

EHRENBURG, Ilya. *La Russie en guerre*. Paris: Gallimard, 1968.

GINZBURG, Lydia Akovlevna. *Journal du siège de Leningrad*. Paris: Bourgois, 1998.

GOURÉ, Léon. *Le Siege de Leningrad*. Paris: Stock, 1966.

GRANIN, D.; ADAMOVITCH, A. *Blokadnaja Kniga*. Leningrad: Lenizdat, 1984.

GROSSMAN, Vassili. *Carnetsde guerre: de Moscou à Berlin, 1941- 1945*. Paris: Calmann-Lévy, 2007.

HILL, Alexander. *The Great Patriotic War of the Soviet Union, 1941-1945. A documentary reader*. Londres, New York: Routledge, 2009.

O cerco de Leningrado

HISTOIRE de la littérature russe. Paris: Fayard, 1987. (Vários autores.)

INBER, Vera. *Le Siège de Leningrad*. Paris: Albin Michel, 1946.

JONES, Michael. *Leningrad: State of Siege*. Londres: Basic Books, 2008.

KARASEV, A.V. *Leningradtsy v Gody Blokady* ("Os habitantes de Leningrado durante os anos do bloqueio"). Moscou: Izdatelstve Adademii Naduk SSSR, 1959.

KIRCHUBEL, Robert. *Opération Barbarossa 1941 (1)*: Army Group South. Oxford: Osprey Publishing, 2003.

_____. *Opération Barbarossa 1941 (2)*: Army Group North. Oxford: Osprey Publishing, 2005.

LAZITCH, Brankoo. *Le Rapport Krouchtchev et son histoire*. Paris: Seuil, 1976.

LELEU, Jean-Luc. *La Waffen-SS*. Paris: Perrin, 2007.

LEMAIRE, Frans C. *La Musique du XXe siècle en Russie et dans les anciennes Républiques soviétiques*. Paris: Fayard, 1994.

LENINGRAD v Velikoi Otechestvennoi Voine ("Leningrado na Grande Guerra patriótica"). Instituto de História da Academia Soviética de Ciências, 1967. (Vários autores.)

LOMAGUIN, Nikita. *Neizvestnaja blokada*. Saint-Petersburgo, 2003.

LUBBECK, William; HUN, David B. *At Leningrad's Gates*: The Story of a Soldier with Army Group North. Philadelphie: Case-mate Publishing, 2006.

MANSTEIN, Erich von. *Verlorene Siege*. Bonn: Bernard und Graefe, 1991.

MARABINI, Jean. *La Vie quotidienne à Berlin sous Hitler*. Paris: Hachette Littérature, 1985.

MARIE, Jean-Jacques. *Cronstadt*. Paris: Fayard, 2005.

_____. *Staline*. Paris: Fayard, 2001.

MARTINO-FRISTOT, Éléonora. *La Mémoire du blocus de Leningrad, 1945-1999*. Paris: EHESS, 2002.

MERETSKOV, Kirill. *Serving the People*. Moscou: Progress Publishers, 1971.

MEYER, Knysztof. *Dimitri Chostakovitch*. Paris: Fayard, 1994.

MÜHLHÄUSER, Regina. *Eroberungen. Sexuelle Gewalttaten und Intime Beziehungen Deutscher Soldaten in der Sowjetunion, 1941-1945*. Hamburg: Hamburger Edition, 2010.

MURPHY, David E. *Ce que savait Staline. L'énigme de l'opération Barberousse*. Trad. Jean-François Séné. Paris: Stock, 2006.

NABHAN, Gary Paul. *Aux sources de notre nourriture*. Bruxelles: Nevicata, 2010.

NA ZASHCHITE Nevskoi Tverdyni ("Defendendo o bastião do Neva"). Leningrado, 1965. (Vários autores.)

NEKRITCH, Alexandre. *L'Armée rouge assassinée 22 juin 1941*. Trad. Marie Bennigsen. Paris: Grasset, 1965.

900 GEROICHESKIKH Dnei ("900 dias heroicos"), documentos oficiais, 1967. (Vários autores.)

PAVLOV, Dimitri. *Leningrad 1941-1942*. Paris: Presses de la Cité, 1967.

_____. *Leningrad v Blokadé*. Moscou, 1958.

PRAZAN, Michael. *Einsatzgruppen*. Paris: Seuil, 2010.

PRINGLE, Peter. *The Murder of Nikolai Vavilov*. New York: Simon and Schuster, 2008.

RAPPORT sur le siège au procès de Nüremberg.

RICHTER, Timm C. Die Wehrmacht und der Partisanenkrieg in den Besetzten Gebieten der Sowjetunion. In: MÜLLER, R. D.; VOLKMANN, H. E. (Hrsg. im Auftrag des MGFA). *Die Wehrmacht. Mythos und Realität*. Oldenburg: Munich, 1999.

SADOSKY, Louis. *Berlin 1942*. Paris: CNRS Éditions, 2009.

SALISBURY, Harrison E. *Les 900 jours. Le siège de Leningrad*. Paris: Albin Michel, 1970.

SIMMONS, Cynthia; PERLINA, Nina (dir.). *Writing the Siege of Leningrad*: Women Diaries, Memoirs and Documentary Prose. Pittsburgh: University of Pittsburgh, 2002.

Pierre Vallaud

SKRJABINA, Elena. *Siege and Survival:* The Odyssey of a Leningrader. Carbondale, 1978.

SONTAG, Raymond J.; BEDDIE, James S. (éd.). *Nazi-soviet relations, 1939-1941. Documents from the Archives of the German Foreign Office.* Honolulu: University Press of the Pacific, 2003.

STALINE, Maréchal J. *1941-1945, Discours et ordres du jour.* Paris: Éditions France-URSS, 1945.

TRIBUTS, Amiral. *Mémoires (version intégrale).* Moscou, 1985.

TROUBETZKOY, Laure; NIVAT, Georges. Les Sites de la mémoire russe. *Cahiers du Monde russe,* décembre 2009.

VALLAUD, Pierre. *1919-1939. Vingt ans de guerre.* Paris: Acropole, 2009.

_____. *La Seconde Guerre Mondiale.* Paris: Acropole, 2002.

VICHNEVSKAIA, Galina. *Galina. Une histoire russe.* Paris: Fayard, 1985.

VOZNESENSKY, Nikolai. *L'Économie de guerre de l'Union Soviétique durant la guerre patriotique.* Moscou, 1948. *The Economy of the USSR during World War II.* Washington: Public Affairs Press, 1948.

WEID, Jean-Noël von. *La Musique du XXe siècle.* Paris: Pluriel, 2010.

WERTH, Alexander. *La Russie en guerre.* Paris: Stock, 1964.

_____. *Leningrad 1943.* Paris: Tallandier, 2010.

WETTE, Wolfram. *Les Crimes de la Wehrmacht.* Paris: Perrin, 2009.

WOLOSZANSKI, B. *39-45. Le Choc des tyrans.* Paris: Jourdan Éditeur, 2009.

ZOUBAKOV, V.; KISLITSINE, N. *L'Exploit de Leningrad.* Paris: Les Éditions du Progrès, 1983.